경제는 왜 위기에 빠지는가

KYUKOU·FUKYOU NO KEIZAIGAKU
By Hayashi Naomichi

Copyright © 2000 by Hayashi Naomichi
First published in Japan in 2000 by Shinnihon Shuppansha Co., Ltd.
Korean translation rights arranged with Shinnihon Shuppansha Co., Ltd.
through Shinwon Agency Co.
Korean translation rights © 2011 by GREENBEE PUBLISHING Co.

경제는 왜 위기에 빠지는가 : 알기 쉬운 공황·불황의 경제학

초판 1쇄 발행 _ 2011년 11월 25일
초판 2쇄 발행 _ 2017년 9월 5일

지은이 · 하야시 나오미치 | 옮긴이 · 유승민, 양경욱 | 감수 · 김성구

펴낸이 · 유재건 | 펴낸곳 · (주)그린비출판사 | 등록번호 · 제2017-000094호
주소 · 서울시 마포구 와우산로 180, 4층 | 전화 · 702-2717 | 팩스 · 703-0272
전자우편 · editor@greenbee.co.kr

ISBN 978-89-7682-757-9 03320
이 도서의 국립중앙도서관 출판시도서목록(CIP)은 e-CIP 홈페이지(http://www.nl.go.kr/ecip)와
국가자료공동목록시스템(http://www.nl.go.kr/kolisnet)에서 이용하실 수 있습니다.(CIP제어번
호:CIP2011004572)

새움총서 03

경제는
왜 위기에
빠지는가

알기 쉬운 공황·불황의 경제학

하야시 나오미치 지음 | 유승민 · 양경욱 옮김 | 김성구 감수

응B
그린비

감수자 서문

1930년대 대공황 이후 최대의 위기라던 지난 2007~2009년의 경제금융위기는 막대한 국가채무의 위기와 유로존의 위기 그리고 미 달러와 미국 헤게모니의 위기 등 심각한 결과를 초래하였다. 세계는 지금 자본주의가 이 심화되는 구조적 위기로부터 어떻게 탈출할 수 있을까에 초미의 관심을 집중하고 있다. 위기탈출책을 둘러싸고 금융자본은 사회보장제도의 축소와 해체를 통한 초긴축과 재정 건전화를 강력하게 요구함으로써 자신들이 투자한 채권의 안전한 상환을 꾀하고 있는 반면, 노동자 대중은 금융자본의 위기를 국가와 사회에 떠넘기고 자신들의 생존을 위협하는 신자유주의 긴축에 맞서 세계 곳곳에서 격렬히 저항하고 있다. 우리는 이 전투의 끝이 어떤 세계를 가져올지, 또 구조적 위기를 근본적으로 해결할 대안은 무엇인지 질문하지 않으면 안 되는 그런 시대에 살고 있다. 그리고 그 질문의 답은 맑스주의 위기론 외에서는 결코 찾을 수 없을 것이다.

그러나 현대자본주의의 위기와 공황을 맑스주의적 관점에서 분석하는 것은 쉽지 않은 과제다. 무엇보다 현대자본주의는 20세기 이래 독점의 지배와 국가의 경제개입을 특징으로 하는 역사적 변화를 겪어 왔다. 이 때문에 자본주의의 산업순환과 주기적 공황도 19세기의 고전적 형태로부터 그 형태가 변화되었다. 뿐만 아니라 독점자본주의와 국가독점자본주의가 가져온 고유한 모순과 위기도 분석하지 않으면 안 된다. 따라서『자본론』만으로 현대자본주의의 위기와 공황을 분석할 수는 없으며, 독점자본주의론과 국가독점자본주의론이 매개되지 않으면 안 된다. 단적으로 오늘날의 위기를 특징짓는 스태그플레이션의 해명을 위해서는 국가독점자본주의론에 입각한 분석이 불가결하다. 또한 지난 위기에서 본 바와 같이, 국가가 대규모 구제금융을 통해 금융자본의 손실을 사회로 전가시키는 '손실의 사회화'도 국가독점자본주의론 없이는 올바로 분석할 수 없다.

맑스의 공황론을 둘러싼 오래된 논쟁도 맑스주의 위기 분석을 어렵게 하는 또 하나의 요인이다. 맑스의 공황론에 대해서는 이윤율의 경향적 저하법칙에 근거해서 공황을 설명하는 '이윤율 저하설', 호황 말기의 노동력 고갈에 따른 임금 상승으로 공황을 설명하는 '노동력 애로설', 그리고 생산과 소비의 적대적 발전에 따른 과잉생산으로 공황을 설명하는 '과잉생산공황론' 등 여러 이론이 아직도 대립하고 있는 상태다. 과잉생산공황론은 맑스주의 정통의 이론이며, 이윤율 저하설과 노동력 애로설은 정통을 비판하는 경향의 공황론이다. 이 논쟁은 맑스의 정치경제학 비판의 방법과 연관된 어려운 문제이므로 더 이상 거론하기 어렵다. 다만 나로서는 과잉생산공황론이 맑스의 공황론 방법에 합당한 이론이라고 평가하며, 이와 관련한 글 한 편을 독자들이 참조해 주었으면 한다(김성구, 「마르크스의 공황론 방법과 주기적 과잉생산공황론」,『마르크스주의 연구』제10호, 2008).

이 책의 지은이 하야시 나오미치는 국가독점자본주의론과 과잉생산공황론에 입각하여 20세기 이래 현대의 공황과 위기에 대해 대중적으로 이해할 수 있도록 평이하게 분석·서술하고 있다. 물론 이 책은 현실의 공황을 분석하는 것이 주요 주제이므로, 과잉생산공황에 관한 이론적 설명은 1부에서 핵심적인 문제를 중심으로 비교적 간략하게 다루고 있다. 따라서 공황론에 관한 체계적인 서술은 지은이의 다른 책 『공황의 기초 f이론』(恐慌の基礎理論, 大月書店, 1976)을 참조할 수 있다면 더 도움이 될 것이다. 이론적으로 국가독점자본주의론과 과잉생산공황론이라는 가장 올바른 맑스주의 관점에 입각해 있다는 것, 그리고 복잡하고 파악하기 어려운 현실의 공황과 위기의 역사를 간결하고 평이하게 분석·정리하고 있다는 것, 이것이 다른 책들에서 볼 수 없는 이 책의 최고의 장점이다. 아울러 저자가 88세 고령임에도 불구하고 한국어판 서문을 대신하여 지난 2007~2009년 경제금융위기와 현재 새롭게 부각되고 있는 국가채무위기 등 '위기 후의 위기'에 대한 폭넓은 분석까지 이 책에 추가한 것은, 맑스주의 학자로서의 책무를 넘어 실로 인간적인 감동이 아닐 수 없다(3부의 보론 「2008년 국제금융위기와 세계공황: 한국어판 서문을 대신하면서」). 이런 점에서 이 책이 일반 독자들에게 폭넓게 읽히기를 기대하며, 그럼으로써 조금이라도 현재의 세계경제위기에 대한 일반의 이해도를 높이고, 함께 위기를 극복해 나갈 대안을 모색해 나갔으면 한다.

2011년 11월 1일
김성구

차 례

| 일러두기 |

1 이 책은 하야시 나오미치(林直道)의 『恐慌·不況の経済学』(新日本出版社, 2000)를 완역한 것이다.

2 이 책의 주석은 모두 각주이며 지은이 주, 옮긴이 주, 감수자 주로 구분되어 있다. 옮긴이 주와 감수자 주에는 주석 내용 앞에 [옮긴이], [감수자]라고 표시하여 구분했다.

3 본문 중에 옮긴이가 첨가한 말은 대괄호([ ])를 사용해 구분했다.

4 단행본, 전집, 정기간행물 등에는 겹낫표(『 』)를, 단편이나 논문, 기사, 영화, 음악, 미술작품 등에는 낫표(「 」)를 사용했다.

5 외국 인명이나 지명, 작품명은 2002년 〈국립국어원〉에서 펴낸 '외래어 표기법'을 따라 표기했다.

1부
—
공황·불황의 이론

1장

공황과 불황이라는 인재(人災)를 없애기 위해서

1. 불황은 자연재해가 아니다

지금까지도 일본은 장기불황으로부터 빠져나오지 못하고 있다. 학교를 졸업했는데도 일자리를 구하지 못한 사람이 많고, '취업빙하시대'라는 등의 달갑지 않은 말이 유행하고 있다. 또 직장에 착실히 다니고 있던 샐러리맨과 노동자들 중 회사가 망했거나 구조조정으로 해고된 사람도 많다. 실직을 하여 부지런히 공공직업안정소[Hello Work ; 한국의 고용안정센터와 같다]를 다녀도 좀처럼 괜찮아 보이는 일을 얻지 못한다. 일이 있어도 시간제 근무(part time)인 경우가 많고 임금도 보통의 절반 정도이다. "나는 정말 나쁜 운수를 타고 난 것이 아닌가"라든지 "태어난 시기가 안 좋았다"라고 한탄하고 싶어 하는 것도 당연하다.

그러나 정말 중요한 점은 지진과 태풍, 그리고 화산 폭발과 같은 자연재해라면 막을 방법이 없으므로 어쩔 수 없지만 불황은 그런 것과는 다르다는 것이다. 불황은 자본주의가 만들어 낸 사회현상이므로 인간의 손으로 해결할 수 있는 것이다.

2. 자본주의는 경기순환을 피할 수 없다

자본주의 사회에서는 생산과 유통이 장기에 걸쳐 완만하게 성장·확장되어 간다는 그런 움직임은 있을 수 없다. 어떤 때에는 폭풍같이 도약하는가 하면 그 다음에는 완전히 거꾸로 가라앉거나 후퇴하는 극심한 변동이 따라다니는 것이다.

산업혁명을 통해서 기계제 대공업이 확립되고 지구를 뒤덮는 세계시장망이 형성된 1820년대 이후로, 생산과 유통의 격심한 변동에 하나의 리듬이 나타나게 되었다. 그것은 '경기순환'이라고 불리는 것으로서 크게 다음과 같은 4개의 국면을 반복하면서 변동한다.

① **정체 국면**: 자본주의 사회에서는 수년에 한 번씩 공황이 일어나서 대규모의 기업 도산과 주식 가격의 대폭락을 맞게 된다. 이 공황이 진정된 직후의 시기가 '정체 국면'이다. 신규투자도 거의 일어나지 않고 소비도 매우 저조해서, 경기 하락이 멈추긴 했지만 불이 꺼진 듯 열기가 없다. 기업 도산도 아직 완전히 끝난 것이 아니므로 많은 실업자들이 직장을 구하는 데 어려움을 겪고 있다.

② **활황 국면**: 이 '정체 국면'이 다음의 '활황 국면'으로 이행하는 것이 경기회복이다. 경기회복의 결정적 열쇠는 상품의 최종 구매자인 근로 대중의 소비 증가이다.

정체 국면이 몇 개월이든 몇 년이든지 계속된 후에 조금씩 생산이 회복되고 설비갱신을 주된 내용으로 하는 설비투자가 여러 부문에서 시작된다. 이것과 더불어 고용이 늘어나면 노동자의 소득이 상승하고 개인소비가 증대한다. 소비의 증대로 시장이 더욱 확대되면 투자도 증대하고 경기상승이 본격화된다. 이것이 소위 자율적 경기회복이다. '활황 국면'은 '중간 수준의 활황'이라고도 불리는 것처럼 투자 및 고용과 소비, 그리고 시장가격과 이윤율도 모두 중간 수준의 상태이다. 이자율은 아직 낮은 상태이다.

③ **번영 국면**: 더 나아가 경기 확장이 빨라지고 시장이 크게 팽창하고 물건이 날개 돋친 듯 팔리며 기업가가 고이윤을 올리는, 호황에 도취되는 시기가 찾아온다. 이것이 '번영 국면'이다. 이 시기에는 투자가 투자를 낳고 새로운 회사가 계속해서 생기며 설비투자(갱신과 확장) 중에서는 설비확장이 주된 역할을 한다. 일손이 모자라서 노동자를 서로 끌어가려고 야단이며 임금소득도 순조롭게 계속 증가한다. 정말로 자본주의의 황금시대가 도래했다는 느낌이다.

은행에 대한 자금 수요도 많아져서 활황 국면과 비교하면 이자율도 높아지지만, 다른 한편에서는 자금의 환류도 순조롭고 은행으로의 입금도 증가하기 때문에, 이자율의 상승도 이윤율의 급상승에 비하면 문제가 될 정도는 아니다. 기업의 고수익을 반영해서 주가도 쭉쭉 상승한다. 조금씩 증가하는 노동자 임금소득 따위와는 비교도 되지 않을 속도로 유산계급의 자산이 엄청 불어난다. 번영 국면이 정점에 가까워지면 상품투기, 주식투기, 토지투기가 급격하게 증가하고 한탕을 노리는 불건전한 도박 같은 경제활동이 널리 퍼지게 된다.

④ **공황 국면**: 그러나 "하늘의 재앙[天災]은 잊어버릴 무렵에 다시 찾아온다"라는 속담이 있듯이 번영의 절정기에는 갑작스런 패닉(파국)이 일어난

다. 주가와 토지가격이 폭락한다. 그토록 활발하게 상품이 팔리고 있었는데 갑자기 잘 안 팔리고, 그럼에도 계속해서 생산물이 시장으로 유입되기 때문에 창고는 팔리지 않은 재고로 순식간에 넘쳐나게 된다. 공장은 기계를 정지시키고 파트타임 신분처럼 자르기 쉬운 사람이나 중장년층과 같이 상대적으로 임금이 높은 층부터 정리해고를 강행하여 실업자가 급증한다.

기한이 다 된 채무 지불을 위해 기업가는 눈에 불을 켜고 자금 마련에 동분서주한다. 그러나 자금을 얻고 싶은 마음이 굴뚝같은 시기에 은행은 자금 대출을 중지하고 반대로 자금 회수를 서두른다. 자금 동원력이 약한 기업은 지급어음이 부도가 나고 결국 힘이 다해서 우르르 도산한다. 상업 신용의 연계를 통해서 연쇄도산이 널리 퍼진다. 이것이 '공황' 국면이다.

공황은 사람들에게 특히 근로자에게 엄청난 고통을 주면서 몇 년이든 몇 개월이든 미친 듯이 날뛴 후 겨우 다시 '정체' 국면으로 이행한다. 자본주의는 이와 같은 정체, 활황, 번영, 공황이라는 국면들을 반복하면서 진행되어 왔다. '불황'이란 이 중에서 공황 국면과 정체 국면을 합쳐서 나타낸 말이다.

이 경기순환의 모습을 가장 선명하게 그린 것은 엥겔스의 다음 문장일 것이다.

사실, 최초의 전반적[일반적] 공황이 발발한 1825년 이래로 상공업계 전체는, 즉 모든 문명 민족들과 그 부속물을 이루고 있는 다소 미개한 민족들의 생산과 교환은 대체로 십 년에 한 번씩 엉망진창이 되고 있다. 교류[교역]는 정체되고, 시장은 포만 상태가 되고, 생산물은 팔리지 않아서 산더미같이 쌓이게 되고, 현금은 볼 수 없게 되고, 신용은 소멸되고, 공장은 조용히 서 있게 되고, 근로 대중은 생활수단을 너무 많이 생산한 탓에 생활수단이 부족하게 되고, 파산이 속출하게 되고, 강제 경매가 속출하게 된다. 마침내 산처럼 쌓여 있던 상품들이 대폭 혹은 소폭 인하되어 팔려 나가게 될 때까지, 생산과 교환이 점차 원래의 걸음을 하게 될 때까지, 이렇게 정체는 몇 년 동안 계속되고 생산력들과 생산물들은 대량으로 허비되고 파괴된다. 이 걸음걸이는 점차 빨라져서 속보로 변하고, 이 산업상의 속보는 구보로 넘어가고, 이 구보는 다시 더욱 속력을 높여 공업, 상업, 신용, 투기의 장을 마구 내달리는 본격적인 장애물 경마(Steeple-chase)의 질주로 변하며, 그러다가 마침내 목숨을 건 도약 끝에——파산의 구덩이에 다시 빠지게 된다. 이러한 과정이 끊임없이 되풀이된다. 우리는 1825년 이래로 이러한 과정을 꼭 다섯 번 경험하였으며, 이 순간(1877년) 여섯번째를 경험하고 있다. 그리고 이러한 공황의 성격은 매우 뚜렷해서, 푸리에는 최초의 공황을 모든 공황에 타당하게도 이렇게 부를 정도였다: crise pléthorique[다혈증적 공황], 즉 여분[과잉]에서 오는 공황."[1]

3. 상품을 남아돌 정도로 너무 많이 만들어 생기는 결핍

공황 시기에는 자본주의 경제 시스템 전체가 위태로워져 주가 폭락, 금리 급상승, 기업 도산, 실업자 급증, 은행공황[경제위기로 은행에 예금의 지급 청구가 한꺼번에 몰려 은행이 청구대로 지급할 수 없게 되는 상태] 등 여러

---

1) フリードリヒ・エンゲルス, 『反デューリング論』, マルクス・エンゲルス選集 第14卷, マルクス・エンゲルス選集刊行会 編訳, 大月書店, 1950, 467쪽[프리드리히 엥겔스 「오이겐 뒤링 씨의 과학 변혁("반-뒤링")」, 『칼 맑스 프리드리히 엥겔스 저작 선집』 5권, 박종철출판사, 1997, 304쪽. 번역은 국역 선집의 것을 가져오되, 이 책의 일역을 참고하여 '[ ]'를 첨가했다.—옮긴이].

가지 불황 현상이 많이 발생하지만, 모든 과정의 기초를 이루는 것은 '과잉생산', 즉 사회의 수요를 훨씬 넘어선 막대한 과잉생산물의 형성이다. 이 과잉생산 때문에 실업자가 늘어난다. 그래서 노동자와 영세한 기업주는 수입이 감소하고 매일의 생계에 필요한 양식이 부족하게 되는 것이다.

과거 사회에서도 사람들의 생계에 필요한 양식이 부족해지는 심각한 사태가 자주 일어났다. 예를 들어 봉건사회에서는 영주에 의한 가혹한 공물 징수가 농민을 괴롭혔다. 그리고 그것이 농민을 죽음의 구렁텅이로 몰아넣었던 것은 흉작과 전쟁으로 인해 수확물이 감소하고 생산 부족에 빠졌던 '과소생산'의 시기의 일이었다.

그러나 자본주의에서는 생산 부족, 즉 과소생산이 아니라 반대로 '과잉생산'이 도산과 실업을 초래한다. 다시 말해서 상품이 너무나 많이 만들어졌기 때문에 사람들은 필요한 물건이 부족해지고 빈곤에 빠진다는 역설이 지배하고 있는 것이다. 공황이야말로 자본주의가 얼마나 모순으로 가득 찬 경제 시스템인가를 누구에게나 분명하게 보여 주고 있다.

4. 불황에 대해서 경제학이 가져야 하는 태도

공황이 일어나면 많은 노동자들이 실직이나 임금인하로 고통을 당한다. 기업경영자 중에서도 장기간의 노력이 물거품이 되고 도산의 쓰라림을 당하는 사람들이 정말 많이 나타난다. '인재'(人災)라는 말이 있지만 공황이야말로 전쟁이나 지구환경파괴와 함께 현대사회의 전형적인 인재이다.

그러나 경제학자들 중에는 이러한 점을 중시하지 않고, 거꾸로 공황에도 장점이 있다고 보는 사람이 적지 않다. 예를 들면 슈피토프(Arthur Spiethoff)는 경기변동의 연구에서 훌륭한 업적을 올린 우수한 경제학자

중 한 사람이다. 그는 경기순환이라는 것이 한편으로는 "결함"을 가지지만 다른 한편에서는 "동시에 건설적인 공헌을 한다는 것도 마찬가지로 크게 강조되어야 한다"라고 말한다. 왜냐하면, 호황기에는 "생산설비와 내구성 이용설비의 비약적 확장"이 일어나게 되고, 또 불황기에는 "생존 투쟁"을 위해 "경영조직과 기술적 시설의 개량을 목표로" 어찌 되었건 간에 한 푼이라도 비용을 절약하려 하기 때문이다. 그러므로 그에 따르면 "불황은 생산설비를 가장 새롭고, 가장 유리한 기술적 지위로까지 유도하는 것을 의미"한다.

이윤을 늘리는 것이야말로 인생 최고의 가치라고 생각하고 그 외에 더 중요한 것이 있다는 것을 잊어버린 탐욕스러운 자본가는 자주 다음과 같이 말한다.

> 호황기에는 이윤이라는 과실을 충분히 맛볼 수 있다. 공황과 불황기에는 평소에 하지 못했던 합리화를 시행하여 '기업의 군살 빼기'를 할 수 있다. 호황기에 너무 올렸던 노동임금을 적절히 인하하고, 많이 불어난 잉여인원을 줄이는 다시없는 기회가 된다. 몇 년에 한 번씩 이런 단련을 하는 것으로 군살을 빼고 기업은 성장해 간다. 경기순환이라는 것은 얼마나 좋은 기회인가!

슈피토프의 견해도 이것과 매우 비슷하다. 그는 다음과 같이 경기순환을 찬미하고 있다.

> 호황과 불황의 교체는 경제생활에서 어떠한 의미를 지니는가? 그것은 인간으로부터 끌어낼 수 있는 모든 경제적 투지를 짜내기 위해서 고안된

모든 수단 중 가장 강력한 것이다. 호황기에는 이윤이라는 당근, 불황기에는 고난이라는 채찍. 이것보다 효과적인 것을 발견할 수 있을 것인가![2]

이것은 도산이나 실업으로 고통받는 인간의 문제는 사라져 버린 '인간 부재의 경제학'이라고 말하지 않을 수 없다. 그렇지만 우리는 이런 태도로 공황이나 경기순환을 다룰 수 없다. 공황과 불황 중에 매일매일 악전고투를 강요받는 노동자나 중소·영세기업과 고통을 함께하면서, 도대체 왜 공황을 피할 수 없는가, 어떻게 하면 공황과 불황을 없앨 수 있는가에 대한 방법을 열심히 찾고 구하는 것이야말로 진정한 경제학이 가져야 하는 태도라고 생각한다.

---

2) Arthur Spiethoff, *Die wirtschaftlichen Wechsellagen : Erklärende Beschreibung*, Bd.1, Tübingen : Mohr, 1955, ss.195~198(シュピートホフ, 『景氣理論』(경기이론), 望月敬之 訳, 三省堂, 1936, 298~303쪽).

2장
왜 공황이 일어나는가

앞 장에서 불황이란 결코 자연재해처럼 불가항력적인 것이 아니라 자본주의 경제 시스템 속에서 생겨나는 것이라고 말했다. 그러면 도대체 불황은 어떻게 해서 일어나는 것인가에 대한 윤곽을 이 장에서 생각해 보려고 한다. 불황이 어떻게 해서 일어나는지가 밝혀진다면 이것을 없애는 방법도 알 수 있을 것이다.

그래서 용어부터 설명하면, '불황'에는 두 가지 국면이 있다. 큰 불황이 갑자기 일어나서 기업이 도산하거나 격심한 과잉생산에 빠져 기업이 연달아 쓰러지는 이러한 국면을 '공황'이라고 한다. 그러고 나서 공황은 일단 가라앉았지만 여전히 불경기가 매우 고통스럽게 계속되고 있는 국면을 '정체'라고 한다. 이제부터 이와 같은 의미에서의 '공황'이 왜 일어나는가를 생각해 보자.

자본주의의 목적은 가능한 한 많은 이윤을 올리는 데 있다. 상품 판매가 순조로운 때에 각 기업은 (바로 지금이 기회라고 생각해) 경쟁적으로 시장점유율을 늘리려 하기 때문에 사회 전체적으로 생산이 급속하게 증대한다. 그러나 생산이 부쩍부쩍 확장되어 가면 여기에 두 가지의 장애가 앞

길을 가로막아 선다. 첫째는 '생산부문 간의 균형(balance)'이 엉망으로 망가지는 문제, 둘째는 '생산과 소비의 괴리(gap)'에 빠진다는 문제이다.[1]

1. 생산부문 간 균형의 붕괴

생산부문들 사이의 균형의 필요성

세상에는 여러 가지 생산부문이 있지만 그 어느 것도 자기 혼자서 유지되는 것은 없다. 예를 들면 기계산업은 설비의 갱신이나 확장을 수행하는 다른 부문의 기업이 제품을 구입해 주어야 한다. 그러므로 기계 생산부문의 생산량은 사회 전체의 산업부문에서의 기계 수요량과 일치될 필요가 있다. 또한 소비재 산업은 그 제품의 상당 부분을 소비재 부문 및 생산수단 부문의 노동자가 구입해 주어야 한다. 따라서 소비재 부문의 생산은 생산수단·소비재 양 부문의 노동임금(및 자본가의 개인소득)에 의한 소비 수요량과 일치될 필요가 있다.

이렇게 사회의 생산이 정상적으로 원활하게 진행되기 위해서는 여러 가지 재화에 대한 수요와 공급이 일치하고, 그런 의미에서 여러 부문과 부문 사이, 특히 생산수단 생산부문(I부문)과 소비재 생산부문(II부문) 사

---

1) 『자본론』은 '착취의 실현의 조건들', 따라서 '생산물의 실현(생산물이 판로를 찾고 화폐와 교환되는 것)의 조건들'이 '생산부문들 간의 균형'과 '사회의 소비력'에 의해 제한된다는 것을 다음과 같이 말하고 있다. "직접적 착취의 조건들과 이 착취의 실현의 조건들은 동일하지 않다. 두 조건들은 시간과 공간에서 일치하지 않을 뿐만 아니라 개념에서도 일치하지 않는다. 전자는 사회의 생산력에 의해서만 제한되며, 후자는 여러 생산분야들 사이의 비례관계와 사회의 소비능력에 의해 제한되고 있다."(資本論翻訳委員会 訳, 『資本論』⑨, 新日本出版社, 416쪽[김수행 옮김, 『자본론』III(상), 제1개역판, 비봉출판사 2004, 293쪽; 강신준 옮김, 『자본』III-1, 길, 2010, 324쪽. 이하 이 책에서 『자본론』을 인용할 경우, 국역본 쪽수를 병기한다. 국역본의 경우 김수행이 옮긴 판본은 『자본론』으로 강신준이 옮긴 판본은 『자본』으로 표기하여 구분한다. 또 『자본론』 번역은 김수행 판본을 가져오되, 이 책의 일역을 참고하여 부분적으로 수정하였다. —옮긴이])

이의 균형, 즉 밸런스가 유지되는 것이 절대적으로 필요하다고 말할 수 있다.[2] 그러나 자본주의에서는 각 기업이 자신의 이윤을 증가시키는 것에 필사적이고 애당초 제각각 생산 확장 경쟁을 벌이기 때문에 이러한 부문 간의 균형은 무너져 버린다.

자본주의하에서는 늘 부문 간의 불균형이 존재하고 여러 가지 재화의 수요와 공급이 불일치에 빠지기 때문에, 오히려 균형을 딱 맞추는 편이 우연이라고 해도 좋을 정도이다. 그러나 언제나 존재하는 그러한 불균형은 각 부문의 상품의 시장가격이 가치 이상으로 상승하거나 가치 이하로 하락하는 시장가격의 변동을 통해 심각한 사태에 이르지 않는 선에서 조정되어, 대략적으로 수요와 공급의 균형(밸런스)이 회복된다.

그러나 몹시 큰 불균형이 생기면 약간의 가격 변동으로 미세 조정하는 것이 더 이상 불가능하게 된다. 그와 같은 가장 격심하고 가장 큰 규모로 나타나는 부문 간 불균형은 번영 국면에서의 설비 증설이나 신규 공장 건설 붐(Boom)이라는 비정상적 집중에 의해서 일어나서, 설비투자(고정자본투자) 관련 산업[3]을 중심으로 한 I부문(생산수단 생산부문)과 II부문(소비재 생산부문) 사이의 불균형이 형성되는 것이다.

I부문과 II부문의 불균형의 심화

그래서 우선 설비확장(증설과 신규 공장 건설)이 일어날 경우 설비투자 관

---

2) 이 '사회적 재생산의 원활한 진행'을 위해서 필요한 생산부문들 사이의 균형 조건(소위 재생산 조건)은 『자본론』 2권의 3편 '사회적 자본의 재생산과 유통'에서 상세히 전개되어 있다.
3) 설비투자란 생산과정에서 필요한 여러 가지 노동수단(기계설비, 생산장치, 공장 건물 등)을 위한 투자이므로 '고정자본투자'라고 해도 마찬가지이다. 이러한 기계설비를 만드는 산업이나 그것에 소재를 공급하는 철강업 등을 통틀어서 '설비투자 관련 산업'이라고 부른다.

련 부문에 수요가 대량으로 발생하는 것에 대해 설명해 보자.

기업은 보유한 기계설비 중에서 마모되어 수명이 다하거나 낡은 것을 매년 오래된 것에서부터 차례로 새로운 제품으로 교체한다. 보유 설비 중에서 매년 갱신되는 것을 1대라고 하자. 그래서 어떤 기업이 1대당 10억 엔의 기계 10대를 가지고 있다면 보유 기계설비의 총가치는 100억 엔이고 매년 갱신을 위한 기계 구입액은 10억 엔이다.

만약 이 기업이 기계설비를 한 대 더 증설한다고 해보자. 그러면 기계 구입액은 갱신용 10억 엔과 함께 신규 증설용 기계 1대에 대한 10억 엔으로 합계 20억 엔이 된다. 즉 10대 생산체제를 11대 체제로 하여 생산을 10% 증가시킬 뿐인데도 설비 구입액은 원래 10억 엔에서 금년에는 20억 엔으로 단숨에 2배로 증가한 것이다. 그리고 그 다음 해에 설비증설이 멈추면 기계 구입액은 갱신용 10억 엔뿐이므로 절반의 금액으로 급감해 버린다.

위와 같이 설비확장투자를 통해서 설비투자 관련 산업에 대한 수요가 빠르게 증가하거나 감소하는 격심한 변동이 일어나게 된 것이다. 이 수요의 격변이 소수의 기업에서만 생겨나는 것이라면 그다지 큰 문제가 되지 않는다. 사회 속에는 그 해에 설비 수요를 대폭적으로 증가시키는 기업, 조금 증가시키는 기업, 변동이 없는 기업, 감소하는 기업 등 여러 가지 경우가 있어서 그것들이 서로 어느 정도까지 상쇄되기 때문이다.

그러나 만약 많은 산업, 많은 기업이 일제히 설비 수요를 증대시키는 경우에는 이야기가 달라진다. 엄청난 사태가 벌어진다. 그러므로 사회 전체의 설비 수요가 그와 같은 격심한 변동에 빠지는 것을 피하고 수요를 안정시키기 위해서는, 각 산업과 기업의 급격한 설비투자 확대가 어느 한 시기에 비정상적으로 집중되지 않도록 각 연도에 나누어서 수행될 수 있게 조절하는 것이 필요하다. 그리고 이것이야말로 사회적 생산이 균형을 유지하며 진행되기 위한 필수 조건임을 알 수 있다.

하지만 자본의 사적 이윤을 추구하는 것을 중시하는 자본주의 경제에서 그와 같은 조절은 불가능한 이야기이다. 번영기에는 많은 기업이 지금이야말로 매상을 크게 높일 기회라고 보고 너도나도 한꺼번에 설비투자를 맹렬하게 증가시키기 때문에 설비투자 관련 산업(기계 생산과 철강업)을 중심으로 한 I부문에 대한 수요가 대량으로 밀려온다. 공장은 최대한으로 조업에 들어가지만 만들고 또 만들어도 주문을 따라가지 못하고 '주문을 거절하기 위해 접대비가 늘어난다'라며 즐거운 비명을 지르는 상황이 된다.

설비투자 관련 산업에서는 이 수요의 급증에 부응하기 위해 아주 서둘러 노동자를 늘리고 자사의 생산장치(기계설비를 제조하기 위해 필요한 기계설비)를 크게 증강시켜야 한다. 그 결과 I부문의 생산능력과 생산액도 II부문에 비해 매우 크고 급격하게 늘어난다. 이것은 다수 기업의 설비투자 증가가 동시에 집중되어, [투자가] 중복된 부분에서 발생하는 비정상적 현상이다.

그러나 이러한 열광적인 설비투자 붐이 영원히 계속될 수는 없다. 생산의 지나친 증대에 의해 시장이 포화 상태가 되어 판매가 둔화되어 버린 기업과 무리한 설비투자로 자금을 몽땅 쏟아부었기 때문에 자금 사정상 설비확장을 계속할 수 없게 된 기업이 점차 생겨난다. 그래서 사회 전체에서 본 설비투자 관련 수요는 일제히 마이너스로 변하든지 혹은 천천히 감소해 버린다. 그러면 수요가 급격하게 또 대폭적으로 늘어날 것으로 생각하여 급속하게 규모를 확대시킨 I부문은 불균형에 빠지고 설비의 일부는 과잉이 되어 용도가 없어져 큰 손해를 입는다.

공황 시기에는 I부문과 II부문을 포함한 사회적 생산 전체가 과잉생산에 빠지지만, 특히 I부문에 보다 큰 과잉생산이 일어나는 이유를 여기에서 알 수 있다.

아래에는 내가 공황과 경기순환 연구를 시작한 1956~57년 즈음의 신문과 잡지 기사를 발췌한 것과, 그것을 기초로 적어 본 나의 문장 중 일부를 싣는다.

* * *

본격적인 고정자본투자에 의해서 경기의 상승 국면이 만들어지고, 그것이 어느새 공황의 진원지로 변한다는 기묘한 역전극은 제2차 세계대전 후 일본에서 순환의 최고 국면이었던 1956년부터 1957년 전반에 걸쳐 '진무(神武)경기'라고 불리는 '대호황'(Boom)의 출현과 뒤이은 경기붕괴에 의해 선명하게 재연되었다.

번영 국면인 진무경기의 시기에는 각 산업의 강력한 확장 의욕 때문에 고정자본에 대한 수요가 엄청나게 끓어올라, 기계설비나 철강업에서 수주액이 누진적으로 늘어났고, 그래서 아무리 생산을 늘려도 주문을 따라가지 못하는 상황이었다. 신문의 경제란은 다음과 같은 헤드라인이나 기사로 넘쳐났다.

"부족한 철강—조선이나 설비의 확장, 탄탄한 국내 수요의 신장"(『아사히신문』, 1956.9.25)

"경기를 유지하는 활발한 투자. 판매는커녕 거절하느라 곤란하다. 전후 최고의 결산인가", "너무 많이 벌어서 '함박웃음'을 넘어 '웃음이 그치지 않는' 철강업. 어떤 회사에서는 생산이 수요를 쫓아가지 못해서, 영업사원도 판매는커녕 '거절하기'에 정신이 없고 단골손님을 능숙하게 거절하기 위해 '접대비'가 느는 상황이다."(『아사히신문』, 1956.10.15)

"히타치(日立)기계제작─펄프, 시멘트, 석유, 화학섬유, 염화비닐 등 각 산업의 자동화(automation)용 대형기계 주문이 잇따르는 것을 소화하려 생산공장을 짓는 한편 롤러 등 기계설비를 구입하고 있다. 게다가 이것만으로는 시간을 맞추지 못하여 주문을 거절할 정도", "오사카(大阪) 요업─쉴 시간도 없이 계속된 증설 공사로 공장내 정비할 시간이 없다", "염화비닐─기계 납기가 곧잘 늦어진다", "나카야마(中山)철강─공급 부족 돌파 공사. 2배 증산을 목표로", "강재(鋼材) 매매 가격 다시 오르는가. 야와타(八幡)제철 설비 계획 확장"(『아사히신문』, 1956.10.9)

이렇게 다양한 기사나 통계 자료를 얼마든지 들 수 있다. 그러나 중요한 점은 이렇게 당시에 설비 공급이 설비 수요를 쫓아가지 못하고, 오히려 여기에 생산의 '난관'(bottleneck)을 타개할 필요가 있다고 역설할 정도였다는 것이다. "작년도(쇼와 30년[1955년]) 하반기 후반 이후에 계속된 설비투자의 활황으로 최근 철강, 전력, 운송이 **부족해지는 경향이 나타나, 각 방면의 우려를 부르고 있다.**"(『일본개발은행 조사월보』 5권 7호, 1956.10, 1쪽). 결국 "이들 부문(철강, 기계, 전력, 운송 등)의 **능력을 증가시키는 것은 일본 경제의 확대에 꼭 필요한 것이므로, 기업들의 입장에서가 아니라 사회적으로 긴급히 요청**된" 것이다(같은 책 6권 3호, 1957, 625쪽). 따라서 설비투자의 집중을 전부 자본가의 의도나 투기 탓으로만 돌릴 수 없다(물론 그것도 강력히 작용했지만). 왜냐하면 다음과 같은 사정 때문이다. 예를 들어 기계공업의 경우 원래 설비과잉의 조짐이 있었기 때문에, 설비확장에는 "상당히

신중한 태도를 보였던 것 같지만, 작년(1956년) 하반기 이후의 투자 붐에 의해서, 하청업체 전부를 활용해도 여전히 수주액이 누진적으로 증가하는 상태였다. 결국 대기업도 설비확장을 단행했다"(『일본권업은행 권은월보』, 1957.4.4).

그리고 설비투자를 축으로 한 호황(Boom)과 함께, '자본주의의 체질은 개선되었다', '공황이 이제 없어졌다' 등의 자본주의를 장밋빛으로 그리는 환상이 널리 퍼졌다. 그러나 이윽고 반전이 시작되었다. 대규모 조업단축, 생산제한, 일시귀휴제[불황 등을 이유로 기업이 일정 기간 노동자들을 쉬게 하는 제도], 해고 등이 행해졌지만, 상품과잉·재고과잉은 시장과 기업을 압박하여, 소위 '냄비 불경기'[ナベ底不況; 일본에서 1957년 후반부터 1958년 전반에 걸쳐 일어난 디플레이션 현상]가 계속되었다. 번영은 신기루같이 사라져 버렸다. 경제관청의 분석에 따르면 '도를 넘어선', '지나치게 빠른' 설비투자가 경기후퇴의 주요 원인이었다고 한다(『쇼와 33년도 경제백서』).

즉 실상은 다음과 같다. 자본주의하에서는 투자 집중이 어느 시기에 필요한지 구별할 수 없기 때문에 (나중에) 결과적으로 '도를 넘은' 것이 된다. 그리고 이것은 어떤 시기의 정부나 자본가 단체의 정책적 실패의 문제로 그치지 않고(물론 그런 측면도 있지만), 좀더 본질적이고 객관적인 자본주의 경제라는 철의 메커니즘의 문제이므로, 공황은 피할 수 없다. 이 메커니즘을 해명하는 것이 다음의 과제이다.[4]

---

4) 林直道,「景気循環と固定資本投資: 恐慌論序説」(경기순환과 고정자본투자: 공황론 서설),『戦後景気循環と設備投資』(전후 경기순환과 설비투자), 大阪市立大学経済研究所所報 第11集, 日本評論新社, 1958, 5~6쪽.

2. 생산과 소비의 괴리의 형성

생산과 소비의 모순

사회적 생산 전체는 크게 구분하면 생산수단 생산부문과 소비재 생산부문으로 이루어져 있다. 이 중 생산수단(기계설비와 원재료)은 노동자 등의 소비자 대중에 의해서 소비되는 것(개인 소비)이 아니라, 각 부문의 기업에 의해 구매되어 생산재로서 사용·소비(생산적 소비)되고 점차로 형태를 바꿔 가면서 돌고 돌아 소비재 속으로 녹아들어 간다. 그리고 이 소비재의 거의 대부분을 구입하는 것은 인구의 다수를 차지하는 노동자(및 자영상공업자와 농민)이다. 그러므로 자본주의적 생산물 전체는 돌고 돌아서 그것을 구매하는 근로자 대중의 소비구매력(consumer purchasing power)에 의해서 지탱된다.

그러나 최대한의 이윤을 올리려고 하는 자본의 열망은 이윤확대의 손쉬운 수단을 임금 절약에서 구하고, 되도록 고용을 늘리지 않으려 하며, 구조조정을 강요한다. 또한 정규직 노동자의 비율을 줄이고 파트타임이나 파견직과 같은 저임금 노동력으로 바꾸려고 한다.

한편에서는 생산을 최대한 늘리면서 다른 한편에서는 그 생산된 제품의 최종 구매자로서 중요한 노동자 대중의 소비력을 자본 스스로가 최저한으로 억누르려 하는 것은 완전히 모순이라고 하지 않을 수 없다. 이것을 '생산과 소비의 모순'이라고 부른다.

그러면 번영 국면에서는 어떠한가? 번영 국면에서도 기업은 정규직보다는 파트타임을 고용하거나 무보수 잔업을 시키는 등 인색하게 노동비용 감축을 강요하는 것을 포기하지 않는다. 그러나 일손 부족이 심한 곳에서는 잠시 그러한 인색한 처사가 뒤로 물러난다.

이 국면에서는 막대한 생산 확대에 의해 고용이 증대되고 임금도 상승하는 경향이 있기 때문에 노동자의 소득은 가장 높은 수준에 도달하고 소비도 왕성하다. 마치 '생산과 소비의 모순' 따위는 어딘가로 순식간에 없어진 것처럼 보인다.

그러나 실제로는 이 시기에 경제의 깊숙한 부분에서 생산과 소비의 괴리(Gap)가 형성되고, 그것이 단번에 공황으로 폭발한다.

번영 국면에서 열광적인 생산 확대를 지탱하는 것은 왕성한 설비투자의 가속적인 증대이다. 이것이 'I부문과 II부문의 불균형'을 만들어 낸다는 것은 이미 앞 절에서 말했다. 그러나 실제로는 이와 같은 설비투자의 집중이 '소비력을 넘어선 과잉생산'이라는 또 하나의 중요한 결과를 발생시킨다.

설비투자에 의한 수요와 공급의 비대칭성

기계설비와 건물에 투자된 자본(고정자본)은 최초에 그 가치 전액(全額)을 지불하는 형태로 투하된다. 그리고 장기에 걸쳐서 생산과정에서 사용되고 그 기간 동안 마멸 정도에 따라서 조금씩 그 가치를 생산물로 이전하면서 감가상각되며 내용연수(耐用年數; 사용 가능 햇수)가 다된 단계에서 가치 전액의 감가상각을 끝낸 후 새로운 제품으로 갱신되는 독특한 운동을 표현한다.[5]

---

5) [옮긴이] 고정자본에는 설비, 장치, 기계 등이 해당되는데, 생산과정에서 한 번에 그 기능이 모두 소진되는 것이 아니라, 일정한 기간 동안(내용연수) 생산과정에서 여러 차례 기능을 한 다음 기능을 잃게 된다. 이렇게 고정자본은 기간마다 그것의 가치가 조금씩 생산물에 이전되는데, 이런 고정자본의 가치감소분을 감가상각비라고 한다. 이와 반대로 유동자본은 한 번의 생산과정에서 그 기능을 모두 소진하는 것으로, 원료, 노동력 등이 이에 해당된다.

그래서 설비투자가 일어나게 되면 처음에는 한꺼번에 설비의 가치 전체에 상당하는 대규모 수요가 우선적으로 발생하고(수요의 일시적 대량성), 그 다음으로 설비의 건설·설치가 완료되어 생산력으로서 가동하기 시작하면 그 설비의 내용연수가 다할 때까지 장기간 대체 수요도 없이 일방적으로 생산물을 시장으로 계속 공급한다(공급의 장기적 일방성).

야구에 비유해서 말하자면 선공인 수요 팀은 1회에 9점을 얻고 그후에는 쭉 0점이다. 나중에 공격하는 공급 팀은 1회부터 9회까지 1점씩 쫓아가고 있는 것과 같다. 이처럼 어떤 시기에는 공급을 넘어서는 큰 수요가 생기고 그후에는 수요가 대응하지 않는 공급만이 장기간 계속되는 제멋대로의 움직임, 즉 '수요와 공급의 비대칭성'은 설비투자에 따라다니는 성질이다.

만약 설비투자가 여러 부문이나 기업에서 여러 시기에 다양한 규모로 일어난다면 초과수요와 초과공급이 서로 상쇄되기 때문에 심각한 사태에 이르지는 않을 것이다. 따라서 '수요와 공급의 비대칭성'이 파괴 작용으로 발전하지 않기 위해서는 각 부문 혹은 각 기업이 높은 비율의 설비투자를 어떤 시점에 비정상적으로 우르르 집중시키지 않도록 사회적으로 조정하는 것이 필요한 것이다.

하지만 자본주의에서는 이것이 불가능하다. 지금 물건이 팔리기 시작해서 이익이 예상된다면 거의 모든 부문의 기업들이 일제히 대폭적인 설비투자에 돌입한다. 그 결과 막대한 수요가 생겨서 날개 돋친 듯이 물건이 팔리고, 공급이 수요를 따라잡지 못해서 시장가격이 상승한다. 겉으로는 큰 붐이 발생한 것처럼 보인다.

그러나 설비투자는 언제까지나 무한히 증대한다고 말할 수 없다. 특히 철강, 중기계, 조선, 전력 등의 기간산업에서 설비확장은 조금씩 행해지지 않는다. 이때 대규모 설비투자를 위해 특별히 많은 자금이 필요하기 때문에, 현재의 이윤만으로는 도저히 충분하지 않으므로, 과거에 많이 적립해 둔 자금[유보금]을 사용한다. 따라서 당장 예측된 수요 증대에 대응하기보다 더욱 큰 수요 증대를 예상하여 생산할 수 있게끔 거대 투자를 단행한다. 그러므로 기간산업 부문의 거대 투자, 역사적 예를 들면 용광로 건설 등이 일단 완료된 후, 당분간 투자 속도를 늦추고 또 몇 년이든 장래에 거대 규모의 건설을 하기 위해 필요한 투자자금 적립에 들어간다(이것을 투자의 사회적 순환이라고 한다).

따라서 사회 전체에 걸친 설비투자의 크고 작은 저하, 혹은 최소한 설비투자 증가율의 저하를 짐작해 볼 수 있다. 어쨌든 설비투자가 점점 가속적·지속적으로 증대하는 것은 아니다.

그러나 이와 달리 지금까지 대량으로 건설된 새로운 설비와 공장이 가동을 개시하여 생산력으로 기능하게 되면서, 생산물은 계속해서 시장으로 공급된다. '공급의 장기적 일방성'의 원리가 가차 없이 효과를 나타내기 시작하고 '수요의 일시적 대량성'보다 우세해진다. 수요와 공급의 세력 관계가 역전되고, 초과수요가 초과공급으로 전화되어 갑작스럽게 과잉생산이 현실로 나타나게 되는 것이다.[6]

---

6) [감수자] 고정자본투자에 특유한 수요와 공급의 비대칭성, 즉 '공급의 장기적 일방성'과 '수요의 일시적 대량성'은 호황기에 형성되는 I부문의 과잉생산을 설명하는 데 충분하지 않다. 왜냐하면 이 효과는 장기적으로 작용하는 것이어서, 호황 말기와 공황 시에 갑작스럽게 표출하는 과잉생산의 문제를 해명하는 데는 한계가 있기 때문이다. 설비 건설이 완료, 설치되어 설비가 가동되면서 나타나는 일방적 공급의 문제는 과잉생산의 해명에서 부차적으로만 타당하다고 생각한다. 문제는 호황기에 초과수요에 의해 은폐되어 과잉생산하게 된 생산수단이 시장에 쏟아져 나오기 시작하면서 나타나는 갑작스런 공급과잉이며, 이 문제를 살펴보기 위해서는 고정자본 공급의 비탄력성이라는 또 다른 특성, 즉 고정자본의 상대적으로 긴 건설 기간과 그 공급의 시간적 지체를 고려해야 한다. 고정자본 수요의 일시적 대량성이라는 특징 때문에 호황기에 확장투자가 집중되면 거대한 투자수요가 형성되는데, 고정자본의 공급은

소비수준을 넘어선 과잉생산

이러한 수요와 공급의 역전 현상은 생산재나 소비재를 포괄해서 모든 상품에 대해 일어난다는 것을 간과하지 말아야 한다. I부문에서의 설비투자 급증이 곧 생산수단(기계설비와 원재료)의 과잉생산을 가져오는 것과 마찬가지로, II부문에서의 설비투자 급증은 머지않아 소비재의 과잉생산을 폭발적으로 일으키는 것이다.

한편 실현되지 않은(화폐로 다시 전환될 수 없는) 과잉생산물은 자본가치가 손상되어 재생산의 진행을 마비시킨다. 소비재 부문이 사회의 소비구매력을 넘어선 과잉생산에 빠진다. 생산재 부문에서 발생된 과잉생산물은 소비재 부문에 의해서 추가로 흡수되지 않을 뿐만 아니라 역으로 소비재 부문의 생산 축소의 영향으로 생산재의 '의도되지 않은 재고과잉'이 더욱 증폭된다. 양 부문[I, II부문]에서의 임금체불과 해고에 의해서 사회의 소비력은 더욱 축소되고 소비재 부문에 파급되어 소비재 제품의 과잉재고를 누적시킨다.

이와 같이 번영 국면에서의 집중적인 설비투자에 나타나는 자본의 무제한적 축적 본능은 재생산론이 지적하는 생산부문들 사이의 균형 조건을 파괴하고, 잇따라 관련 부문에 파급되어 상품과 자본의 전반적 과잉

상대적으로 긴 건설기간 때문에 일정한 시간 동안 그 수요를 즉각 충족시킬 수 없게 된다. 이렇게 되면 고정자본의 시장가격이 더욱 등귀하고, 이러한 가격 신호는 고정자본 생산자들로 하여금 고정자본에 대한 수요가 더 높다고 판단하도록 해서 고정자본의 생산을 더 확대시키게 된다. 그러나 이 추가적 가격 등귀는 공급 지체로 인해 발생한 것이고, 고정자본에 대한 수요가 실제로 더 존재하는 것이 아니기 때문에, 이 경우 고정자본의 추가적 생산 확대는 곧 과잉생산을 의미한다. 그렇지만 그 생산이 완료, 공급되기까지 시장에서는 공급부족과 초과수요가 지배하고, 이것이 다름 아닌 호황을 가져오는 것이지만, 이 호황 밑에서는 잠재적으로 과잉생산이 진행되고, 일정한 시간이 지난 후에 고정자본이 시장에 공급되자마자 과잉생산은 현재화된다. 그렇게 되면 과잉생산공황으로 폭발하지 않을 수 없다.

생산을 일으키는 것이다.

지금까지 1절과 2절에서 공황의 기초를 이루는 과잉생산이 형성되는 기본적인 메커니즘에 대해서 설명했다. 그러나 이 메커니즘이 현실에서 공황으로 나타나기 전까지는, 신용이 개입하여 큰 역할을 맡고 있다.

3. 신용의 역할과 화폐공황

신용에 의한 번영의 연장과 그 한계

지금까지 본 재생산과정에서의 과잉생산의 발발은 신용제도의 개입에 의해서 당분간 은폐되고 미뤄진다. 신용은 기능자본가(산업자본가, 상업자본가)에 대한 '은행신용'의 부여(자금 대부)를 통해, 또 기능자본가가 서로 주고받는 신용, 즉 '상업신용'을 은행이 부담(어음 할인)함으로써 호황을 연장하는 데 큰 역할을 한다.

번영 국면이 진행됨에 따라서 은행에 대한 기업의 자금 의존도는 점점 높아져 간다. 첫째, "모든 형태의 고정자본의 대확장, 그리고 새로운 대규모 사업들의 대량 설립".[7] 이것은 저축된 자기자본을 몽땅 털어 넣는 것만으로는 매우 부족하므로 은행의 대부자본 공급에 의존하는 비율이 증대한다. 둘째, "이 시기는 준비자본을 가지지 않았거나, 심지어는 자본을 전혀 가지지 않고 화폐신용에만 의존하여 사업을 하려는 모험자들이 대규모로 등장하는 최초의 시기이다".[8] 셋째, 제조업자와 상인들이 서로 주고받는 상업신용이 팽창하고 이것의 은행신용에 대한 의존이 급격하게

---

7) 資本論翻訳委員会 訳, 『資本論』 ⑪, 844쪽[『자본론』 III(하) 602~603쪽, 『자본』 III-2, 667쪽].
8) 같은 책, 844쪽[『자본론』 III(하) 602쪽, 『자본』 III-2, 667쪽].

높아진다. 이와 같이 대부자본에 대한 세 가지 수요가 매우 늘어나면서 이자율이 크게 상승한다.

번영의 최종국면으로서 "과도한 긴장과 투기의 시기"

신용제도는 이 화폐자본 수요에 부응함으로써 "그 성질상 탄력적인 재생산과정이 여기에서 그 극한까지 확대되는" 것을 촉진하고 호황을 최대한 연장한다. 동시에 그것에 의해 "과잉생산과 상업에서의 지나친 투기의 주요한 지렛대"[9]가 되어 버린다.

첫째, 고정자본의 대규모 증가, 신기업의 창설은 설비투자에 관련된 '수요의 일시적 대량성'을 강화함으로써 호황을 당분간 연장시키지만, 결국은 '공급의 장기적 일방성'에 근거한 수요와 공급의 역전, 즉 과잉생산의 발발을 막을 수는 없다.

둘째, 예비자본 없이 사업을 하는 모험자들의 등장은 공수표(실제 거래가 개재되지 않는 어음)를 발행하거나 "단순히 어음 제조를 목적으로 하는 상품 거래"[10]를 수행해 화폐시장을 교란시킨다. 또한 투기의 파탄에 의해서 지급불능의 상태에 빠지고 스스로 폭풍을 예고하는 역할을 맡는다.

셋째, 상업신용의 팽창, 은행신용 의존도 상승은 아직 상품이 실제로 판매되지 않았음에도 불구하고 계속 매입하고 사업을 확대하는 것을 가능하게 한다. 끊어지기 직전까지 늘어난 고무처럼 재생산과정은 자본의 현실적인 힘의 한도를 넘어서 팽창한다. 이 상태는 "과잉거래", "부담 과중", "현존하는 자금과 비교해서 과대한 조작", "가용 유동성 자산의 허용

---

9) 資本論翻訳委員会 訳, 『資本論』 ⑩, 764쪽[『자본론』 III(상) 547쪽, 『자본』 III-1, 591쪽].
10) 資本論翻訳委員会 訳, 『資本論』 ⑪, 836쪽[『자본론』 III(하) 598쪽, 『자본』 III-2, 662쪽].

범위를 넘어서서 확장된 영업"[11] 등으로 말해지듯, 기업이 자유롭게 쓸 수 있는 "예비자본"(준비금)에 비해서 사업이 지나치게 팽창한 지극히 위험한 상황이다. 『자본론』은 이것을 "과도한 긴장 상태"[12]라고 명명한다.

더욱이 판로 확장, 신시장 개척에 따라서 생산지와 판매시장의 현실적 거리가 길어지고, 그것을 "본래적인 물질적 기초"로 하는 "유통시간의 증대", 회전기간(turnover period)의 연장이 불가피해짐과 동시에 어음이 장기화되는 사정이 추가된다. 그래서 어음의 환류가 점점 지체된다. 게다가 이런 사태에 대비해 쌓아 두어야 하는 "자유롭게 쓸 수 있는 준비금"은 급속하게 고갈되기 시작한다. 그래서 은행은 "고객들이 화폐보다 오히려 어음을 더욱 많이 예금하자마자 위험을 냄새 맡기 시작한다."[13]

결국 파국이 닥친다. "멀리 떨어진 시장에 판매하는 상인들(또는 국내에 재고를 쌓아둔 상인들)의 자금 회수가 너무 느리고 소규모여서 은행이 대출의 상환을 촉구하자마자, 또는 구매한 상품은 아직 판매되지 않았는데 그 상품을 근거로 발행된 어음은 지불 만기가 되자마자, 공황이 도래한다. 이때 투매가 시작되고 채무상환을 위한 판매가 시작된다. 이제 파국이 오며, 이것이 외관상의 번영을 갑자기 중단시켜 버린다."[14]

지금까지가 번영의 최종국면, 즉 "번영과 그것이 급변하는 경계 국면"[15]으로서 "과도한 긴장과 투기의 시기"[16]에 대한 대강의 내용이다.

---

11) 資本論翻訳委員会 訳, 『資本論』 ⑩, 696쪽[『자본론』 III(상) 501쪽, 『자본』 III-1, 539쪽].
12) 資本論翻訳委員会 訳, 『資本論』 ⑪, 844쪽[『자본론』 III(하) 602쪽, 『자본』 III-2, 667쪽].
13) 資本論翻訳委員会 訳, 『資本論』 ⑩, 776쪽[『자본론』 III(상) 555쪽, 『자본』 III-1, 599쪽].
14) 資本論翻訳委員会 訳, 『資本論』 ⑨, 516쪽[『자본론』 III(상) 369쪽, 『자본』 III-1, 402쪽].
15) 資本論翻訳委員会 訳, 『資本論』 ⑩, 609쪽[『자본론』 III(상) 440쪽, 『자본』 III-1, 474쪽].
16) 資本論翻訳委員会 訳, 『資本論』 ⑪, 913쪽[『자본론』 III(하) 651쪽, 『자본』 III-2, 718쪽].

한 번 더 정리하면 다음과 같다.

1) 집중적인 고정자본투자가 크게 증가함으로써 사회적 재생산의 토대에 초과수요에서 초과공급으로의 대역전이라는 큰 파도가 준비된다.

2) 기업 내부에서는 상업신용의 팽창과 은행신용에 대한 의존이 증대함에 따라, 아직 대부분의 상품이 판매되지 않았는데도 계속해서 새로운 상품 매입이 지속·확대되고, 그 결과 자유로운 예비자본에 비해서 사업이 지나치게 확장된 "과도한 긴장"[17]의 상태에 빠지고 어음 환류의 지체와 불안이 불가피하게 된다.

3) 번영기에 따라다니는 "과도한 투기"[18]가 여러 가지 형태로 나타나 일확천금을 노리며 몹시 변덕스럽게 굴다가 곳곳에서 파국을 낳아서 닥쳐올 폭풍을 예고하는 역할을 한다.

이렇게 과잉생산의 은폐, 번영의 연장에 큰 역할을 한 은행도 결국은 신용 긴축으로 전환할 수밖에 없게 되는 것이다.

화폐공황

자본주의는 사회 여러 영역에서 모은 유휴화폐를 토대로 은행 중심의 근대적 신용제도를 완성시켰다. 그것은 은행권이나 수표 등의 신용화폐의 발행과 채권·채무를 상쇄하는 정교한 인공적 메커니즘을 발달시키고 현

---

17) 이 국면은 "과도한 긴장 상태", "진정한 투기"(資本論翻訳委員会 訳, 『資本論』 ⑪, 865쪽[『자본론』 III(하), 617쪽, 『자본』, III-2, 682쪽]), "투기의 시기"(資本論翻訳委員会 訳, 『資本論』 ⑪, 887쪽 [『자본론』 III(하), 632쪽, 『자본』, III-2, 698쪽]), "과도한 긴장과 투기의 시기" 등으로 불린다.
18) 이 국면에서 여러 형태의 '투기'가 맹위를 떨친다. 현대자본주의하에서는 거대자본까지 투기에 참가하여, 일시적으로 거대한 이익을 탐하면서 머지않아 번영을 붕괴시키는 계기가 된다. 1980년대 후반~1990년대 초반의 일본에서 주식과 토지의 버블은 그 전형이다. 오늘날 1990년대 후반~2000년 초반의 미국에서도 헤지펀드 통화투기가 있으며, 비정상적 주가 상승에도 이 요소가 포함되어 있다.

존의 화폐자본을 몇 배로 부풀려 최대한도로 대출을 시행해 왔다. 그러나 이 신용제도 전체는 실제로 예금이 한꺼번에 인출되는 것이 아니며 지불 약속을 동시에 지킬 필요는 없음을 전제해, 가공자본[19]을 마치 실재하는 것처럼 운용하고 있다. 하지만 상업신용의 환류와 은행으로의 입금이 지연되기 시작하는 것은 이 신용기구를 위태롭게 한다. 그래서 '위기를 감지한' 은행은 신규 대출을 중단시키고 서둘러 대금 회수에 힘을 쏟는다.

제조업자나 상인은 화폐가 가장 필요한 때에 그것을 공급받을 수 없게 된다. 일찍이 경기가 아직 그다지 큰 활황을 띠지 않고 자금의 수요도 너무 많지는 않았던 시기에, 은행은 자금을 빌려 가라고 제조업자나 상인에게 무리한 권유를 하며 돌아다녔다. 그들은 그다지 빌리고 싶지 않은 자금을 빌려서 은행이 이자를 벌게 해주었다. 그러나 그들이 자금을 대출받기를 너무나도 원하는 바로 그 순간, 은행의 문이 닫히고 화폐 공급이 단절된다. '은행은 날씨가 좋은 때에 우산을 들려 주고 비가 억수같이 쏟아지게 되면 우산을 빼앗는다'는 것이다.

그들은 기한이 다된 채무 지불을 위해 화폐(지불수단으로서의 화폐)를 손에 넣으려 필사적으로 뛰어다닌다. 이자율은 최고한도에 달한다. 지불수단을 얻기 위한 상품의 투매[덤핑]가 시작된다. 이렇게 대량의 상품자본(제품)과 생산자본(생산설비, 원재료 재고 등) 과잉이 발생하는 가운데 나타나는 대부자본 부족은 거의 절대적이다. "사슴이 신선한 물을 갈망하듯 부르주아의 영혼은 유일한 부(富)인 화폐를 갈망한다."[20] 이것이 "모든

---

19) [옮긴이] 가공자본이란 현실의 가치를 가지지 않고 장래의 수익을 낳게 하는 원천으로서 가공적인 자본의 형태를 말하는데, 주식이나 채권 등 금융자산들이 이에 해당된다.
20) 資本論翻訳委員会 訳, 『資本論』 ①, 233~234쪽[『자본론』 I(상), 176쪽, 『자본』 I-1, 213쪽].

일반적인 생산 및 상업공황의 특수한 단계"로서의 "화폐공황"이다.[21)

　이렇게 신용제도는 생산과정에 개입하여 일시적으로 호황의 지속을 연장시키지만, 결국은 공황을 억누르지 못하고 오히려 공황 발발의 도화선에 불을 댕긴다. 따라서 "공황이 먼저 출현하여 폭발하는 곳은 직접적 소비에 관계하는 소매업이 아니라 도매업과 은행(사회 전체의 화폐자본을 도매업에 사용하도록 한다)의 분야라는 현상이 생기는 것이다."[22)

4. 공황의 궁극적 원인으로서의 소비제한

이 절에서는 공황론에서 항상 문제가 되는 소위 '공황의 궁극적 원인'에 대해 생각해 보려고 한다.

　『자본론』은 다음과 같이 서술하고 있다.

　　언제나 모든 현실의 공황의 궁극적인 원인은, 생산력을 발달시키려는 자본주의적 생산의 충동(마치 사회의 절대적 소비능력만이 생산력 발달의 한계를 설정하고 있는 것처럼 생산력을 발달시키려고 한다)에 대비한 대중의 궁핍과 제한된 소비에 있다.[23)

　이 말은 맑스의 공황론도 역시 '과소소비설'의 한 종류라는 증거인 것처럼 잘못 해석되는 부분이다.

---

21) 같은 책, 234쪽[『자본론』I(상), 176쪽, 『자본』I-1, 212쪽].
22) 資本論翻訳委員会 訳, 『資本論』⑨, 515쪽[『자본론』III(상), 369쪽, 『자본』III-1, 402쪽].
23) 資本論翻訳委員会 訳, 『資本論』⑪, 835쪽[『자본론』III(하), 597쪽, 『자본』III-2, 661쪽].

과소소비설이란 단순히 대중의 궁핍에 의한 소비부족만으로 공황을 설명하는 이론인데, 이것은 설비투자의 사회적 비정상적 집중에 의한 수요와 공급의 괴리 등과 같은 복잡하고 성가신 이론적 관련을 모두 무시한다. 또한 과소소비설은 임금을 인상시키기만 하면 공황은 없어지게 된다고 생각하여 자본주의 경제에서 공황의 필연성을 부정하는 경향과도 관계가 있다.

과학적 사회주의 이론은 노동자의 임금인상에 의한 소비구매력의 증대가 내수를 확대시키고, 공황과 불황의 영향을 완화하는 작용을 한다는 것을 중시해서, 적극적으로 그 [임금인상]투쟁을 지지한다. 그러나 그것이 과소소비설을 옳다고 하는 것은 아니다. 과소소비설에서 보면 노동자의 소비부족은 항상 존재하는 것이기 때문에, 자본주의는 언제나 만성적으로 공황 상태에 있다는 결론이 날 수밖에 없다. 그러나 현실적으로 공황은 경기순환의 한 국면으로서 일시적이고 주기적으로 생기는 현상이기 때문에, 이 한 가지 사실을 보아도 과소소비설이 올바른 이론이 아니라는 것은 분명하다.

내 생각에는 '대중의 궁핍과 소비제한'이란 단순히 노동자 대중이 빈곤하다는 것만이 아니라 좀더 근본적으로 자본주의 제도의 본질을 규정하는 것과 관련되어 있다.

만약 어떤 사회가 기본적 생산수단을 공동으로 소유하고 모든 사회 구성원들이 생산의 성과를 스스로의 관리하에 분배하는 체제라면, 혹시 어느 부문에서 '과잉'생산물이 생겨난다고 해도 부문별로 생산수단과 노동력을 적절히 배치, 즉 사회적 수요에 맞는 비율로 변경하여 배분함으로써 그것을 해결할 수 있다. 즉 특별히 공황으로 이어지지는 않는다.

첫째, 과잉생산물이 **소비재** 부문에서 생긴 경우, 국민에 대한 배분을 늘리면 과잉분이 흡수된다. 소비수준의 일시적 인상을 가져올 뿐이다. 둘째, 과잉이 **생산재**에서 생긴 경우, 다음 해에 생산 할당을 줄이고 노동자가 소속된 부문의 편성을 부분적으로 변경함으로써 '과잉'생산물을 소화할 수 있다. 생산물을 헛되이 녹슬게 내버려 두든가, 썩히고 버리는 등의 일은 생기지 않는다. 셋째, 과잉이 **모든** 부문에서 동시다발적으로 대규모로 일어나면 금년도의 과잉에 대해서는 앞의 두 가지 경우와 동일한 조치를 취하면서, 다음 해부터는 소비수준을 낮추지 않고 노동시간을 줄일 수 있으므로 기꺼이 감수할 만한 것이 된다.

그러나 자본주의하에서는 위와 같은 방식이 불가능하다. 『자본론』에 따르면, "그러한 과잉은 그 자체로서는 결코 해로운 것이 아니고 이로운 것이지만, 자본주의적 생산에서는 해로운 것이다."[24]

자본주의하에서는 '과잉'생산물도 자본의 사적 소유물이고 인민의 공동소유물이 아니다. 그러므로 소비수준을 낮추지 않고서 노동일을 단축하는 것은 매우 어려우며, 더구나 '과잉'소비물자를 국민에게 무상으로 더 많이 배분하는 따위의 경우는 있을 수 없다. 왜냐하면 자본주의 사회에서는 임금과 고용에 대해서 다음과 같은 근본적 제약이 있기 때문이다.

노동자들의 **소비능력**은, 부분적으로는 임금을 규제하는 법칙들에 의해 **제한**되고 있으며, 부분적으로는 그들은 자본가 계급을 위해 이윤을 낳는 한에서만 고용될 수 있다는 사실에 의해 **제한**되고 있다.[25]

---

24) 資本論翻訳委員会 訳, 『資本論』 ⑦, 752쪽[『자본론』 II, 568쪽, 『자본』, II, 580쪽].
25) 資本論翻訳委員会 訳, 『資本論』 ⑪, 835쪽[『자본론』 III(하) 597쪽, 『자본』, III-2, 661쪽], 강조는 하야시.

이것이 '대중의 궁핍과 **소비제한**'이란 말의 정확한 의미이다.

그러므로 '공황의 궁극적 원인'에 관한 위의 명제가 의미하는 점은 다음과 같다. 무제한적으로 생산력을 발달시키려고 하는 자본주의적 생산의 충동에 의해 주기적으로 엄청난 과잉생산물이 만들어지지만, 이 과잉생산물은 임금과 고용에 대한 자본주의의 근본적인 제한성(임금의 크기는 노동자와 그 가족의 생필품의 가치에 제한되고, 노동자의 고용은 이윤을 낳는 한에서라는 점에 제한이 있다) 때문에 대중의 소비를 증대시킴으로써 흡수 혹은 해소될 수 없고, 그래서 공황이 일어나 버린다. 따라서 거기에 공황의 궁극적 원인이 있다고 생각한다.

3장
공황과 불황을 극복하는 방법

우리는 이 책을 시작하면서 사람들을 고난에 빠뜨리는 불행한 사건인 공황과 불황의 원인이 지진, 태풍, 화산 폭발과 같은 자연재해와 달리 인간의 사회관계 속에 있고, 따라서 그 원인을 알고 그것이 터지지 않도록 통제할 수 있다면 공황과 불황을 피할 수 있다고 강조했다.

1부를 끝내면서 이러한 공황과 불황의 원인이 무엇인지, 그리고 이 인재의 폭발을 막는 방법이 어디에 있는지를 간략하게 생각해 보자.

1. 자본주의적 생산양식의 기본적 모순

결론부터 말하자면 공황과 불황의 근본 원인은 '자본주의적 생산양식의 기본적 모순'으로부터 생기는 것이다. 이 기본적 모순이란 생산의 사회적 성격과 소유의 사적이고 자본주의적인 형태의 모순, 혹은 사회적 생산과 사적이고 자본주의적인 소유형태의 모순인 것이다.

우선 '생산의 사회적 성격'이란 무엇인가. 자본주의 이전의 사회에서 생산은 소수의 고립·분산적인 소규모 생산이거나, 다수의 협업 형태로 이루어질 때도 매우 빈약한 노동 도구를 사용한 육체 소모적 노동으로 수행되었다.

그러나 자본주의적 생산에서는, 첫째, 매우 거대하고 능률적인 기계 설비를 중심으로 다수 노동자가 한 곳에 모이고, 공장 내 협업과 전문적 분업으로 조직된 대규모 생산이 발전한다. 둘째, 부품 생산이나 원재료 공급 등의 형태로 여러 생산영역 혹은 생산부문이 긴밀하게 연결되어 하나의 사회적 생산과정이 된다. 셋째, 생산물의 측면에서 보면 자본주의하에서는 누구도 '이것은 내가 만든' '나 혼자서 만든' 따위의 말은 할 수 없다. 모든 생산물은 '우리가 만들었다'고 해야 한다.

이와 같이 생산장치, 생산과정, 그리고 생산물도 모두 사회적 성격을 띠고 있는 이상, 이들 생산력과 생산물은 당연히 사회의 공동소유물로서 모든 사회구성원이 공동으로 관리하는 것이 당연한 결과였다. 그러나 이 사회화된 거대한 힘이 한 줌밖에 되지 않는 대자본에 의해 장악되어 이윤 획득이라는 사적 이익 추구의 수단으로 되어 버렸다. 생산의 성격은 소유의 형태와 전혀 어울리지 않는다. 이 두 가지의 서로 모순된 관계를 자본주의의 기본적 모순이라고 부른다.

이 기본적 모순을 분석한 엥겔스는 이 모순이 주요한 두 가지 현상 형태로서 나타난다고 보았다. 첫째, 개별 공장 내부에서의 생산의 합리성·조직성과 사회 안에서의 생산의 무정부성 사이에서 나타나는 대립이다. 둘째, 부르주아와 프롤레타리아트의 대립이다. 공황은 이러한 두 가지 대립이 하나로 결합되어 발생한다는 것이다.

맑스가 들고 있는 의미 깊은 비유를 충분히 음미하면서 다음의 글을 읽어 주셨으면 한다.

부르주아적 생산관계들과 교류관계들, 부르주아적인 소유관계들, 즉 그 토록 강력한 생산수단과 및 교류수단을 마법을 써서 불러내었던 현대 부 르주아 사회는, 주문을 외어 불러내었던 지하 세계의 힘에 더 이상 군림 할 수 없게 된 마법사와 같다.[1]

2. 공황을 일으키는 구체적 원인

지금까지 공황의 원인으로 지적했던 것들을 한 번 더 되짚어 보자.

첫째, 사회적 재생산의 원활한 진행을 위해서는 여러 재화의 수요와 공급의 균형을 유지하는 것이 필요하다. 물론 모든 재화의 수요와 공급이 자로 잰 듯 일치하는 것은 어떠한 이상적인 재생산의 경우에도 불가능하 다. 수요와 공급이 사회적으로 균형 상태에 있다고 해도 그것은 본질상 퍼 지(fuzzy)와 같이 불명확한 모양이므로, 상당한 불균형이 생겨도 시장가 격의 변동을 통해서 시간이 조금 지나면 자동적으로 조정된다. 그러다가 새로운 불균형이 다시 나타나고 그것도 또한 조정되어 원래 상태로 돌아 간다. 이처럼 불균형의 발생, 그것의 조정, 반작용으로서 역방향의 불균형 이 새롭게 발생, 그 조정…… 과 같은 끊임없는 변동을 통해서 균형이 대 체로 유지되어 가는 것이 현실의 모습이다. 그러나 자본주의의 순환적 변 동 속에서는 이러한 시장가격의 변동에 의한 자동 조절이 불가능할 정도 로 치명적인 수요와 공급의 불균형이 생긴다. 그것은 지금까지 본 호황 국 면에서의 거의 모든 부문, 모든 기업을 휩쓸었던 생산 확대의 열기, 그로

---

1) マルクス・エンゲルス, 『共産党宣言』, 服部文男 訳, 新日本出版社, 1989, 58쪽[칼 맑스·프리 드리히 엥겔스, 『공산주의 선언』, 김태호 옮김, 박종철출판사, 2002, 11쪽].

인한 설비투자 과열이 원인이었다.

그것은 일시적으로 I 부문에 대한 수요를 급증시켜서 계속 만들어도 수요를 채우지 못하게 하고, 고정생산설비 관련 부문(기계나 생산장치, 그 소재가 되는 철강)을 선두로 한 모든 부문에서 공급부족·가격상승·고이윤을 낳는다. 그러나 결국 주요 기초산업에서 설비투자가 한 바퀴 도는 전환기가 되면 그토록 왕성했던 수요가 줄어든다. 적어도 수요증대율의 감속(slow down)은 피하기 어렵다. 다른 한편 설치를 완료한 생산설비는 차례차례 가동을 시작하고 생산력으로 기능하여 계속해서 시장으로 생산물을 내보낸다. 번영 국면에서 투자의 가속적인 증대는 공급도 가속적으로 증대시킬 수밖에 없다. 그래서 수요와 공급의 불균형은 역전되고 공급의 과잉이 불가피하게 된다. 소비재의 생산은 사회의 소비 수요를 넘고 생산재의 생산은 양 부문의 생산재 수요를 넘는다. 즉 전반적인 과잉생산이 일어난 것이다. 바로 '개별 공장에서의 합리적이고 조직적인 생산'을 수단으로 '사회 속의 무정부성'이 폭발하는 전형적인 경우이다.

번영 국면에서 설비투자의 대규모 집중은 이와 같이 사회적 재생산의 균형을 파괴하고 전반적 과잉생산이 발생하는 진원지가 된다. 이것은 과거 순환의 역사를 봐도 분명함에도 불구하고 자본주의는 질리지도 않고 이를 매번 반복하고 있다. 그것은 번영기에 물건이 계속 팔리고 시장이 확대되는 것을 보고, 지금이야말로 생산 규모를 확장하여 이윤을 올리겠다는 자본주의적 사적 소유의 욕망에 휩싸여 모두가 일제히 투자를 확대하다 보니, 이후 터무니없는 결과를 낳을 수도 있다는 이성적 판단이 마비되기 때문이다.

더구나 여기에서 한 가지 덧붙일 것은 '경쟁의 외적 강제력'이다. 지금 시장점유율을 더욱 높여 두지 않으면 혹독한 기업 간 경쟁에 뒤처지고 경쟁전에서 패배한다는 강박관념이 자본가로 하여금 너도나도 설비를 증강하도록 몰고 간다. 예를 들어 설비투자가 붐일 때, 사회가 과잉생산에 빠질 것을 두려워해서 투자를 억제하는 기업이 있다고 해보자. 이 기업의 시장점유율은 저하하고 이윤율도 하락한다. 주주총회에서 이 기업의 경영자는 자신의 소극적 태도를 비난받고 원성 속에서 어쩔 수 없이 퇴임하게 될 것이다. 이런 '몰락의 위협' 때문에 경영자는 무정부적인 대규모 투자 집중이라는 소용돌이에 빠지게 된다.

따라서 이 무정부적인 대규모 투자 집중은 개별 자본가의 이성에 의지해서도 막을 수 없다. 이것을 제멋대로 하도록 두지 않고 일정한 양식이 있는 범위 내에 규제하기 위해서는, 여론이 높아지고 정부를 움직여서 사회적 의지를 작동시킬 필요가 절실하다.

둘째, 눈앞의 고이윤에 눈이 어두워 일시적으로 설비투자가 대량으로 집중된다면 거기에는 산업경영자와 더불어 은행가의 책임도 크다. 은행은 대부 이자를 벌려고, 또 은행들 간의 융자시장 점유율 확대 경쟁에서 승리하려고 적극적으로 대출을 계속한다. 게다가 은행은 번영 국면의 말기 우후죽순처럼 떼지어 생겨나는 많은 투기적 기업에 자금을 제공하고 이 투기업자들에게 모험을 부채질하여 그 파탄을 통해 호황이 끝나는 원인을 제공한다.

이 책의 2부 2장에서 상세히 이야기할 부분이지만, 일본의 1987~91년의 대호황을 끝내고 1991~93년 공황을 불러온 주원인은 버블붕괴였다. 이 버블을 만들어 낸 것은 전례 없는 토지·주식 투기에 대한 은행의 무제한적인 초저금리 융자였다. 투기적 가격에서의 구매는 영원히 지속되는 것이 아니라 반드시 도중에 중단되어 가격이 폭락한다. 이것은 옛날 1637년의 네덜란드 튤립공황과 일본 다이쇼 시대의 소조(小鳥)공황(사랑

새, 십자매 붐과 그 파탄)[2] 이래 당연한 것이었다.

그런데도 일본의 은행은 호황이 앞으로 계속될 것이라는 성장신화에 홀려 토지·주식 투기에 막대한 자금을 대출해 버블 형성에 결정적인 역할을 하였다. 그리고 지나치게 오른 토지가격을 억제할 수밖에 없다고 생각한 정부의 정책금리 인상을 계기로 주가 대폭락의 패닉이 일어났고, 그로 인해 설비투자는 급격히 하락하여 과잉생산공황이 발발한 것이다. 그리고 은행 자신도 대출금을 받지 못하고 막대한 부실채권을 떠안게 되었다.

현대의 은행은 독점 단계[3] 이전의 은행과 같이 산업의 소극적인 조력자가 아니다. 은행은 산업·상업 위에 우뚝 솟은 자본주의 경제의 상부구조를 이루고 있다. 그리고 은행은 막대한 금액의 대부화폐자본을 장악함으로써 생산의 사회화(socialisation of production)에 앞장을 서고 있다고 할 수 있다. 그러나 또한 은행자본의 중심 부분은 대중의 영세한 예금의 무수한 집중으로 이루어지며, 은행은 대중들이 애지중지하는 재산을 보관하고 있다. 그 재산을 소수의 은행가들이 자의적으로, 함부로 운용함으로써 공황을 일으키고 국민경제에 손해를 입힘과 동시에 스스로도 부실채권으로 심한 고통을 겪는다는 것은 어처구니없는 일이다. 이것도 생산의 사회적 성격에 편승하면서 이것[생산의 사회적 성격]을 자본주의적 사

---

2) [옮긴이] 다이쇼 시대(大正, 1912~1926) 일본에서는 해외로부터 녹색잉꼬(セキセイインコ), 십자매(十姉妹) 등의 애완 조류가 수입되어 대중적인 인기를 모았다. 당시 많은 일본 농가가 애완 조류 사육을 부업으로 삼기도 했으나 점차 이는 투기적 색채를 띠기 시작했고, 결국에는 밭이며 기타 가축을 내다 팔아서 애완 조류를 사육하는 이도 나오기 시작했다. 이 붐은 이후 정부의 과세 등의 대처를 통해 파탄을 맞았다.

3) [옮긴이] 독점 단계 혹은 독점자본주의 단계란 역사적으로 19세기 말 대불황을 거치면서 자본주의 경제의 변화된 성격을 나타내는 말이다. 당시에 불황을 극복하기 위한 방안으로 기업 합병 등을 통해 소수의 독점기업이 출현하였고, 이들은 경제적으로뿐만 아니라 정치·사회적으로도 강력한 영향을 행사하였다. 이 과정에서 기업과 대부 관계에 있는 은행은 자신이 가진 우월한 지위를 이용하여 독점화를 주도하였다.

적 소유를 위해 남용한 전형적인 경우이다.

공황·불황의 발발을 막으려면 은행의 자의적인 자금 운용에 제동을 걸어서, 국민의 노동과 땀의 결정체인 은행예금을 국민경제와 국민의 생활에 도움이 되도록 하고 또한 안정적으로 운용하도록 규제하는 것이 필요하다.

셋째, 과잉생산이 발생했을 때, 그것이 생산재의 과잉이라면 다음 연도 이후에는 생산 할당을 줄이고 과잉분의 소비를 미루는 방법으로, 또 그것이 소비재의 과잉이라면 국민에 대한 분배 몫을 증가시켜서 과잉분을 흡수하는 방법으로 대처할 수 있다. 그렇게 하면 공황이라는 파멸적 현상을 피할 수 있지만, 자본주의의 경우에 그것은 꿈같은 이야기이다. 자본은 급히 인원정리와 임금삭감을 강행하여 자기 방어에 전념한다. 그 결과 구매력은 절대적으로 축소되어 과잉생산의 규모와 범위가 일단 확대된다.

그런데 노동자의 구매력은 임금의 크기로 제한되고 또 노동자의 고용 자체는 자본에 이윤을 가져오는 한에서 이루어질 뿐이라는 점에서 자본주의적 사적 소유형태가 엄연히 관철된다. 따라서 그것으로써 공황과 불황의 상처가 더 벌어진다는 것이 분명하다.

3. 자본주의 틀 내에서의 민주주의적 개혁

지금까지 공황과 불황의 원인으로 지적한 사례로는 ①번영 국면에서의 사회적 균형을 무너뜨리는 설비투자의 비정상적 집중, ②동일한 번영 국면에서 은행의 탐욕스런 융자 확대 및 투기업자에 대한 자금 제공, ③과잉생산이 발생했을 때 분배 몫의 증가로 과잉을 흡수 및 해소하는 방안 등은 완전히 논외로 하고 오히려 인원정리와 임금인하로 구매력을 감소시키는 것이 있다. 이것이 바로 자본주의의 기본적 모순이 더욱 구체화된 표현이다.

그러나 이와 같이 기본적 모순을 구체적인 차원에까지 전개시킴으로써 우리들은 공황과의 싸움에 한 걸음 앞선 위치에 설 수 있지 않을까? 만약 공황의 원인은 '자본주의적 생산양식의 기본적 모순'이라고만 말하는 경우, 공황을 없애는 방법은 자본주의적 사적 소유형태의 폐기, 생산의 사회적 성격에 맞는 소유형태의 수립, 즉 한마디로 하면 자본주의 체제의 폐기에 그친다. 그리고 자본주의의 폐기란 지극히 곤란하고 머나먼 미래의 문제가 되어 버린다.

그러나 기본적 모순을 앞에서와 같이 구체적 차원에까지 전개시켜 보면, 공황의 발발을 궁극적으로 없애는 것 따위는 당장 불가능하다고 해도 공황 발발의 메커니즘을 밝히고 그것에 하나하나 대응하는 싸움을 전개해 나가는 것으로 공황의 발발을 늦추거나 그 규모를 줄이고 격심함을 완화시키는 전망이 열리지 않을까.

첫째, 도를 넘어선 설비투자의 비정상적 집중을 내버려 두도록 허용하지 않고, 정부로 하여금 이것을 견제하도록 하여 투자 확대의 규모와 범위에 대해 일정한 규제를 가하는 것.[4] 둘째, 은행이 투기를 부채질하고 거품을 낳는 과대 융자를 하도록 내버려 두지 말고, 국민들의 땀의 결정체인 은행예금을 은행이 자의적으로 운용하는 것을 중지시키며, 정말로 국민

---

4) [감수자] 사적 소유권에 입각한 사기업의 투자결정에 대해 정부의 개입과 규제는 한계가 있을 수밖에 없다. 이들 기업의 투자를 계획적으로 조정하기 위해서는 근본적으로 사적 소유를 공적 소유로 전환하지 않으면 안 된다. 무엇보다 대규모 설비투자를 주도하는 독점 대기업의 사회화가 우선적으로 요구된다. 공기업의 투자에 대해서는 정부와 사회의 개입 여지가 훨씬 넓어지고, 따라서 호황기의 집중투자와 산업순환의 변동을 크게 완화시킬 수 있기 때문이다.

경제와 국민의 생활 향상에 도움이 되는 곳에 융자될 수 있도록 하는 것.[5] 셋째, 공황을 확대하고 불황을 연장시키는 인원정리와 임금인하를 중단시키고 구매력을 유지·상승시킴으로써 하루빨리 시장이 회복되고 경기가 자율회복의 길로 전환하도록 하는 것. 이러한 싸움들이 운동의 전개 사정에 의해 어느 정도의 성과를 거두는 것도 불가능하지 않다.

　　중요한 것은 자본가 중에도 이런 견해들이 중소기업가 동우회와 같은 중소기업 및 중견기업 경영자 사이에서 점점 확대되고 있다는 점이다. 더욱이 최근에는 일부 거대 기업의 리더들 사이에서도 동일한 의견이 많이 들리게 되었다. 예를 들어 전후 일본의 대기업들이 세계의 주목을 받을 정도로 고수익을 올렸던 시기, 어느 대기업 회장은 종업원, 노동자, 주주와 이익을 나누려 하지 않고 기업이 혼자 성과를 독점하는 방식은 국제사회에서 이미 통하지 않는다는 입바른 소리를 하여 여론에 큰 자극을 주었다.[6] 또 일본의 1980년대 후반부터 90년대 초반에 걸친 버블 시기에 주식과 토지 매입에 거액의 자금을 투입하여 투기적 이윤의 획득에 열을 올리는 기업이 많았지만, 이런 것에 손을 대지 않고 철저하게 자신의 본업에 충실하고 우량 상품의 개발과 생산에 힘쓰는 대기업 경영자도 적지 않았

---

5) [감수자] 여기서도 사적 은행의 대출정책에 대해 정부가 법령적·행정적으로 개입·규제하는 데는 근본적인 한계가 있다. 이를 위해서는 은행의 사회화가 절실하게 요구된다. 앞서 본 바와 같이 신용기관은 호황기에 과잉투자와 과잉생산을 현실적으로 뒷받침하는 결정적인 역할을 수행하기 때문에, 공적 은행으로의 전환과 대출정책에 대한 정부와 사회의 개입은 과잉투자와 과잉생산 메커니즘을 결정적으로 차단할 것이고, 자본주의 공황은 발생하기 쉽지 않게 될 것이다. 심지어 첫째 개혁이 부재한다 하더라도(즉 사기업의 투자정책에 대해 정부의 개입과 규제가 여의치 않다 하더라도), 은행의 사회화를 달성하고 은행의 대출정책을 정부와 사회가 규제할 수 있다면, 이것만으로도 호황기의 과잉투자와 과잉생산 메커니즘, 그리고 이어지는 공황을 충분히 막을 수 있다.
6) 盛田昭夫(모리타 아키오, 전 소니Sony 회장), 「'日本型経営'が危い」('일본형 경영'이 위험하다), 『文藝春秋』, 1992. 2, 94~103쪽.
7) 이 책의 154~156쪽 참조.

다. 또 어떤 대기업 리더는 지금의 일본에서 구조조정으로 손쉽게 이윤율을 올리는 것은 경영자의 도리가 아니라고 하며 경종을 울리기도 했다.[7]

우리들은 한 번에 사회주의로의 이행, 즉 자본주의의 폐기를 바라지 않는다. 지금 필요한 것은 자본주의적 틀 내에서의 민주주의적 개혁이다. 국민을 명백히 공황에 휩쓸리게 한 투자의 비정상적 집중, 은행에 의한 투기 선동, 구매력 저하에 의한 공황의 확대 등을 바로잡는 것은 확실히 이 '자본주의적 틀 내에서의 민주주의적 개혁'의 하나라고 생각한다.

공황 및 경기순환의 주기성

1. 튤립공황과 1825년 이후의 공황

자본주의가 아직 충분히 넓고 깊게 생산과정을 지배하지 않았던 시대에도 상업·신용제도가 어느 정도 생겨나면 공황 현상이 일어났다. 예를 들면 1637년 네덜란드의 '튤립공황' 등이 대표적이다. 그 당시 튤립 재배가 한 세기를 풍미할 정도로 붐이어서, 구근(球根)이 투기 대상이 되어 엄청나게 비싼 값을 부르고 엄청난 부를 얻은 사람도 나타났다. 그러나 열기가 식어가면서 구근의 가격이 폭락하고 구매자들은 지불이 불가능해져 연쇄 반응으로 파산이 확대된 사건이다. 1720년 영국에서는 '남해거품(South Sea Bubble) 사건'이 있었다. 실제로는 아무것도 없었지만 남쪽 바다에서 무엇인가 대단한 것을 하고 있다는 소문이 퍼져서 남해회사라는 회사의 주식이 폭등했다. 머지않아 주식은 폭락하고 회사는 파산해서 많은 사람들이 재산을 잃었다. 이러한 상업투기의 파탄에 의한 공황 현상 이외에, 전쟁에 의한 국고 채무의 지급정지나 전쟁이 불리해짐에 따라 일어난 정권의 동요 등이 원인인 공황도 있었다.

18세기 말에서 19세기 초에 걸쳐 일어났던 공황들은 그 이전과는 달리 과잉생산의 요소를 포함하고 있었지만, 스스로의 힘으로 주기적 순환을 나타내기에는 아직 부족한 과도적 성질의 것이었다. 그러나 지금까지 분석한 경기순환의 한 국면으로서의 공황은 그런 단순한 상업투기의 파탄이나 정치적 원인으로 일어난 옛날의 공황 현상이나, 18~19세기 초반의 과도적 공황과는 달리 경제 그 자체, 즉 근대산업의 생산과정 그 자체의 내부에서 합법칙적으로 나타난다. 그와 같은 경기순환의 한 국면으로서 법칙성을 띠고 발발하는 전반적 과잉생산공황이 역사상 최초로 일어난 곳은 1825년의 영국이었다. "1825년의 공황에 의해 비로소 대공업이 주기적 순환이라는 자기의 근대적 생애를 개시하였다."[1]

1820년대는 우선 산업혁명으로 기계제 대공업[공장제 대공업]이 크게 발전하고 둘째로 아메리카·아시아·오스트레일리아가 자본주의 시장에 새롭게 편입되어 세계시장이 형성된 시기이다. 기계제 대공업이 지닌 거대한 생산력은 광대한 세계시장이라는 판로의 도움으로 열병에 걸린 듯 생산물을 만들어 낸다. 그러나 대공업은 짧은 기간 동안 상품을 시장에 가득 채워 버린다. 공황이 발발하고 시장이 수축한다. 1825년 공황 이후 이와 같은 팽창과 수축이 반복되었다.

『자본론』은 이 문제에 대해 거침없는 필치로 다음과 같이 쓰고 있다.

그러나 다음과 같은 일들이 일어난 뒤에만, 자기 영속적인 반복되는 순환(순차적인 국면들이 몇 년을 포괄하며, 순환은 항상 일반적 공황에서 그 정점에 도달하는데, 일반적 공황은 하나의 순환의 종점일 뿐 아니라 다른 하나의

---

1) 資本論翻訳委員会 訳, 『資本論』 ①, 19쪽[『자본론』 I(상) 12쪽, 『자본』 I-1, 53쪽].

순환의 출발점이기도 하다)이 시작될 수 있다. 즉 기계공업이 확립돼 국내의 생산 전체에 지배적인 영향을 미치게 되었을 것, 기계공업의 덕택으로 해외무역이 국내상업을 추월하기 시작했을 것, 세계시장이 신대륙·아시아·오스트레일리아의 광대한 영역을 차례차례 포섭해 버렸을 것, 그리고 끝으로 다수의 공업국들이 세계시장에서 경쟁에 참가했을 것 등이다.[2]

공장제 생산의 방대한 비약적인 확장력과 세계시장에 대한 그 의존성은 필연적으로 다음과 같은 순환(열병적인 생산과 그에 뒤이은 시장에 대한 과잉공급, 그리고 시장의 축소와 그에 따르는 생산의 마비)을 야기한다. 산업의 생애는 중간 정도의 활황, 번영, 과잉생산, 공황, 불황이라는 일련의 시기들로 구성된다.[3]

이와 같은 운동이 반복되면 번영도 공황도 반복해서 나타나며 주기성의 형태를 띠게 된다. 다시 『자본론』의 유명한 한 구절을 보자.

천체가 일단 어떤 특정한 운동에 들어가면 끊임없이 그 운동을 반복한다. 결과가 이번엔 원인이 되며, 그리하여 (자기 자신의 조건을 끊임없이 재생산하는) 전체 과정의 교체되는 국면들이 주기성의 형태를 취하게 된다.[4]

---

2) 資本論翻訳委員会 訳, 『資本論』④, 1089쪽[『자본론』 I(하), 864쪽, 『자본』 I-2, 862쪽].
3) 資本論翻訳委員会 訳, 『資本論』③, 782쪽[『자본론』 I(하), 607쪽, 『자본』 I-1, 607~608쪽].
4) 資本論翻訳委員会 訳, 『資本論』④, 1089쪽[『자본론』 I(하), 864쪽, 『자본』 I-2, 862쪽].
5) 1913년에 발발한 공황은 그 직후에 일어난 전례 없는 대전쟁(제1차 세계대전)으로 중단되어 공황으로서 충분하게 전개되지 못한 채 끝났다.
6) 1967년에는 미국과 서독에서 공황의 징후가 확실하게 나타났다. 그러나 베트남전쟁의 확대로 거액의 군사예산이 편성·지출되었기 때문에 이 공황은 끝나 버렸다.

〈표 1〉 주요 국가별 세계공황 발생 연도와 공황 간의 간격

영국	미국	독일	프랑스	일본	연도	간격(년)
1825					1825	
1836	1837				1836	11
1847	1847	1847	1847		1847	11
1857	1857	1857	1857		1857	10
1866	1865	1866	1867		1866	9
1878	1873	1873	1873		1873	7
1882	1882	1883	1882		1882	9
1890	1893	1890	1891	1890	1890	8
1900	1900	1900	1900	1900	1900	10
1907	1907	1907	1907	1907	1907	7
(제1차 세계대전)					(1913)	
1920	1920	–	–	1920	1920	
1929	1929	1929	1929	1929	1929	9
1937	1937	–	1937	–	1937	8
(제2차 세계대전)						
–	1948	–	–	–	1948	11
1957	1957	1957	1957	1957	1957	9
(베트남전쟁 확대로 중단)					(1967)	
1974	1974	1974	1974	1974	1974	
1980	1980	1980	1980	1980	1980	6
1990	1990	1990	1990	1990	1990	10

출처 : 지은이 작성.

1825년 공황 이후 역사에서는 다음과 같은 연도에 공황이 일어났다. 1836년, 1847년, 1857년, 1866년, 1873년, 1882년, 1890년, 1900년, 1907년, (1913년[5],) 1920년, 1929년, 1937년, 1948년, 1957년, (1967년[6],) 1974년, 1980년, 1990년……. 이 공황과 공황의 시간적 간격은 짧은 것은 7년, 긴 것은 11년, 평균하여 약 10년이다(〈표 1〉 참조). 이것을 〈표 2〉에 나타난

1640	1667	1672	1695	1708	1720	1745	1763	1772	1778	1783	1793	1797	1799	1810	1815	1819
간격	27	5	23	13	12	25	18	9	6	5	10	4	2	11	4	4

출처: 영국 공황사의 자료들을 참조하여 지은이가 작성.

1825년 이전의 공황(투기의 파탄이나 정치적 원인에 의한 공황)의 경우, 긴 것은 27년이나 25년에서부터 짧은 것은 2년, 4년 등으로 아주 불규칙한 시차의 경우와 비교해 보면 그 규칙성을 더 뚜렷하게 알 수 있다. 그렇다면 평균 10년이란 공황의 주기는 무엇에 의해 결정되는 것일까?

2. 제번스의 태양흑점설

본론에 들어가기 전에 태양흑점설에 대해 간단히 살펴보자. 한계효용학파의 창시자 중 한 사람인 윌리엄 스탠리 제번스(William Stanley Jevons)에 따르면 경제는 평균적으로 다음과 같이 '10년간' 지속되는 '신용의 순환기'로 구성된다.

1~3년	4~6년	7~8년	9년	10년
침체	정상	활황	비등	붕괴

그리고 그는 이 '순환'과 '태양의 복사열'의 변화 사이에 다음과 같은 일정한 관계가 있다고 생각했다.

복사열의 증가는 수확을 늘리고 자본을 증대시키며 상업 활동을 더욱 효과적으로 만들어서 희망의 기쁨을 누리는 데 공헌한다. 그리고 이 희망의 기쁨이 비등점에 이른다. 태양열의 감소는 흉작을 일으키고 세계의 다양한 곳에서 많은 기업을 교란시킨다. 이것이 비등(沸騰)을 깨뜨리고 상업적 붕괴를 가져온다고 생각할 수 있다.[7]

그런데 알다시피 태양열은 흑점(sunspot)의 면적이 커지거나 작아짐에 따라 변한다. 그래서 제번스는 '①태양흑점의 확대→수확 증대→경기 비등, ②흑점의 수축→흉작→경기 붕괴'라는 인과관계를 만든다. 그러고서 바로 태양흑점의 출현으로 공황의 주기까지 설명할 수 있다는 '대단하고 독창적인' 결론에 도달했다. 「상업공황과 태양흑점」이란 제목의 논문에서 그는 다음과 같이 말한다.

내 생각에 가장 중요한 상업공황이 실제로 그 평균적 주기가 약 10.466년인 한 계열에 포함되는 것은 틀림없다. 그것뿐만 아니라 이 주기는 브라운 태양흑점 주기의 견적(10.45년)과 정말로 완전하게 일치되며, 이는 그 자체로 그 현상들이 서로 인과적으로 결합되어 있다는 것을 보여 주는 유력한 증거이다.[8]

그러나 태양흑점의 주기에 의해 공황의 주기가 결정된다는 기상천외한 주장이 정말로 사실일까? 예를 들어 투간-바라노프스키[M. I. Tugan-Baranovsky, 1865~1919, 러시아의 경제학자. 공황의 원인을 산업부문 간 불비례에서 찾음]는 제번스가 실제로 일어난 공황 중에서 일부를 "완전히

---

7) William Stanley Jevons, *Investigations in Currency and Finance*, London : Macmillan, 1884, p.120.
8) ibid., p.230f.

제외"하거나(예를 들면 1810, 1818년의 과잉생산에 의한 공황), 또 "일어나지도 않은 것을 고안"해서 앞뒤를 맞추고 있다고 지적한다.[9] 또 프록터 [Richard A. Proctor, 1837~1888, 영국의 천문학자]는 만약 제번스의 학설이 옳다면 공황은 태양흑점이 가장 작아질 때에 일어나는 것이고 흑점이 최대인 때는 결코 일어나지 않는다고 말한다. 그런데 실제로 그가 든 18회의 공황을 흑점의 연차 계열과 서로 맞추어 보면, ①공황이 흑점이 가장 작은 해의 1년 전후와 합치되는 경우는 불과 5회로 "18번 중 총 5번이 맞는 경우라면 대부분의 사람들을 납득시키는 것이라고 생각하기 어렵다." ②기준을 느슨하게 해서 흑점이 가장 작은 해의 2년 이내로 보아도 맞는 것은 8회에 불과하다. ③결국 18회 중 "틀린 경우가 총 10회이다"[10]라는 내재적 비판을 덧붙이고 있다.

특히 프록터의 대조표로부터 18세기 말 이후 부분만을 골라낸 것이 〈표3〉인데, 아홉 번의 공황 중에 다섯 번이 흑점설이 성립하지 않음을 보여 주고 있다.

제번스가 계산의 기초로 제시한 공황 연도는 다음과 같다.

10년마다 일어나는 공황의 전체 계열은 다음과 같이 나타낼 수 있다. 즉 (1701년?), 1711년, 1721년, 1731~32년(1742년? 1752년?), 1763년, 1772~73년, 1783년, 1793년, (1804년~1805년?), 1815년, 1825년, 1836~39년(미국에서는 1837년), 1847년, 1857년, 1866년, 1878년.[11]

---

9) ツガン・バラノウスキー, 『英国恐慌史論』(영국공황사론), 鍵本博 訳, 日本評論社, 1931, 236쪽.
10) Richard A. Proctor, "Sunspots and financial panics", *Familiar Science-Studies*, London : Chatto & Windus, 1882, p.183.
11) Jevons, *Investigations in currency and finance*, p.230.

<표 3> 흑점설이 성립되지 않음을 나타내는 프록터의 대조표

태양흑점		공황	
최대	최소	제번스의 공황 연도	흑점과의 비교
1788.5	1798.5	1793년	흑점 최대와 최소의 중간
1804.0	1810.5	(1804~5년?)	흑점 최대와 합치
1816.8	1823.2	1815년	흑점 최대의 2년 전
1829.5	1833.8	1825년	흑점 최소의 2년 후
1837.2	1844.0	1836~39년	흑점 최대와 합치
1848.6	1856.2	1847년	흑점 최대의 1년 반 전
1860.2	1867.1	1857년	흑점 최소의 1년 후
1870.8	1878.5	1866년	흑점 최소의 1년 전
		1878년	흑점 최소의 1년 후

제번스는 괄호 안의 물음표(?)에 대해서 "당장은 정밀한 연구를 뒤로 미루고 이와 같이 10년마다 변동이 있을 것으로 과감히 가정했다"라는 주석을 달고 있다. 그는 주기 도출을 위해 상당히 무리한 시도를 했다. 많은 연구자들이 그의 주장은 성립하기 어렵다고 지적하고 있다. 이와 같이 제번스의 학설은 사실에 부합하지 않지만 그것과 더불어 놓치지 말아야 하는 점은, 이 학설이 공황의 원인을 태양흑점의 팽창과 수축에서 구하면서 공황의 책임을 태양에 전가시켜 버린다는 것이다. 공황은 자본주의 경제 조직에서 발생하므로, 인간의 손으로 이것을 막을 수 있다.

3. 공황의 주기성에 관한 맑스의 문제 제기

공황의 주기성이 지닌 물질적 기초의 문제를 최초로 제기하고 이것을 과학적으로 연구한 사람은 맑스였다. 1858년 당시 경제학 연구에 몰두하고 있던 맑스는 산업순환의 문제에 부닥쳐서 친구 엥겔스에게 조언을 얻기 위해 다음과 같은 편지를 썼다(편지글 중 "자네 공장"이란 말이 나오는데, 이것은 1848년 혁명이 패배하고 정세가 후퇴한 상황에서 엥겔스가 '천재' 맑스가 연구를 완성할 수 있도록 생활자금을 보내려고 1850년 이후 아버지의 공장에서 일하고 있었기 때문이다).

1858년 3월 2일, 맑스가 엥겔스에게
그런데 가령 자네 공장에서 기계설비가 갱신되는 데 얼마나 걸리는지 가르쳐 줄 수 있겠는가? 배비지[12]에 따르면 맨체스터에서 기계설비 본체가 평균 5년마다 갱신된다고 하네. 나는 이것이 좀 의외여서, 신뢰하기가 어려운 것 같네. 기계설비가 갱신되는 평균 기간은 대공업이 확립된 이후 산업의 운동이 통과하는 다년간의 순환을 설명하는 데 **한 가지** 중요한 계기라네(ein wichtiges Moment in der Erklärung des mehrjährigen Zyklus).[13]

이에 대해 엥겔스는 기계의 갱신 기간은 제각각이라 단정적으로 말하기 어렵지만, 75%의 감가상각률로 계산하면 평균 갱신 기간은 13년 4개월이고 실제로는 10년 혹은 12년 정도로 갱신되고 있어서, 아마 어느 것도 10년 이하는 아니라고 대답했다.

---

12) [옮긴이] 찰스 배비지(Charles Babbage, 1791~1871). 영국의 수학자(영국학파)이자 철학자, 발명가, 기계공학자. 계산기 연구에 선구적 기여를 했다고 알려져 있다.
13) マルクス・エングゲルス全集刊行委員会 訳, 『マルクス・エングゲルス 全集』(29), 大月書店, 1972, 230쪽. 강조는 하야시.

1858년 3월 4일, 엥겔스가 맑스에게

기계의 문제에 대해 확실하게 말하기는 곤란하지만, 어쨌든 배비지는 완전히 틀린 것으로 보이네. 가장 확실한 표지는 각 공장주가 매년 자신의 기계에 대해 소모분이나 수리비를 감가상각하는 퍼센티지, 즉 어느 일정 기간에 그의 기계를 전액 보상하는 퍼센티지일세. 이 퍼센티지는 통상 7.5%이므로, 기계는 13과 1/3년의 사용을 통해 매년 가치가 상각되고, 즉 손실 없이 완전히 갱신될 수 있다네. 예를 들어 내가 10,000파운드 상당의 기계를 가지고 있다고 해봅세. 1년 후 대차대조표를 작성할 때 내가 10,000파운드에서 7.5%의 소모분인 750파운드를 빼면 9,250파운드가 되지. 수리비로 100파운드를 지출하면 나에게 기계는 9,350파운드의 가치가 있는 것이고, 두번째 연도가 끝나면 10,000파운드의 7.5%와 100파운드의 7.5%, 즉 757파운드 10실링을 9,350파운드에서 빼서 8,593파운드 10실링이 되지. 수리비로 306파운드 10실링을 지불하면 기계 전체의 가치가 이번에는 8,900파운드. 그 이후도 동일하다네. 그런데 13과 1/3년은 물론 긴 기간이고 그 사이에 (공장이) 도산하거나 여러 가지 변화도 나타나곤 하지. 다른 부문으로 이전하여 오래된 기계를 매각하거나 새로운 개량을 채용하기도 하고 말이야. 그렇지만 가령 이 계산이 대체로 맞지 않았다면 관습은 벌써 이 계산법을 바꿨을 것이네.

배비지의 주장은 확실히 어처구니없고, 만약 그 말대로라면 영국의 산업자본은 계속 감소하고 화폐는 단지 방치될 수밖에 없을 것이네. 그렇다면 4년 동안 자신의 총자본을 5번 회전시키고, 따라서 5년에는 6과 1/4회 회전시키는 어떤 공장주가 오래된 기계에서 그의 자본의 감가를 손실 없이 보전할 수 있기 위해서는, 10%의 평균이윤 외에 매년 그의 자본의 약 3/4(기계설비)에 대해서 이윤 20%를 더 얻지 않으면 안 되겠지. 즉 다해서 25%를 올려야 한단 말일세. 그렇다면 모든 상품의 비용가격은 매우 높아지고, 거의 임금에 의한 것 이상으로 높아지게 될 것이네. 그렇다면 기계에 의한 이익은 대체로 어디에 있는 것일까. 매년 지불되는 임금은 기계 가격의 1/3 정도일지도 모르고, 단순한 방적공장과 직물공장에서는 더더욱 적을 것이며, 그래서 소모분은 1/5이라고 말하는 것은 우습지. 대공장의 통상적 사례에서 5년마다 기계를 갱신하는 공장은 영국에 하나도 없다네.

기계의 본체에 특별한 성질을 부여한다면, 즉 다소라도 그것을 갱신하려면 10년에서 12년으로 충분하다네. 13과 1/3년이란 기간은 물론 도산이라든가, 수리에 너무 고비용이 드는 주요 부분의 파손이라든가, 여러 가지 종류의 돌발 사건의 영향을 받기 때문에 이 기간은 조금 더 짧게 생각해도 좋겠지. 그러나 10년 미만인 것은 아마 없을 것이네.[14]

이 답신은 맑스를 매우 기쁘게 했다.

1858년 3월 5일, 맑스가 엥겔스에게

기계에 대한 설명 고맙네. 13년이란 기간은 그것이 필요한 한에서 이론과 일치한다네. 왜냐하면 이 기간은 공업이 재생산되는 한 단위 기간을 나타내며, 이것은 큰 공황이 반복해서 나타나는 주기와 많든 적든 간에 일치하기 때문이지. 물론 공황의 경과는 그 재생산 기간에서 보면 아주 다른 계기들에 의해 규정된다네. 나에게는 대공업의 직접적이고 물질적인 조

---

14) マルクス・エングゲルス全集刊行委員会 訳, 『マルクス・エングゲルス全集』(29), 231~233쪽.

건들 중에 순환을 규정하는 한 가지 계기를 찾아내는 것이 중요해. 유동자본과는 구별되는 기계의 재생산에 대해서 문득 몰레스호트[15] 일파가 머리에 떠오르는군. 왜냐하면 그들도 또한 골격의 재생산 기간은 조금밖에 고려하지 않고, 오히려 경제학자들과 같이 인체의 평균 총회전기간에 만족하고 있기 때문이지.[16]

이와 같이 맑스는 산업순환주기의 한 가지 결정요소를 대공업의 직접적이고 물질적인 전제인 기계, 즉 고정설비의 평균 갱신 기간, 즉 회전기간에서 찾고 있었던 것이 분명하다. 그리고 이 순환에서 기계 재생산의 의의를 인체의 '골격의 재생산'에 비유하고 있는 것도 주목해야 한다.

주기적 공황의 물질적 기초의 한 가지가 고정자본의 생애순환(life cycle)에 있다는 생각은 『자본론』에 다음과 같이 서술되어 있다.

자본주의적 생산양식의 발전과 함께, 사용되는 고정자본의 가치량과 수명이 증대함에 따라, 그만큼 산업의 생애 및 각 투자 부문에서의 산업자본의 생애도 다년간(예컨대 평균하여 10년간)의 생애로 발전하여 간다. 한편으로는 고정자본의 발전이 이 생애를 연장시킨다면, 다른 한편으로는 자본주의적 생산양식의 발전과 함께 꾸준히 진전하는 생산수단의 끊임없는 변혁으로 말미암아 이 생애는 또한 단축된다. 자본주의적 생산양식의 발전과 함께 생산수단도 변화하며, 그리고 생산수단들이 물리적

---

15) 몰레스호트(Jacob Moleschott, 1822~1893). 네덜란드 출신의 독일 생리학자, 철학상의 견해는 속류 유물론. 『생명의 순환』(*Der Kreislauf des Lebens*, 1852)을 저술하고 사상계에 큰 영향을 미쳤다.

16) マルクス·エングゲルス全集刊行委員会 訳, 『マルクス·エングゲルス 全集』(29), 234쪽.

으로 수명을 다하기 오래전에 도덕적 감가의 결과로 그것들을 끊임없이 대체할 필요성도 증대된다. 대공업의 가장 결정적인 부문들에서는 지금 이 생애순환이 평균하여 10년이라고 볼 수 있다. 그러나 여기서는 정확한 연수는 문제가 되지 않는다. 어쨌든 이것만은 명백하다. 즉, 상호 관련되어 있는 회전들로 이루어지는 몇 년간에 걸친 순환——자본은 고정적 구성분 때문에 이 순환에 얽매여 있다——은 주기적 공황의 물질적 기초의 하나를 제공하며, 이 순환에서 기업은 침체(stagnation), 중위의 호황(moderate activity), 지나친 활황(over-excitement), 공황의 순차적 시기들을 통과한다. 물론 자본이 투하되는 시기들은 매우 상이하며 서로 일치하지 않는다. 그럼에도 불구하고 공황은 언제나 대규모의 새로운 투자의 출발점을 이룬다. 따라서 사회 전체를 고찰한다면 공황은 대체로 다음에 올 회전순환을 위한 하나의 새로운 물질적 기초를 이룬다.[17]

이 문단의 후반 "고정자본의 생애순환에 의해 주기적 공황의 한 가지 물질적 기초가 생긴다"라는 문장은 좀더 상세히 전개되었더라면 어땠을까 아쉬움이 남는 부분이다. 그럼에도 여기에는 공황이 대규모 신규투자의 출발점이며, 다음 회전순환을 위한 새로운 물질적 기초의 한 가지를 만들어 낸다는 생각이 명료하게 나타나 있다.

우선 여기에서 "대공업의 가장 결정적인 부문들에 대해서는 지금 이 [고정자본의] 생애순환이 평균하여 10년이라고 볼 수 있다"라는 서술의 옳고 그름에 대해 살펴보려고 한다.

19세기의 경우 이 '결정적 부문들'의 전형으로서 방적, 직물이나 철

---

17) 資本論翻訳委員会 訳, 『資本論』 ⑥ 289~290쪽[『자본론』 II, 217쪽, 『자본』 II, 231쪽].

도를 들 수 있다. 맑스는 그 고정설비의 갱신 기간에 관한 상당한 자료를 『자본론』의 여기저기에 싣고 있다. 게다가 그후 통계 연구가인 로버트슨은 방적이나 철도에서 사용되는 중요 기계설비, 즉 방적기계나 방적공장의 엔진, 보일러, 철도 기관차나 레일 등의 평균 갱신 기간에 관해 조사하였다(「경기변동의 연구를 위한 약간의 자료」).[18] 그리고 그것들의 평균 수명이 보통 10년 내지 13년 정도라는 결과가 나와 맑스의 가정을 지지했다.

또한 특수한 자료로서 노르웨이 상선대에 관한 요한 아이나르센의 세밀한 조사연구가 있다. 여기에서 아이나르센은 물리적 수명이 통상 25년 내지 30년인 선박이, 선진 해운국인 노르웨이에서는 (가능한 한 새 선박을 준비해 두려 하는 국제경쟁상의 이유로) 실제로 중고선 시장에 매각, 신함 건조라는 형태로 9년 내지 19년마다 갱신되는 경우가 압도적으로 많다는 흥미로운 결과를 발표하면서(『노르웨이 해운업에서의 재투자순환』)[19] 맑스의 10년 교체설을 지지하고 있다. 그러므로 2차대전 이전까지 로버트슨이나 아이나르센에 의해 검토된 바에 따르면, 평균 10년이라는 맑스의 규정은 대체로 타당하다고 보아도 좋을 것이다.

그런데 2차대전 후 현대의 주요 산업에서는 어떠한가. 유감스럽게도 나는 지금 그것에 대해 확실히 대답할 준비가 되지 않았다. 그러나 앞의 『자본론』 인용에서 "여기에서는 특정 연수가 문제가 아니다"라고 했듯이, 만약 현대 산업의 결정적 부문에서 고정자본의 생애순환이 8년 정도로 짧아지거나 혹은 반대로 11~12년으로 길어진다면, 공황 주기의 기초가 약

---

18) Dennis H. Robertson, "Some Material for a Study of Trade Fluctuations", *Journal of the Royal Statistical Society*, Vol. 77, 1913~14, pp. 159~165.

19) Johan Einarsen, *Reinvestment Cycles and Their Manifestation in the Norwegian Shipping Industry*, Oslo : Gundersen, 1938, pp. 51, 99, 144~146, 166, 188~194.

간 단축 혹은 연장된다고 생각하면 될 뿐이기 때문에, 여기서 문제 삼는 공황의 주기성이 지닌 물질적 기초의 한 가지가 고정자본의 갱신에 있다는 명제에는 변화가 없다. 그렇다면 이 명제 자체는 어떻게 이론적으로 증명되어야 하는가?

4. 멘델슨과 윌스너

이 문제를 이론적으로 해명하려고 한 문헌은 매우 적다. 내가 알기로는 두 권의 책에 불과하다. 하나는 구소련의 저명한 경제학자인 멘델슨의 『공황의 이론과 역사』이다. 이 책은 특히 역사적 분석에서는 매우 세밀한 연구가 이루어져 있어서 역작이라고 불러도 아깝지 않다. 그의 공황론의 독창성은 다음과 같이 고정자본의 재생산을 중심축으로 설정한 점에 있다.

> 순환적 활황의 시기에는 고정자본이 대량으로 갱신되며 확대된다. 이와 동시에 대량의 신규 설비가 가동되어 조업을 시작한다. 그리고 이것이 공황을 초래한다. 다시 말해 일정 기간에 이 설비는 동시에 보전될 필요가 있으며, 그것이 새로운 활황의 기초가 되고, 그 활황은 다시 공황으로 끝나는 게 불가피하다는 것을 의미한다.[20]

그런데 멘델슨은 이런 뛰어난 관점을 상세히 전개하지 않고, 대규모 고정자본투자의 집중 뒤에 공황이 일어나는 것은 "생산의 비약적 확대"의 불가피한 결과이며, 공황의 발발은 "생산의 사회적 성격과 자본주의적 소유 간의 모순 (……) 의 격화에 의해 준비된다"고 하는 것에 그쳤다.

또한 고정자본의 재생산 기간이 공황이 일어나는 주기의 물질적 기초를 이루는 문제에 대해서도 "일단 확립된 고정자본에 대한 비약적인 갱신은, 기계의 마모(물리적 및 사회적) 기간과 같은 기간에 걸쳐 자신을 재생산한다"라고 하면서, 그 기간이 고정자본투자가 대규모로 집중되는 시점(활황)과 그후 갱신이 집중되는 시점(활황)의 간격이라는 대답을 분명히 하지 않는다. 오히려 "사회적 규모에서 고정자본의 갱신과 확대 과정은 실제로 과잉생산 공황의 결과에 불과하다"고 하며, '고정자본갱신 → 공황'보다 '공황 → 고정자본투자'라는 방향을 강조할 뿐이다.

또 하나의 책은 욀스너의 『경제공황』[21]이다. 이 책은 구동독(독일민주공화국)에서 "명저로서 국민상을 받았"는데, 적은 분량이지만 풍부한 내용이 포함되어 있다. 특히 이 책의 3장 「공황의 필연성」에서 '공황의 주기성'에 관하여 다음과 같은 독창적인 이론 작업이 이루어지고 있다.

1) 제조업자는 "산업순환이 시작될 때" "10년의 생존 기간을 가진 고정자본에 투자"한다.

2) "10년"이 지나면 그는 이 "고정자본을 갱신해야 한다". 그래서 갱신을 위한 현금이 필요하다.

3) "만약 그가 그것[상각기금]을 금고 속에 쌓아 두고 있었다면 갱신은 어렵지 않을 것이다. 그러나 그는 그 화폐를 놀리지 않고 여러 번 생산에 직접 투자해서, 그의 고정자본을 끊임없이 증가시켰다. 머지않아 그것을 전부 보전해야 하는 시기가 오면, 그때 이 자본은 이미 고정투자가

---

20) Lev A. Mendel'son, *Teriya i istoriya ekonomichesktskh krizisov i tsiklov*, Moskow : Gos. izd-vo, 1959(『恐慌の理論と歴史』1卷, 飯田貫一 外 訳, 青木書店, 1960, 1部2章).

21) Fred Oelssner, *Die Wirtschaftskrisen*, Bd. 1, Berlin : Dietz, 1952, SS. 104~105(『経済恐慌』, 千葉秀雄 訳, 大月書店, 1955, 126~128쪽).

된 상태라 대부분 현금화될 수 없다."

4) 만약 상각기금을 즉시 재투자로 돌리지 않고 은행에 예금해 둔다고 해도 "은행은 그것을 그 기간에 화폐자본으로 대출"해 버린다.

5) 그러면 갱신에 필요한 화폐를 신용기구로부터 빌릴 수 없는 것일까? 지금은 "경기가 절정이므로 신용은 극도로 팽창하여 이자 수수료가 상당히 비싸기" 때문에 화폐를 얻기 어렵다. 갱신용으로 구입해야 하는 "생산수단의 가격"도 올라간다.

6) 많은 제조업자들이 "개선된 기계장치로 일반적 고양[활황]에 편승하여 보다 많은 이익을 얻기 위해, 고정자본의 생존 기간이 아직 끝나지 않았음에도 이것을 갱신하려고 한다".

7) "이제 자본가들은 상품 판매를 강행함으로써 화폐를 얻으려고 한다. 그러나 바로 그때 그 사실에 의해 생산이 시장의 요구를 훨씬 넘어서 확장되었다는 것이 분명해지며, 그동안 형성되어 왔던 개별 생산부문 간의 불균형이 드러난다."

8) "상품은 판매되지 않고, 신용은 흔들리며, 공황이 일어난다."

9) "[공황의] 폭풍을 극복한 자본들은 고정자본을 갱신할 수 있으며, 이 생산수단에 대한 수요는 다른 모든 생산부문들을 자극하므로, 고정자본에 대한 대규모 신규투자와 더불어 [경기] 상승이 새로 시작된다."

10) "이렇게 산업은 고정자본의 회전에 의해서 (……) 순환적 운동 속에서 유지된다."

이상이 윌스너의 책 속에서 가장 흥미롭고 독자성이 풍부한 부분이다. 이 논리의 핵심에 해당하는 부분을 다시 간단하게 말해 보자.

산업순환이 시작될 때 ①고정자본이 투하된다. ②10년이 지나면 (순환 중 번영 국면의 정점에서) 고정자본의 갱신 시기가 찾아온다. ③그런데 10년간의 감가상각기금은 도중에 재투자되어 버렸기 때문에 수중에 남아 있지 않고(감가상각기금을 은행에 예금해 두었다고 해도 다른 자본가가 빌려 가서 사용하기 때문에 마찬가지이다. 신용에 의지하려 해도 경기 정점에서는 금융[신용] 핍박 상황이므로 이자율이 등귀한다), ④그래서 수명이 다한 고정자본의 갱신에 필요한 화폐를 얻기 위해서 상품의 판매가 강행될 수밖에 없다. ⑤그리하여 상품의 공급 과잉으로 공황이 일어난다. ⑥공황의 폭풍우가 가라앉은 후에 고정자본의 갱신이 이루어지고 새로운 순환이 시작된다.

그런데 윌스너의 이론은 성공적인 것일까? 다음과 같이 명백한 결함이 두 가지 발견된다. 첫째, 갱신에 필요한 화폐를 얻으려고 상품의 판매를 강행하는 "바로 그때 그 사실에 의해 생산이 시장의 요구를 훨씬 넘어 확장되었다는 것이 분명해"져서 공황이 일어난다는 문장은 누가 보아도 논리적이지 않다. 갱신용 화폐를 얻기 위해 상품 판매를 강행하면 과잉생산공황이 일어나게 된다는 것은 조금도 논증되지 않았고 또한 논증될 수 없기 때문이다. 둘째, 윌스너의 이론에서 가장 중요한 축은 "상각기금을 놀리지 않고 재투자 자금으로 사용해 버리면, 최초 고정자본의 갱신 시기가 왔을 때 그 갱신에 필요한 화폐가 수중에 없어서 화폐 결핍의 위기에 빠진다"는 것이었다. 그러나 과연 그런 것일까?

〈표 4〉를 보자. 이것은 1조 엔의 고정자본에서 생기는 상각금을 즉시 재투자해서 신규 고정자본의 구입에 쓰고, 또한 이 신규 고정자본에서 생기는 상각금도 즉시 재투자하는 경우에 어떻게 되는지를 보여 준다. 고정자본의 수명은 전부 10년으로 가정한다.

우선 A란 '[ ]' 안의 굵은 글씨로 된 '1조 엔'이 최초의 고정자본이다.

(단위: 억 엔)

연도말	A 최초 고정자본과 그로부터 생기는 상각금	B 상각금을 바로 재투자함으로써 생기는 신규 고정자본과 그로부터 생기는 상각금										
	[10,000]											
1	1,000	[1,000]										
2	1,000	100	[1,100]									
3	1,000	100	110	[1,210]								
4	1,000	100	110	121	[1,331]							
5	1,000	100	110	121	133	[1,464]						
6	1,000	100	110	121	133	146	[1,610]					
7	1,000	100	110	121	133	146	161	[1,771]				
8	1,000	100	110	121	133	146	161	177	[1,948]			
9	1,000	100	110	121	133	146	161	177	195	[2,143]		
10	1,000	100	110	121	133	146	161	177	195	214	[2,357]	
11		100	110	121	133	146	161	177	195	214	236	[1,593]
12			110	121	133	146	161	177	195	214	236	159
13				121	133	146	161	177	195	214	236	159
14					133	146	161	177	195	214	236	159 이
15						146	161	177	195	214	236	159 하
16							161	177	195	214	236	159 생
17								177	195	214	236	159 략
18									195	214	236	159
19										214	236	159
20											236	159
21												159

출처: 지은이 작성.

그 아래 10개의 1,000억 엔은 매년의 감가상각금을 나타낸다. B란은 상각금을 즉시 재투자하는 경우 생기는 2차, 3차, 4차 연도…… 의 고정자본이다. B란의 '[ ]' 안 숫자는 각각 연말에 생긴 상각기금을 모두 합한 액수인데, 이것이 즉시 재투자되어 다음 연도 초에 신규 고정자본으로 등장한다.

그 아래에 늘어놓은 10개의 숫자는 그 신규 고정자본에서 생긴 상각금을 나타내고 있다.

10차 연도의 오른쪽 끝을 보자. '[ ]'에 들어가 있는 2,357억 엔(굵은 글씨)은 원래의 고정자본에서 생긴 상각금의 최종 연도분과 즉각적인 재투자로 생긴 2~10차 연도의 신규 고정자본의 상각금을 합한 금액이다. 즉 10차 연도 말에는 이 화폐만이 자본가의 수중에 있는 것이다. 이 금액은 물론 최초의 고정자본 1조 엔보다 적다. 그러므로 윌스너는 이 표를 보고 "그것 봐라. 역시 출발점의 고정자본갱신에 필요한 화폐가 부족하지 않은가"라고 말할지도 모른다.

그러나 그것은 착각이다. 상각금이 즉시 재투자되는 경우에 **고정자본은 매년 신규 고정자본의 탄생이라는 형태로 이미 조금씩 그리고 우선적으로 현물로 갱신되고 있다.** 그 금액은 10차 연도 말의 투하분도 포함하여 합계 1조 5,934억 엔에 이른다(B란의 '[ ]' 내의 숫자 합계). 출발점의 고정자본 (1조 엔)은 벌써 갱신이 끝났다. 그러므로 마지막의 10년째에 출발점의 고정자본이 그 수명을 다하면 **단지 그것을 폐기 혹은 제거하면 되므로**, 그 시점에서 그것을 다시 현물로 갱신해야 된다고 생각하여 그 자금 마련에 고민할 필요가 조금도 없다. 그러므로 윌스너가 갱신용 화폐의 부족을 공황 발발의 핵심으로 보는 것은 분명히 잘못된 것이다.

5. 고정자본의 갱신 기간과 '번영에서 번영까지' 기간의 대응

윌스너의 기본 구상은 우선 "순환의 시작 시점에 고정자본이 투하되며, 그로부터 10년 뒤인 경기 정점에서 고정자본의 갱신기가 도래하고 갱신용 화폐가 부족해져서 공황이 발생한다"는 것이다. 그러나 나는 이처럼 순환이 시작될 때 고정자본이 투하된다는 식으로 10년의 고정자본 수명이 10년의 순환 길이에 대응된다고 주장하는 방식 그 자체에 근본적인 무리가 있다고 생각한다.

윌스너는 순환의 시작 시점에서 고정자본의 투하를 "우리 구두 제조업자"라는 "하나의 개별 자본"의 경우로 설명하지만, 조금 뒤에서는 "그와 똑같이 다수의 제조업자가 순환의 시작 시점에 그들의 고정자본을 갱신한 것이다"라고 하며 순환 시점에서 고정자본투자가 사회적 규모로 집중되는 것처럼 생각하고 있다. 그러나 이것은 사실에 부합하지 않은 가정이다. 윌스너는 "공황은 대규모 신규투자의 출발점을 이룬다"라는 앞에서 인용한 『자본론』의 명제를 근거로 삼고 있지만, 잘 읽으면 알 수 있듯이 맑스는 "공황은 (……) 대규모의 새로운 투자의 **출발점**"[22]이라고 쓰고 있으므로, 공황의 직후가 순환의 시점이고 이때 순환 중 최대 규모의 신규투자가 집중된다고는 쓰지 않았고, 또한 실제로 그런 일은 있을 수 없다.

그러면 고정자본의 투하가 사회적 규모에서 크게 집중되는 것은 언제일까? 말할 것도 없이 순환의 번영 국면이다. 반면에 공황 국면에서 고정자본투자는 한없이 줄어들어 0에 가까워진다. 공황이 진정된 정체 국면인 때가 순환의 시작 시점이고, 이때 갱신을 중심으로 한 고정자본투자가 점차 시작된다. 활황 국면에서는 확장투자도 늘어나고 고정자본투자가 높아진다. 그리고 번영 국면에서는 고정자본투자가 폭발적으로 증가하고 신규 공장의 건설이 잇따른다.

각각의 경기 국면에서 투하된 고정자본은 10년 후에 갱신기를 맞이한다. 한 순환주기 안에서 이 **고정자본투자의 물결**이 대략 **다음 순환주기에서 갱신투자의 물결**로 다시 나타난다. 그렇다면 고정자본투자가 피크에 도달한 것은 번영 국면이었기 때문에, 그 시점에서 계산하여 대략 10년 후 다음 주기의 번영 국면에서 갱신투자의 피크가 돌아오는 것은 아주 당연하다.

다만 지금 서술한 '번영 국면에서 갱신투자의 피크가 돌아온다'는 명제에는 중요한 단서가 필요하다. 현실의 고정자본투자에서는 갱신투자만이 독립된 형태로 일어난다는 보장이 없다. 많은 경우에 감가상각금의 투입에 의한 설비**갱신**과 축적된 잉여가치를 자본으로 전화시키는 설비**확장**이 함께 일어난다. 그러한 경우 감가상각금도 설비**확장**을 위한 자금 원천의 하나로 간주되어 버린다. 그러나 그것이 현실의 경영 업무에서 어떤 형태로 처리되든지, 수명을 다해 교체 적령기에 들어간 고정설비의 양이나 축적된 감가상각금(가치의 흐름, 고정자본 가치의 회전으로 미루어 보아 설비갱신을 위한 것)이 번영 국면에서 최대인 것은 마찬가지이다.[23]

지금까지의 서술에서 알 수 있는 것은 다음과 같다. ① 한 순환주기 내부의 고정자본투자 곡선은 각각 기계설비의 평균 회전기간인 10년 간격으로 다음 순환주기 내부의 고정자본갱신 곡선으로 나타난다. ② 순환주기 내부의 고정자본투자(갱신과 확장의 합계)가 피크에 도달한 것은 번영

---

22) 資本論翻訳委員会 訳, 『資本論』 ⑥, 290쪽[『자본론』 II, 217쪽, 『자본』 II, 231쪽]. 강조는 하야시.
23) 번영 국면에서 갱신투자의 피크가 돌아온다는 명제에 고개를 갸우뚱하는 사람이 많을 것이다. 가장 큰 이유는 일반적으로 갱신투자가 피크에 도달하는 것은 정체 국면의 말기라는 생각이 상식이기 때문이다. 확실히 정체 국면 말기의 고정자본 갱신은 눈에 띄는 중요한 사항이다. 첫째, 공황 중에 고정자본의 투자는 거의 중단 상태에 가깝다. 그후 정체 국면에서도 노후화(물리적 마모)가 심한 설비의 (신제품으로의) 갱신은 근근이 수행되는 정도일 뿐이다. 그런데 정체 국면의 말기 무렵, 시장이 좁아지는 이 시기에 자본력이 있는 어느 소수 기업이 대담한 비용절감을 통해 판로를 확장하려고 결심하여 새로운 설비로 과감히 갱신하고, 그것이 기폭제가 되어 노동수단 생산부문에 활기가 되살아나며, 고용 증가와 소비력 회복을 통해서 순환은 새로운 국면으로 이행해 간다. 이와 같이 정체 말기의 고정자본 갱신은 확실히 중요한 의미를 지니고 있다. 그러나 그럼에도 이전 순환에서 투자가 피크인 시점(이전 순환의 번영 국면)에서 아직 아주 조금밖에 시간이 지나지 않은 때에 갱신의 피크가 찾아올 수는 없다.

국면이었기 때문에, 그 시점에서 계산하여 약 10년이 떨어진 시점을 향해 갱신액이 증대해 간다. ③ 집중적인 고정자본갱신의 파고가 자율적·순환적으로 시장 확대의 기초가 되고, 그것을 토대로 새로운 설비확장투자가 증가되어서 번영 국면이 돌아온다. ④ 이 갱신과 확장을 합친 고정자본의 집중적 투하가 또다시 10년을 지나 다음 순환주기의 갱신 수위를 높인다.

따라서 '고정자본의 회전 기간이 순환주기의 물질적 기초를 이룬다'는 경우의 **순환주기란 느닷없이 '공황에서 공황까지가 아니라, 우선 고정자본투자의 피크로부터 그것의 갱신이 집중되는 시기까지, 즉 '번영 국면에서 번영 국면까지'를 가리키고 있다는 점이** 핵심이다.

그런데 이 경우 번영 국면이 얼마 동안 지속될 수 있는지는 시장의 흡수력 크기(노동자 대중의 임금 수준), 인구의 연령 구성(특히 총인구 중 경제활동연령인구의 비중), 또 기술혁신과 신제품 개발에 의한 투자 자극, 기업 간 경쟁의 강도, 기업의 과거 축적의 크기, 각국의 국제적 경제협력 및 협조의 정도 등 여러 시기의 역사적 사정들에 의해서 달라진다. 그렇지만 그러한 번영 국면의 지속 기간이 길든 짧든 간에 어느 주기에서도 번영 국면은 반드시 언젠가는 소멸하고 공황으로 전화해 버린다. 그 결과 번영에서 번영까지의 간격이 약 10년이라고 하면, 공황에서 공황까지의 간격도 약 10년을 기준으로 어느 정도 길거나 짧은 기간이라는 것이다.

윌스너를 시작으로 공황의 주기성을 논증하려고 시도한 사람들의 오류는, 느닷없이 공황에서 공황까지의 길이를 고정자본의 수명인 10년과 결부시켜서 설명하려고 하고, 그 때문에 공황 직후 순환의 시작 시점에 고정자본갱신의 집중·피크를 설정했던 점에 있었다. 그러나 이러한 문제설정 방식에는 아무래도 무리가 있어서 논증은 실패로 끝나지 않을 수 없다. 따라서 국면을 하나씩 물려 우선 '번영에서 번영까지의 간격'을 다루고,

이것이 고정자본의 갱신 기간인 10년과 대응되는 것을 보인 후, 뒤이어 번영의 소멸, 번영에서 공황으로의 전화의 필연성에 기초하여 '번영에서 번영까지의 간격'에서 '공황에서 공황까지의 간격'으로 [논증을] 전개한다면, '고정자본의 평균 갱신 기간이 공황의 주기성의 물질적 기초를 이룬다'는 이유가 쉽게 증명된다.

현대 공황 분석의 관점

다쿠미 미쓰히코의 『'대공황형' 불황』에 대하여

1990년대 일본경제는 사상 최악의 불황에 허덕였다. 버블붕괴불황 (1991~93년) 이후 경기가 충분히 회복되지 않은 상황에서, 1997년 4월 소비세율 인상을 시작으로 정부의 잘못된 소비[심리]냉각정책에 의해 다시 악성 불황에 빠졌다. 90년대 일본경제의 흐름은 공황 이후 본격적인 활황과 번영 국면 없이 또다시 새로운 공황에 들어섰다는 점에서 1930년대 미국과 유사한데, 이는 지극히 특이하고 심각한 사태라고 말할 수 있다.

매상의 감소 기간(월 단위), 기업 도산, 실업 규모, 설비투자의 감퇴 등 여러 가지 지표가 기록적인 숫자에 달하고 있을 뿐만 아니라 무엇보다도 자살의 증가, 특히 '경제 및 생활 문제'로 인한 자살이 1997년 3,556명에서 1999년에는 6,758명으로 급증했다는 참혹한 사실이 이 불황의 잔혹함을 단적으로 말해 준다(헤이세이平成 11년간의 자살 현황에 관한 경찰청의 발표). 언론에 별로 보도되지는 않았지만 대도시에서 노숙자·부랑자의 증가도 대단했다.

'인재'라는 말이 있다. 이것은 불가항력적인 자연재해가 아니라 인간에게 원인이 있는 재난, 인간관계·사회관계의 왜곡만 고칠 수 있다면 피할 수 있을 재난을 의미한다. 불황이야말로 전쟁과 지구환경 악화, 공해 등과 함께 현대 자본주의 사회가 낳은 가장 큰 '인재'이다.

이 불황과 공황의 원인을 과학적으로 해명하고 불황에서 탈출하는 길을 알아내는 것은 경제학 연구에 종사하는 사람의 중요한 사회적 책무라고 말할 수 있다.

* * *

이 장은 이번 불황 기간 동안 많은 사람들이 읽은 다쿠미 미쓰히코[1] 씨의 저작 『'대공황형' 불황』[2]의 문제점을 언급할 것이다.

이 책은 현재 일본의 불황이 보통의 순환적 공황이 아니라 1929년 대공황형 불황이며, 불황이 악순환적으로 심각해지는 디플레적 악순환(deflationary spiral)에 빠지려고 하므로, 시장에 맡겨 두지만 말고 경제정책을 적극적으로 신속히 실시해야 한다고 힘주어 강조하고 있다는 점에서 특징적이다.

"이 시기에 이르러서도 불황 극복, 경기회복을 위해서 무엇보다 규

---

1) [옮긴이] 다쿠미 미쓰히코(侘美光彦, 1935~2004)는 일본의 경제학자로 경제이론, 금융론, 경기변동론을 연구하였다. 1994년에는 1,000페이지도 넘는 『세계대공황: 1929년 공황의 과정과 원인』이라는 책을 썼고, 1997년에 그 책으로 학사원(学士院) 상을 수상하였다. 1929년 대공황에 대한 연구를 기초로 그는 현대 일본경제가 가진 문제를 분석한 『'대공황형' 불황』을 집필했는데, 이 장에서 지은이는 지금까지의 1부 1~3장과 보론 1을 기초로 공황에 대한 다쿠미 교수의 관점을 비판적으로 지적하고 있다.

2) 이 책(『'大恐慌型' 不況』, 1998, 講談社)은 1장 '헤이세이불황은 공황으로 전개되는 과정의 제1단계를 넘었다', 2장 '대공황 발생의 프로세스', 3장 '국제통화제도의 붕괴도 대불황으로의 길을 열었다', 4장 '과거의 순환적 공황과 대공황은 결정적으로 다르다', 5장 '왜 전후 시기에 대공황은 발생하지 않았을까', 6장 '일본이 대공황형 불황에 돌입한 것은 왜일까', 7장 '어지럽게 변동하는 엔 시세와 경제위기의 관계', 8장 '쇼와공황과 헤이세이불황은 어떻게 다른가, 9장 '헤이세이 대공황형 불황이 공황으로 변할 때'라는 아홉 개 장으로 되어 있다.

제완화가 필요하다"는 규제완화론에 대해서, 다쿠미 씨는 "이런 주장은 (……) 공황을 촉진시키고 그 진행 과정에서 약소산업과 중소기업 등을 제치고 살아남은 강한 기업의 경쟁력을 강화하여, 경제 전체의 생산성을 향상시키려고 하는 생각이다. 그들은 일시적인 실업의 증대, 기업 도산의 증대는 결과적으로 일본경제를 강화시키기 위한 필요악이라고 생각한다. 그러나 이미 디플레적 악순환의 단계에 들어온 상황에서 이와 같은 주장을 실행하면 엄청난 결과를 가져온다"(245쪽)고 날카롭게 비판하고 있는데, 이것은 우리들도 동의하는 바이다.

또한 이 책이 저자의 1,000페이지나 되는 학술연구서 『세계대공황: 1929년 공황의 과정과 원인』[3]을 토대로 1929년 대공황의 역사적 경과를 서술하고 있는 부분도 크게 참고가 될 것이다. 그러나 저자에게는 참으로 실례이지만, 이런 역사적 부분은 이 장에서는 생략하기로 했다. 그리고 이 책에서는 현재 일본의 불황 탈출을 위한 정책적 핵심인 (나에게는 그렇다고 생각되는) 대중의 소비구매력의 향상에 의한 시장 확대 등은 전혀 고려하지 않고, "물가수준 하락의 저지"와 같은 것을 정부의 긴급 과제라고 보고 있는데, 여기에서는 이런 참으로 예상 밖의 결론과 이런 결론을 낳을 수밖에 없는 '대공황형 불황' 이론의 특이한 구조에 초점을 맞춰 검토·비평하고자 한다.

1. 공황의 원인과 주요 내용

우선 공황의 본질에 관한 논의, 즉 공황의 근본 원인과 내용, 역할 등에 대한 다쿠미 씨의 견해를 살펴보자. 그는 1820년대에서 1860년대 까지 약 10년 주기로 반복된 영국의 공황에 대해서 다음과 같이 쓰고 있다.

이 공황은 결코 우연이 아니라 반드시 호황의 정점에서 발생하며, 호황을 불황으로 급속히 전환시키는 경기순환의 한 국면을 이루고 있다. 당시의 경기순환은 '호황 → 공황 → 불황'이 반복되는 형태였다. 호황기에는 당연히 생산이나 고용이 증대하고 기업 이윤도 증가한다. 더불어 물가도 상승한다. 그러나 호황이 활발해지면 활발해질수록, 금융시장에서 초과수요가 일어나 금리가 상승한다. 그것이 일정한 점까지 진행되면 상승한 고금리가 기업 활동을 압박하고, 그것을 견디지 못하게 된 몇몇 약소기업이 도산한다. 그러면 도산 기업과 관련된 은행에서 뱅크런(bank run)이 시작되어, 이번에는 은행이 도산한다. 게다가 뱅크런이 연달아 확대되면서 은행공황을 일으킨다. 특히 당시는 금본위제를 취하고 있고 아직 발권은행인 은행, 즉 자신의 책임으로 자기 은행의 은행권을 발행하고 그것에 대한 금 태환 청구가 있으면 자기 은행의 준비금으로 대응하는 은행이 다수였기 때문에, 금 준비의 부족으로 은행 도산이 차례차례 확대되었다. 일단 은행공황이 확대되면 관련 기업의 도산은 더욱 확대되고 생산의 축소, 실업의 증가, 투매에 의한 물가 급락, 임금 하락 등이 잇따른다. 이것이 산업공황이다. 경기가 일단 이 과정에 들어가면 사회적 수요는 더욱더 축소되고, 생산은 더욱더 감소하며, 물가가 하락하는 등의 현상이 일어난다. (31~32쪽)

보시다시피 공황 발생의 메커니즘, 공황을 낳는 원인으로서, '호황 → 금리 상승 → 고금리 부담에 의한 약소기업의 도산 → 관련 은행에 대한 뱅크런 → 은행공황 → 산업공황'이라는 논리적 관계가 제시되고 있다. 이

---

3) 侘美光彦, 『世界大恐慌: 1929年恐慌の過程と原因』, 御茶の水書房, 1994.

설명을 읽은 독자들은 무엇인가 중요한 것이 빠져 있다고 느낄 것이다. 공황의 원인, 가장 중요한 내용인 **과잉생산 형성**의 문제가 빠져 있는 것이다.

자본주의적 생산양식은 근로 대중의 협소한 소비한계의 토대 위에서 보다 큰 이윤의 획득을 목표로 생산을 위한 생산, 축적을 위한 축적을 강행한다. 외적 강제력으로서 경쟁이 이것에 박차를 가한다. 그것은 번영 국면에서 고정자본투자(갱신과 확장)의 대규모 집중을 가져오고, 마지막에는 과도 투기의 열광에 빠진다. 그 결과 시장이 흡수할 수 없을 정도의 막대한 과잉생산물이 형성된다. 이것이 모든 공황의 현실적 기초를 이루는 공황의 근본적 현상인데, 이 책에는 이런 관점이 보이지 않는다(번영 국면에서 고정자본투자의 대규모 집중을 고려하지 않는다면, 약 10년마다 일어나는 공황의 주기성을 해명할 수 없다).

전에 우노 고조 씨의 공황론은 공황의 기초로서 과잉생산을 중시하지 않았기 때문에 '실현 이론 없는 공황론'이라고 평가되었다. 공황에 대한 이 책의 관점도 우노 씨의 이론과 가까운 것 같다.[4]

이 책에서는 은행권의 발행이나 금 태환이 중앙은행에 통합된 이후 시기의 공황에 대해서 다음과 같이 규정한다.

제1차 세계대전 이전의 순환적 공황은 원료 가격의 상승 혹은 실질임금의 상승이라는 일종의 공급 측면에서의 제약 조건에 중앙은행의 금융긴축이 더해져서 발생한 공황이다. (162쪽)

---

4) [옮긴이] 우노 고조(宇野弘蔵, 1897~1977)는 일본의 저명한 맑스주의 경제학자로, 본서에서 제시된 것처럼 생산과 소비의 모순 및 생산부문 간 불비례를 공황의 원인으로 보는 '과잉생산공황론'과는 달리 이윤율 저하 경향을 공황의 원인으로 내세웠는데, 이윤율 저하의 원인으로는 호황기 노동력 수요의 증대로 인한 임금 상승을 들고 있다.

여기에서 과잉생산이나 '생산과 소비의 모순'에 대해서는 말하지 않고, 반대로 '임금의 상승'(에 의한 이윤율의 저하)을 공황의 원인으로 들고 있는 점도 우노 씨의 공황론과 유사하다.

2. 공황의 기능과 역할

다음은 공황이 자본주의 사회에서 수행하는 역할, 즉 공황의 사회적 기능에 대해서이다.

공황은 시장이 흡수할 수 없는 대량의 과잉생산물을 썩게 내버려 두고, 과잉설비를 놀리며, 실업자나 파산자가 기아에 떨고 있는 동안 귀중한 부(富)를 폐기함으로써, 상실된 생산부문 간의 균형, 생산수준과 소비수준의 균형을 회복한다. 게다가 공황은 과잉이 된 자본가치를 파괴함으로써(유가증권의 폭락, 기업 도산 등), 저하된 이윤율 수준을 회복시키는 길을 연다. 이렇게 공황은 노동의 땀의 결정체인 부를 가공할 정도로 파괴하고 낭비함으로써, 게다가 노동자, 소농민, 중소기업가, 자영업자들의 고통을 동반함으로써, 상실된 균형을 재건한다. 다시 말해 '상실된 균형의 폭력적 재건', 폭력적 조정 ──이것이 공황의 본질적 역할이라고 나는 생각한다.

이것에 대해서 다쿠미 씨도 "순환성 공황은 시장이 사회적 수요와 공급의 변동을 조절하는 축에 다름 아니었다. (⋯⋯) 말하자면 도를 넘은 수요와 공급의 불균형을 반대의 불균형으로 전화시킴으로써, 결과적으로 수요와 공급의 변동을 조절하고 있었던 것이다"(『'대공황형' 불황』, 34쪽)라며, 공황에 의한 사회적 수요와 공급의 조절에 대해 서술한다. 그러나 이 '조절' 과정 속에서 일어나는 끔찍한 부의 파괴, 노동자, 소농민, 중소기업가, 자영업자들의 심각한 고통에 대해서는 말하지 않는다.

그래서 "당시 자본주의하에서의 생산은 공황을 통해 약소기업을 도태시키면서 순환적으로 확대되었다. 즉 경기는 장기적으로 큰 발전을 이루고 있었다. 이와 같은 공황을 '순환성 공황'이라고 부른다"(33쪽)라며, 순환적 공황을 오직 사회를 발전시킨 긍정적 계기로서 규정하고 있는데, 이것은 일면적인 주장일 뿐이다.

다쿠미 씨의 저작에서는 1929년 공황을 전형으로 삼는 대공황형 불황이 중심 주제인데, 그것에 비해 1차대전 이전의 공황은 사회적 수급 변동을 조절하여 사회를 크게 발전시킨 것으로서, 장밋빛까지는 아니지만 지극히 낙관적으로 그려진다. 그러나 실제로 1차대전 이전의 공황도 마찬가지로 사회를 대혼란에 휩쓸리게 하였고, 사람들을 소위 '피와 눈물의 골짜기'에 빠뜨린 끔찍한 인재였다.

3. 대공황

1929년 미국에서 시작된 대공황은 전세계 자본주의의 거의 모든 것을 집어삼키고, 3년이란 긴 기간 동안 무서운 파괴력으로 미친 듯 날뛰었다. 생산 감퇴, 끔찍할 정도의 기업 도산과 실업 규모, 격렬한 가격 폭락을 보인 농업공황의 동반, 공황 진행 후반에 출현해 결국 모든 은행을 순식간에 마비시켰던 은행공황의 발발, 세계무역의 수축·마비, 많은 발전도상국의 파산, 전세계 금본위제의 붕괴 등이 이 시기에 일어났다.[5]

이 공황에서는 디플레적 악순환, 즉 '생산 축소 → 실업 증대 → 구매력 저하 → 매상 감소 → 투자 축소 → 생산 축소', 혹은 '기업 도산 → 은행 대부 회수불능 → 은행 도산 → 융자 감소 → 기업 도산'과 같이 **공황에 의한 경기 축소가 악순환처럼 계속되었다.** 사회경제는 한없이 나락으로 떨어

지는 것처럼 보일 정도였다. 다쿠미 씨는 대공황의 특징을 다음과 같이
서술한다.

> 대공황이 바닥을 쳤을 때는 기업 투자도 은행 기능도 사실상 파멸했다고
> 보아도 좋았다. 대공황은 완만하게 시작되었지만, 총투자의 급격한 축소
> 를 매개하는 디플레적 악순환을 사실상 세 번이나 반복했을 뿐만 아니라,
> '산업공황 → 은행공황 → 산업공황'이라는 악순환적 수축 과정을 세 번
> 이나 반복함으로써 절망적인 상황을 낳았다. 그럼에도 대공황 시기의 은
> 행공황은 회를 거듭할수록 규모가 커지고 그칠 줄을 몰랐다. 즉 은행공황
> 은 이미 공황의 한 가지 출발점이 아니라 소위 공황 자신의 귀결점을 형
> 성한 것으로 전환되었다. 더 이상 순환성 공황에서와 같은 시장의 자동
> 회복기능은 작동하지 않게 되어, 그대로 두면 시장은 수축될 뿐이었다.
> (『'대공황형' 불황』, 37쪽)

이와 같은 특징 때문에 다쿠미 씨는 자신의 책에서 똑같이 공황이지
만 "예전의 순환성 공황과 대공황은 결정적으로 다르다"(107쪽)는 주장을
했던 것이다. 단지 여기에서도 한 가지 지적해 두어야 할 것이 있다. 그는
대공황과 그 이전의 공황을 비교하면서 다음과 같이 규정한다.

순환성 공황에서는 순식간에 생산이 감소하고 물가가 하락해도, 그것은

---

5) 이에 대한 연구는 이 장에서 서술한 다쿠미 씨의 학술적 대작 『세계대공황』에서 이뤄지고 있
다. 또 외국의 연구로서는 바르가(Eugen Varga)의 『세계경제대공황사』 1권 1부(永住道雄 訳,
慶応書房, 1937), 갤브레이스(J.K. Galbraith)의 『대공황』(小原敬士·伊東政吉 訳, TBSブリタニ
カ, 1980[이헌대 옮김, 『대폭락 1929』, 일리, 2008]) 등이 유명하다. 짧은 것으로는 나의 「세계대공
황의 역사적 의의」(『経済』, 1979.10. 이 책의 3부 2장 「1929년 세계대공황」으로 수록) 등을 참조
하기 바란다.

어느 점에서 멈추며, 시장 스스로 반드시 다음의 투자 확장을 촉진하는 조건을 만들어 낸다. 이와 반대로 대공황에서는 일단 생산이 감소하고 물가가 하락하면, 오히려 투자가 축소되고 그것이 더욱더 생산과 물가의 하락을 촉진했다. 즉 시장 기능은 변질되어 오히려 경제의 불균형을 촉진하게 되었다. (37~38쪽)

즉 그에 따르면 이전의 공황은 사회적 수급을 조절하고 경제를 균형 상태로 돌리는 작용을 했지만, 대공황에서는 경제적 불균형을 촉진하는 것으로 변질되었다는 것이다.

그렇지만 이렇게 규정하는 데는 문제가 있지 않을까? 확실히 대공황 시기에는 심각한 디플레적 악순환이 반복되고 좀처럼 균형점에 도달하지 못해서, 언뜻 보기에 바닥없는 늪에 빠진 것만 같았다(공황의 소용돌이에 허덕이는 사람들에게서 특히 이런 느낌이 강했을 것이다). 그러나 그럼에도 불구하고 이 공황은 역시 발발로부터 3년째에 바닥을 치고 상실된 균형의 회복을 폭력적으로 이룩하여 새로운 순환을 위한 시작점이 되었다. 그 점에 관한 한 이전의 공황과 원리적인 차이는 없었다.

만약 다쿠미 씨의 책과 같이 전자(이전의 공황)는 사회적 수급의 조절이며 균형의 회복이었지만 후자(대공황)는 전자와 원리적으로 다른 불균형의 촉진이었다는 식으로 규정한다면, 대공황이야말로 끝없이 진행되는 불균형이라고 하지 않을 수 없다. 그렇다면 이 책의 기본 개념, '순환성 공황 VS 대공황'이라는 대비도 문제일 수 있다. 왜냐하면 대공황이 터무니없이 큰 파괴력을 발휘했다고는 해도, 그 또한 순환성 공황의 한 가지였다는 점에서는 차이가 없기 때문이다.

4. '가격의 하방경직성'이라는 원리

이제부터가 이 책에서 다쿠미 씨가 구축한 논리의 정점이다.

대공황 시기에는 경기가 하강하기 시작하면 디플레적 악순환이 반복되고, 점점 누적적으로 악화되어 갔다. 도대체 왜 그렇게 되었던 것일까? 그 원인은 무엇인가? 다쿠미 씨가 가장 애써서 전개한 논리의 핵심은 다음과 같다.

결론만을 말하면 당시의 미국경제는 가격의 하방경직적 구조, 즉 가격이 하락하기 어려운 상황 속에 있었는데, 그것이 시장의 조정 기능을 변질시킨 가장 중요한 요인이었다. (38쪽)

다쿠미 씨에 따르면 하방경직성을 보이는 가격은 두 가지였다.

한 가지는 과점산업에서 대기업의 상품가격이었다. 이미 설명했듯이 대공황 기간에 평균 도매물가지수는 매우 급격하게 하락했다. 그럼에도 불구하고 과점산업에서 많은 대기업은 가능한 한 자사의 상품가격을 내리지 않으려 노력했다. 상품가격 하락에 따른 이윤율 저하를 조금이라도 피하기 위해서였다. 그 결과 과점산업의 상품가격은 평균적인 상품가격에 비해서 훨씬 완만한 하락밖에 보이지 않았다. (……) 물론 상품가격의 하락을 얼마 안 되는 수준에서 멈추게 할 수 있었던 것은 가격을 시장의 움직임에 맡기지 않고 스스로 결정할 수 있는 대기업에 국한된다. (……) 상대적으로 소규모인 다수의 기업이 서로 경쟁하고 있는 산업에서 이와 같은 일은 결코 불가능하다. (……) 그러나 수요가 감소하고 물가 수준이 하락하고 있는 시기에 가격을 내리지 않은 상품에 대한 판매량은 급감하지 않을 수 없다. 그 결과 과점산업 대기업의 생산은 급속히 수축하고 투자도 축소되지 않을 수 없다. 이와 같은 행위를 이윤율 유지를 위한 생산조정이라고 하는데, 간단히 말하면 생산의 대폭적 축소, 조업률의 대폭적 단축이 일어나는 것이다. (38~39쪽)

다시 말해 거대 독점기업이 높은 이윤율 유지를 위해서 조업률은 낮추더라도 독점가격을 유지하려고 하는 무리한 정책이 생산 축소에 박차를 가했는데, 이것이 디플레적 악순환의 한 가지 원인이라는 것이다. 이는 타당한 지적이라고 할 수 있다. 그러나 다쿠미 씨는 또 한 가지의 요인을 들고 있다.

하방경직성을 보이는 또 한 가지의 가격은 임금이다. 대공황이 진행 중이던, 즉 1931년 말 즈음에는 대기업의 임금률(시간임금)은 거의 저하하지 않았다. 경기후퇴를 완화하기 위해서 후버(H. C. Hoover) 대통령과 재계 수뇌들 사이에 임금을 고정시킨다는 협약이 이루어졌고, 그것이 지켜진 결과였다. 당연히 이것에 대해서 노동조합도 적극적으로 찬성하고 협력했다. 그러나 이 협약의 적용은 사실상 고용된 상근 노동자의 임금률에 한정되었다. 대기업은 상근 고용 노동자의 임금률을 낮추지 않는 대신에 실업자를 늘리고 조업률을 대폭 저하시키는 방책을 폈다. 즉, 대기업은 대통령과의 협약은 지켰지만, 임금지불 총액을 급감시킨 것이다. 임금하락이 어려워진 상황, 엄밀하게는 임금률의 하방경직성은 실업자와 반(半)실업자를 포함한 노동자 전체에 대해서 보면 오히려 소득 전체를 급감시키고 전체적으로 수요의 감소를 촉진하였다. 즉 과점적 산업에서 대기업의 상품가격과 대기업의 임금률이라는 두 가지 가격의 하방경직성이 모두 생산·소득의 저하를 촉진하고 사회적 수요를 급감시켰다고 할 수 있다. 이것이 동시에 투자의 수축을 일으킨 요인이 되었다. (39~40쪽)

나는 두번째의 '대기업 임금률의 하방경직성'을 사회적 수요의 급감, 투자 수축의 요인으로 보는 방식에는 찬성할 수 없다. 이 주장은 마치 대기업 노동자의 상대적으로 '높은 임금'이 유지된 것도 디플레적 악순환에 대해 절반의 책임이 있다고 보는 것은 아닐까. 오히려 사회적 수요의 급감은 **대기업**이 실업·반(半)실업을 늘림으로써 **임금 지불 총액을 줄였기 때문**이라고 보는 것이 타당하지 않을까.

다시 말해 디플레적 악순환을 일으켰던 공황 발발 이후의 사회적 수요 급감은 첫번째로 대기업의 과점가격 유지정책, 두번째로 대기업의 임금지불 총액 삭감정책에 의한 것이고 무엇보다 **대기업의 독점이윤을 추구하는 욕망**에 원인·책임이 있었다.

공황의 와중에 가장 지독한 꼴을 당하는 사람들은 기업 도산 위기라는 벼랑 끝에서 구조조정, 임금인하, 노동[강도] 강화를 참고 견디는 중소기업 노동자와 기업이 도산하여 구직 활동의 어려움에 지쳐 버린 실업자이다. 오늘날에는 대기업 노동자나 관리직 노동자, 화이트칼라도 안심할 수 없는 구조조정의 대상이 되었다. 나는 대기업 노동자가 자신의 고용을 지키는 싸움을 할 때, 더욱 이러한 중소기업 노동자나 실업자의 상황을 이해하고 그들의 요구를 지지하여 함께 싸우기를 매우 희망한다. 공황 중에, 상대적으로 '높은 임금'을 받는 대기업 노동자에게 디플레적 악순환에 대한 책임의 일단이 있는 듯이 논리를 펴는 것은 올바르지 않다. 왜냐하면 이것은 진정한 책임자인 독점 대기업의 죄를 묻지 않고 있기 때문이다.

그런데 다쿠미 씨는 디플레적 악순환의 한 가지 단서를 대기업 노동자의 임금에서 구하면서 또 하나의 논점을 덧붙인다. 그는 이렇게 말한다.

그렇지만 투자 수축에는 또 하나의 측면이 있었다. 임금률이 하락하기 어려운 상황이었던 반면, 농산물의 가격 등 소비자 물가가 폭락했다는 것은 상근 고용 노동자의 임금이 공황 중에 실질적으로 상당히 상승했다는 것과 같은 의미를 지니기 때문이다. (……) 상근 고용 노동자의 실질임금 상승률이 생산성 상승률을 넘을 정도였으므로, 기업의 투자 의욕이 급속하게 줄어들어 버렸다. 다시 말해 평균적 기업이 투자를 확장해도 실질임금의 상승을 쫓아가지 못하여, 이윤율이 오히려 저하하는 상황이 생겨났다. 이렇게 투자는 수요의 급락에 의해 감소되었을 뿐만 아니라, 기업의 공급 조건에 의해서도 수축되지 않을 수 없는 상황에 빠졌다. 이것이 이미 살펴보았던 총투자의 비정상적 수축의 원인이 되었다. (40~41쪽)

그러나 이러한 논리의 전개가 타당한 것일까? 여기에서 다쿠미 씨는 생산성의 상승률(임금과 잉여가치의 합계액, 즉 부가가치액의 증가율)보다 임금의 상승률이 높아짐에 따라 잉여가치가 줄어들어 이윤율이 감소하는 사태를 상정하고 있다. 그러나 이러한 사태, 즉 잉여가치를 잠식할 만한 임금 상승이란 어디까지나 기업에서 지불되는 임금(명목임금)의 상승이어야 한다. 그가 말하는 농산물 가격의 하락은 기업 외부 사정에 의한 실질임금의 상승(동일한 명목임금에서 구입할 수 있는 생활수단량의 증대)으로서, 기업의 부가가치 총액을 임금과 잉여가치로 분배하는 비율에 직접적인 영향을 주지 않는다. 그것 때문에 기업의 잉여가치가 잠식되거나 기업의 투자의욕이 감퇴하지는 않는다.

그러면 도대체 공황의 와중에서 기업은 잉여가치를 잠식할 정도로 임금을 상승시킨다는 말이 사실일까? 그럴 리가 없다. 그러므로 '기업의 투자의욕 감퇴'를 임금 탓이라고 하는 것은 잘못임을 알 수 있다. 그러나 실제로 기업의 투자의욕은 감퇴했다. 그 실제 원인이 임금이 아니라면 무엇이었을까? 그 기본적 원인이 극도의 판매부진·과잉생산에 의해 엄청나게 쌓인 '의도되지 않은 재고'였음은 즉시 알 수 있다. 이렇게 분명한 현실적 연관은 그대로 두고 농산물 가격의 하락에 의한 실질임금의 상승과 같은 말도 안 되는 이유를 드는 점에서, '실현 이론 없는 공황론', '임금 상승에 의한 공황론'의 모습이 엿보이는 것 같다.

대공황하에서는 그 이전의 공황보다 월등한 규모의 과잉생산물이 시장에 넘쳐났다. 그러한 상황에서 대기업은 이윤 확보를 위해 독점가격의 인상을 멈추지 않고 지불임금 총액을 더욱 삭감시키는 구조조정을 강행했기 때문에, 사회적 수요는 한층 하락하고 시장은 축소되었다. 이것이 디플레적 악순환의 근본 원인이었다. 그 결과 과잉재고의 정리는 지지부진해지고 신규투자, 즉 노후화된 설비의 갱신조차 충분히 이루어지지 않아서, 공황이 바닥을 칠 때까지는 수년의 기간이 걸렸던 것이다.

5. 대공황으로의 전화를 제지하는 메커니즘으로서의 불가역적인 물가상승

2차대전 후의 세계인 오늘날, 어떤 선진국에나 과점적 산업에서의 상품가격의 하방경직적 경향과 노동조합을 배후에 둔 임금결정구조가 존재한다. 그러므로 다쿠미 씨에 따르면 어디에서나 "경기후퇴가 발생했을 때 그것이 대공황으로 전화할 위험성은 여전히 존재하고 있다"(45쪽)고 한다.

그렇지만 그에 따르면, 다른 한편 전후 자본주의 경제는 대공황을 피할 제도를 만드는 데에 성공했다고 한다. 그것은 첫째, 정부 지출을 증대시켜 공공투자나 특정 산업에 대한 융자를 확대하는 등의 케인스주의적 정책을 통한 적극적인 경제개입, 둘째, '불가역적인 물가상승 메커니즘' = '인플레이션 체제'의 성립, 셋째, 은행공황을 저지하는 정책이 한층 강화되었던 것 등이다(45~47쪽).

이 중 타쿠미 씨가 가장 중요하게 보는 것은 두번째의 '불가역적 물가상승 메커니즘'의 성립, 즉 "물가변동은 단지 그 상승률이 커지거나 작아지게 될 뿐인 것으로 바뀌고, 한 번 상승한 물가는 원래대로 되돌아가지 않게 되었다"(46쪽)는 것, 다시 말해 '인플레이션 체제로의 성격변화'이다.

전후 자본주의가 항상 완만한 인플레이션을 만들어 냄으로써 공황을 피해 왔다는 견해는 지금까지 여러 가지 형태로 제출되었다. 그러나 다쿠미 씨는 매우 특이한 방식으로 여기에 의의를 부여하고 있다. 그는 이렇게 설명한다.

인플레이션 체제로의 성격변화를 대공황의 원인과 관련시켜 보면, 거기에는 매우 중대한 내용이 담겨 있다는 것에 주목해야 한다. 불가역적 물가상승 메커니즘이 존재하면 한 번 경기후퇴가 발생해도 물가 수준이 하락하지 않으므로, 대기업의 상품가격이나 임금의 하락이 어려운 상황은 두드러지지 않는다는 것이다. 예를 들어 과점적 대기업이나 노동조합이 있어도 그들은 물가 하락에 저항할 필요가 없고, 따라서 가격이 하락하지 않도록 하는 메커니즘을 움직일 필요가 없다. 지금도 대부분의 정책 담당자나 경제학자가 이 사실을 완전히 인식하지 못한 것 같지만, 이 변화된 가격상승 메커니즘은 암묵적으로 경기후퇴가 대공황이 되는 것을 저지하는 역할을 한다는 것에 주목해야 한다. (47쪽)

이 문장은 이번 장의 앞 절에서 본 과점산업 대기업에 의한 높은 수준의 상품가격 유지 및 대기업 노동조합에 의한 고임금의 고정화라는 두 가지 요인을 디플레적 악순환의 원인으로 보는 다쿠미 씨만의 특이한 논리를 떠올리면서 읽지 않으면 좀처럼 그 의미를 이해하기 어렵다. 다시 말해 그는 불가역적 물가상승 메커니즘이 확립되어 있으면 위의 두 가지 요인(과점가격 유지와 고임금 고정화)은 발동할 "필요가 없"으므로, 디플레적 악순환은 일어나지 않고 경기후퇴가 대공황으로 진전되지 않는다고 했던 것이다.

그러나 이것은 조금 무리한 논리가 아닐까 나는 생각한다. 왜냐하면 물가의 불가역적 상승이라고 할 때, 그 물가란 물가 수준 전체를 가리킨다. 즉 그러한 일반 물가 수준이 계속해서 상승하기 때문이라고 해서, 독점이윤 획득을 위한 과점기업의 자사 제품 가격의 독점적 인상이나 대기업 노동조합의 고임금 유지가 이미 "필요가 없다"고는 결코 말할 수 없기 때문이다.

6. 공황을 막기 위한 기본 정책

다쿠미 씨의 핵심 주장 중 하나는 "현재 일본의 헤이세이불황은 대공황형 불황"이라는 것이다. 그에 따르면 대공황형 불황은 "완만하게 시작하여 금융기관의 경영이 점차 악화됨에 따라 심각해지는 장기불황"(14쪽)으로 정의되고, '헤이세이불황'은 그 도식에 따라서 진행되고 있다고 한다.

이 경우에 그가 말한 '헤이세이불황'은 버블이 붕괴되어 일어난 1991년 이후의 불황인데, "91년 이후 현재까지 계속되고 있다"(232쪽)고 한다. 나는 91년부터 시작된 버블붕괴불황(공황)은 일단 93년에 공황 국면을 끝내고, 그 이후로는 정체 국면에 들어갔다고 생각한다. 다만 이 국면에서는 공황 국면에서 해결되지 못한 과제(부실채권의 처리, 자본 과잉의 정리)가 아직 남아 있어서, 금융기관의 경영은 여전히 어려움에 처해 있었다. 또 대기업이 이윤 확보·확대를 위해 강행한 구조조정과 해외생산·해외발주 시프트(거점을 해외로 옮기는 것) 때문에 개인소비가 축소되어, 활황 국면으로의 이행(경기회복)이 어려워졌다. 그리고 정부가 경기대책으로 시행한 공공투자 편중정책 때문에 거액의 재정적자가 누적되고, 그것을 해결하기 위해 강행한 97년의 소비세 인상이 중심이 된 국민부담 증대정책이 소비를 냉각시킴으로써, 활황과 번영 국면을 거치지 않고 다시 새로운 공황에 들어가고 있다고 생각한다.[6]

그러나 이 견해 차이는 다른 기회에 논의하기로 하고, 여기에서 중요한 점은 다쿠미 씨가 '헤이세이불황'을 대공황형 불황이라고 단정하는 중요한 근거를 일본의 도매물가지수가 91년 이후 일관되게 하락하고 있는 데서 찾는 점이다(85~87년의 소위 엔고불황 직전의 피크에서 보면 실제로 20%나 하락했다).

현재 일본의 불황에 대해 다쿠미 씨가 수행한 분석의 핵심은, 물가의 불가역적 상승[메커니즘]이 (세계 선진국 중 일본에서만) 붕괴하여 물가 수준이 하락하고 있다는 점에 있었다. 그는 물가 수준이 하락하면 과점적 대기업의 독점가격 인상과 대기업 노조의 고임금 고정화를 불필요하게 만든 제동장치가 없어져서 디플레적 악순환이 작동하기 시작한다고 생각하기 때문이다.

---

6) 이 점에 대한 상세한 설명은 졸저, 『일본경제를 어떻게 볼 것인가』(日本経済をどう見るか, 靑木書店, 1998)를 참조.

몇 번이나 강조했듯이 과점적 대기업의 상품가격이나 임금이 하락하기 어려운 경직적 가격 메커니즘를 전제했을 때, 물가의 상승을 불가역적으로 만드는 것, 즉 인플레이션 체제를 유지하는 것이 공황의 대공황화를 막았다. 그러므로 물가 수준이 계속 하락하는 현재 일본의 상황은 대공황 회피 체제의 일환이 파손되어 가는 것을 의미한다. (248쪽)

그러므로 그의 이론에 따르면, **일본이 당면한 불황이 공황이 되지 않도록 막는 최대의 핵심은 물가 수준의 하락을 막는 것이다.** "물가 수준의 하락을 저지하는 것이 정부의 긴급 과제" ──이것이 다쿠미 씨 책의 마지막 장 마지막 절의 제목이다.

그는 "거듭 말하지만, 헤이세이불황은 이미 디플레적 악순환의 제1단계에 들어갔다고 생각한다. 이와 같은 시기에는 우선 물가 수준이 더 이상 하락하지 못하도록 저지해야 한다. 보다 적극적으로는, 물가 수준을 조금이라도 원래 수준까지 되돌릴 만큼의 강력한 경제정책이 필요하다"(248쪽)고까지 말한다. 물가를 올리는 근본 대책은 인플레적 통화정책이다(쉽게 말하자면 일본 은행권의 증발增發일 것이다). 그러나 통화정책만으로는 경제를 실질적으로 확장시킨다는 보장이 없다. 이것은 다쿠미 씨도 알고 있다. 그러므로 "물가정책과 수요확대정책을 병행해야 한다."(251쪽) 그러나 역시 "우선적으로 해야 할 것은 물가 하락의 저지이다"(251쪽).

현재의 심각한 경제위기, 전후 최악의 불황 속에서 악전고투하고 있는 사람들이, 이 책의 실천적이고 정책적인 제안의 핵심이 물가를 올리고 인플레이션을 일으키는 것임을 보았다면 아연해할지도 모르지만, 이것이 결국 그의 이론체계로부터 연역되어 나온 결론이다. 그가 물가정책과 병행하여 추진해야 한다고 한 수요확대정책을 보더라도 정부의 통합경제대책, 특별감세와 공공투자가 간단히 언급되어 있을 뿐(250~251쪽) 특별한 내용은 없다.

전후 최악의 불황에서 탈출하기 위한 근본적 방법은 이 책의 틀 바깥에서 찾을 수밖에 없다. 즉 소비세 감세를 중심으로 국민의 재정 부담을 줄이고, 국민적 구매력 인상에 의해 개인 소비를 늘리는 방법이 그것이다.

2부
—
**현대 일본의 경기순환과
공황·불황**

1장

전후의 고도 경제발전

제2차 세계대전 후 약 반세기에 가까운 세월 동안(전쟁의 후유증이 짙게 남아 있던 쇼와昭和 20년대를 제외하고) 일본은 세계가 놀랄 정도의 고성장을 이루었다. 물론 이 동안에도 단기간의 경기변동은 끊이지 않아서, 경기의 급격한 상승이 계속된 뒤, 종종 경기후퇴가 일어나기도 했다. 하지만 그러한 경기후퇴는 비교적 경미한 성장침체(growth recession ; 성장률은 하락하지만 여전히 플러스 성장을 계속하는 가벼운 단기불황)로 그쳐서, 공황이라고 부를 정도로 심각한 하락은 아니었다. 이것에 비해 경기상승기는 매우 강력했고, 또한 대체로 수십 개월에 이를 만큼 길고 안정적이었다. 그 결과 전반적으로 일본은 다른 모든 나라들에 비해 유별날 정도로 아주 빠른 경제성장을 달성할 수 있었다.

1955년(쇼와 30년)부터 1973년(쇼와 48년)까지 약 19년 동안의 실질 GDP 성장률은 9.3%였는데, 이 수치는 '세계의 성장 중심지'로서 찬양받은 동아시아 신흥공업국들의 성장률조차 앞지를 정도로 경이적인 것이었다. 이 전대미문의 고도성장과 번영을 가져온 요인으로서 자주 거론되는 것은 ①매우 높은 잉여가치율[1], ②석탄에서 석유로의 철저한 에너지

전환, ③농지개혁에 의한 농업생산력의 비약적 상승, ④수출 향상을 위한 열광적 노력과 미국의 일본 상품 수입 및 전후(戰後) 미국 주도의 세계무역 자유화 체제, ⑤외국 선진기술의 끊임없는 도입과 일본 자체의 과학 기술력에 의한 개량 및 개선, ⑥평화헌법에 의한 군사비 부담의 해소 등인데, 그 밖에 나는 다음 네 가지를 특별히 강조하고 싶다.

첫째, 선진국 중 출생률이 가장 높은 사회였던 일본에서 1950년대 중반부터 급격히 출생률이 저하되었는데(여성 1명의 생애 출산아 수는 4.5명에서 2.0명으로), 그로 인해 인구연령 구성이 극적으로 변화되었다. 그 제1막은 젊은 생산연령층(고출생률 시대의 미성년 인구 부분)이 절대적으로도, 총인구 중 차지하는 구성비에서도 크게 증가한 것이었다.

둘째, 재벌해체나 '과도경제력 집중배제법'(過度經濟力集中排除法)의 영향으로 거의 모든 중요 산업부문에서 여러 개의 은행 계열로 이어지는 힘이 비슷한 여러 대기업이 나란히 존립하는 과점체제가 형성되어, 이 과점기업군(群)에 의해 기업 간 경쟁이 격렬하게 벌어졌다.[2]

셋째, 사면이 바다로 둘러싸이고 중앙에 산맥이 가로지르는 가늘고 긴 섬인 일본에는 비가 많고 하천의 흐름이 빨라, 하천이 바다로 흘러들어

---

1) [옮긴이] 맑스는 『자본론』에서 이윤의 원천이 노동자 착취에 기인하며, 그 착취는 자본가가 노동자들이 받는 임금보다 더 많은 노동으로 더 많은 가치를 만들기 때문이라고 한다. 그래서 노동자들이 만들어 낸 가치와 노동자들이 받는 임금의 차이를 잉여가치라고 하며, 이 잉여가치와 노동자들이 받아가는 임금의 비율을 잉여가치율이라고 한다. 즉 잉여가치율이 높다는 것은 임금에 비해 잉여가치가 더 많다는 것이므로, 생산과정에서 노동자들이 더 많이 착취당하고 있다는 것을 나타낸다.

2) [옮긴이] 전후 일본에서는 전쟁에 대한 재벌의 책임을 물어 미군정에 의한 경제개혁이 이루어졌는데, 그 중 하나가 재벌해체 조치였다. 재벌 본사를 해체하고 집중배제법으로 독점을 금지함으로써, 일본에는 기업들이 주식을 상호 보유하고 그 중심에 은행이 존재하는 형태로 기업 집단(과점체제)이 형성되었다. 과점(寡占, oligopoly)은 소수의 거대 기업이 시장의 대부분을 지배하는 것을 말한다. 대기업들은 카르텔 등으로 가격인하 경쟁 이외의 다른 수단으로 경쟁을 벌인다.

가는 주변에 삼각주(delta)가 형성된다. 거기에 인구 100만인 도시가 생기고, 가까이에 원천해[遠淺海; 물가의 멀리까지 물이 얕은 바다]가 펼쳐져 있다. 이런 일본열도의 지리적 특징을 이용해 바다를 매립함으로써, 대도시에 집적된 문명을 무상으로 이용할 수 있는 매우 효율적인 임해공업지대를 만들 수 있게 되었다.

넷째, 전후 민주개혁의 성과 중 하나인 독점금지법·중소기업기본법 등에 의해 중소기업을 광범위하게 발전시키고, 고도의 기술력을 축적하여, 국제적으로도 예가 드물게 저변이 매우 넓은 일본의 산업체제를 만들어 냈다.[3]

이렇게 유례가 드문 역사적 조건의 도움으로 일본경제는 고도성장을 달성하였다. 그런데 1973년 말부터 국제원유가격이 1배럴당 3달러 1.1센트에서 11달러 65.1센트로 한 번에 4배나 급격히 상승하였고, 뒤이어 1980년에는 2.5배나 더욱 높아져 32~40달러가 되었다. 이러한 엄청난 충격으로 일본경제는 1974~75년에 전후 처음으로 대규모 공황에 휩쓸렸다. 더욱이 1980~83년에는 36개월간 계속된 제2차 오일쇼크불황이 일어났다. 대부분의 사람들은 일본경제가 아마 재기하기 어렵지 않을까, 고도성장은 이미 불가능해진 것이 아닐까 생각했다.

하지만 일본은 지혜를 짜내고 노력을 기울임으로써 에너지절약 기술

---

3) 이상의 논점들에 대해서는 지은이의 『현대일본경제』(現代日本経済, 青木書店, 1999)과 『일본경제를 어떻게 볼 것인가』를 참조할 수 있다. 앞에서 든 10가지 요인들 중에서 ③, ⑥, '첫째', '둘째', '넷째' 것은 전후 민주개혁의 성과라고 평가할 수 있다. 즉 ③의 '농지개혁', ⑥의 '평화헌법', 둘째의 '재벌해체', 넷째의 '독점금지법·중소기업기본법'은 어느 것이나 전후 민주개혁의 성과에 다름 아니었다. 또한 첫째의 '출생률 저하'도 여성을 아이나 낳는 도구라고 보았던 전전(戰前)의 여성관이 무너지고 여성의 지위를 향상시킨 전후 민주개혁과 밀접한 관련이 있다.

을 개발하여 원유가격 상승의 타격을 완화시켰다. 뿐만 아니라 자동차, 기계, 반도체, 컴퓨터, 로봇 등 석유를 소비하는 비율이 낮은 하이테크 산업을 대대적으로 발전시켜, 다시 고성장의 기반을 되살리고 강화시켰다. 실로 그것은 감동적인 기사회생의 이야기였다.

1980년대에는 너무나 강력한 일본의 수출경쟁력을 억제하기 위해 (1985년의 플라자합의에서) 달러 대비 엔화 가치가 크게 인상되어 엔고불황도 일어났다.

그럼에도 일본의 GNP 성장률은 80년대 후반 4.53%을 달성했고, 세계 주요 자본주의 7개국[G7 ; 미국, 일본, 영국, 프랑스, 독일, 이탈리아, 캐나다] 중 유일하게 4~6%를 유지하여, 여전히 선진국들 중 선두를 달리고 있었다. 수출은 확대를 계속해서 연간 1,000억 달러의 무역흑자를 기록했다. 여러 국가 중 오직 일본에서만 나라 전체 및 지방의 재정수지가 흑자를 기록, 재정의 국채의존도가 하락했다. 해외직접투자(overseas direct investment)는 연간 세계 1위를 기록하였고, 잔고는 미국과 영국에 이어 3위로 급상승했다. 은행의 대외대부도 팽창하여, 90년 말 국제자산 보유고는 21.2조 달러로 세계 국제자산 총액의 37.4%를 차지했다. 대외생산(해외직접투자, 대외대부, 외국증권취득, 연불수출채권[延拂輸出債券 ; 수출대금 지불을 연기해 주는 수출 방식]의 합계)에서 대외채무를 공제한 '대외순자산' 액에서는 거의 세계 1위를 지키고 있었다. 전세계 GNP에서 일본이 차지하는 비율은 60년 3%, 70년 6%, 80년 9%에서 90년에는 단번에 13.7%로 높아졌다. 80년대 중반 일본은 53개월 연속으로 경기가 상승하는 대호황을 경험했는데, 이것은 '이자나기경기'(いざなぎ景気, 1965~70년)의 57개월에 버금가는 것이었다.

이렇게 '세계 제2위의 경제대국' 일본, 최고조에 달했던 일본이 1991

년 4월, 번영의 정점에서 공황의 수렁으로 빠져들어, 이후 지금에 이르기까지 약 10년 동안 별 들 일 없는 장기침체에 빠져 버렸다. '잃어버린 10년'[失われた10年; 1991~2002년에 이르는 일본의 극심한 장기침체 기간]인 1990년대 동안 일본의 성장률은 G7 중 가장 낮은 그룹으로 떨어져서, 2000년 현재에는 러시아와 함께 세계 최하위가 되었다. 즉 1991년에 시작된 공황이 1993년에 일단 진정되어 천천히 경미하게 회복이 일어났지만, 그후 소비세율을 3%에서 5%로 인상하는 무모한 소비냉각정책으로 다시 공황이 일어나서 97년과 98년에는 GDP 성장률이 2년 연속으로 마이너스를 기록했다.

1950년대 후반부터 90년대 초반까지의 35년간 지속되었던, 세계가 부러워한 고도발전 시기와 비교하면 너무나 격차가 커서 아연해질 뿐이다. 도대체 무엇이 이러한 역사적인 몰락을 가져왔는가? 지금부터 91년 버블붕괴와 이어서 90년대의 장기불황에 대해 이야기해 보려고 한다.

2장

버블붕괴불황

1. 주가와 지가의 버블

1980년대 중반부터 90년대 초반까지 일본경제는 분명 '최고조'라고 해도 좋았다. 4~6%의 높은 경제성장이 계속되었고, 수출도 확대되어 연간 1,000억 달러나 되는 무역흑자가 쌓였다. 나라 전체 및 지방의 재정은 흑자이고 소비자 물가도 안정되어 참으로 풍족한 상황이었다. 설비투자는 87년 이후 계속해서 전년 대비 20% 증가, 16% 증가, 15% 증가, 12% 증가를 보이며 놀랄 정도로 빠른 속도로 증가했지만, 왕성한 내수와 수출 증가의 도움이 있는 한 당분간 과잉생산공황 따위는 일어날 것 같지 않았다.

전후 일본의 고도성장 기간에는 대형 호경기가 여러 번 나타났다. 1955~57년의 '진무경기'(지속기간 31개월), 1958~61년의 '이와토(岩戸)경기'(42개월), 1962~64년의 '올림픽경기'(24개월), 1965~70년의 '이자나기경기'(57개월), 1983~85년의 '내수확대경기'(28개월) 등이 있다. 이것들에 비하더라도 1987~91년의 대호황인 '헤이세이경기'(53개월)는 이자나기경기와 나란히 톱클래스의 초대형 호경기였다.

〈도표 1〉 일본과 미국의 주가와 정책금리 추이

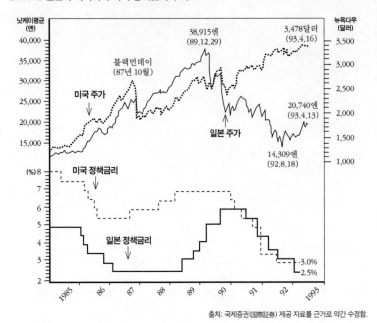

출처: 국제증권(国際証券) 제공 자료를 근거로 약간 수정함.

그런데, 이런 대호황 속에서 전례 없는 버블이 생겨났던 것이다.

우선 '버블'이란 무엇인가? '버블'은 물거품을 말한다. '토지나 주식가격이 장기간 급격한 상승을 지속한 결과, 토지자산 및 주식자산액이 고정자산(기계설비나 건물) 등의 실물가치가 증대한 것보다 훨씬 크게 팽창하는 현상'을 가리킨다.

먼저 주식가격은 〈도표 1〉과 같이 1986년부터 계속하여 급속히 상승하다가 블랙먼데이[1987년 10월에 일어난 뉴욕증권시장 주가 대폭락 사건]에 하락한 이후, 다시 속도를 더해 상승하여 피크였던 89년 12월 29일에는 닛케이 평균주가가 38,915엔까지 올랐다. 1986년 초반 수준인 12,000엔에 비하면 실로 4년 사이에 3.24배 급증했다.[1) 미국에서는 이렇게 맹렬

〈도표 2〉 주택지의 지가 추이(1983년을 100으로 놓은 지수)

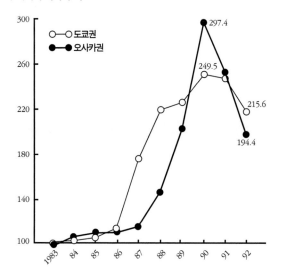

자료: 1992년 2월 1일 발표된 기준 지가.

한 주가 상승을 '스카이로켓'(skyrocket)이라고 부르는데, 일본의 주가가 바로 스카이로켓처럼 하늘 높이 올라갔던 것이다.

이어서 지가(地價)에 대해서는 〈도표 2〉를 보자. 이것은 주택지의 지가인데, 도쿄권에서는 1986년부터 돌발적으로 거의 수직에 가깝게 지가가 상승하여, 피크였던 1990년에는 83년의 약 2.5배였다. 그리고 오사카권에서는 1년 뒤인 87년부터 상승하기 시작해서, 마찬가지로 피크였던 1990년에는 약 3배로 올랐다.

그 결과, 1984년과 89년의 국민총자산에 대한 경제기획청의 계산에

---

1) 예를 들면 500만 엔에 팔리던 주식이 1,620만 엔으로 폭등하여, 1,120만 엔이나 벌어들인 셈이다.

따르면, 이 5년 동안에 '고정자산' 등의 실물자산은 34.5% 증가했을 뿐인데 '토지'는 그것을 훨씬 넘어서서 129.2%나 증가했고, '주식'의 경우는 340.9%나 급상승한 것이 밝혀졌다. 바로 이것이 버블이다.

물론 이러한 토지와 주식의 가치 상승은 그 초기에는 일정한 현실적인 기반을 가지고 있었다. 주가의 상승은 일본 기업이 큰 이익을 거두고 앞으로도 크게 발전할 것이라는 기대를 반영하였다. 또한 지가의 상승은 오피스 수요의 상승을 반영했는데, 이는 도쿄가 세계적인 비즈니스 중심지로서 높이 평가됨에 따라 도쿄 23구[東京23区; 도쿄도의 핵심부인 23개의 특별구 지역] 내에 사무소를 두려고 하는 국내외 기업이 늘어났기 때문이었다.

하지만 그것이 ㄴ 도중에 버블이 되어, 주가 및 지가가 그 실질가격을 훨씬 넘어서 물거품처럼 폭등했다. 도대체 이러한 엄청난 버블을 만들어 낸 것은 무엇이었을까?

2. 버블의 원인, 호황 중의 초저금리

왜 버블이 생겼을까? 그 첫째 요인은 호황 중에 정부가 초저금리 정책을 계속 유지한 데 있다. 앞의 〈도표 1〉을 보자. 아랫부분에 보이는 계단 모양의 선은 일본 정책금리(일본은행의 대출금리)의 변화를 나타낸다. 1986년부터 87년 초반까지 5회나 되는 금리 인하를 통해 정책금리는 5%에서 2.5%로 급락하였다.

정책금리를 올리고 내리는 것이 정부의 중심적인 경기정책이다. '주가＝주식배당금／사회적 평균 시장이자율'이기 때문에, 시장이자율의 기준이 되는 정책금리를 낮추면 주가가 상승하고 올리면 주가가 하락한다.

따라서 정부는 불황 시기에는 경기가 상승할 수 있도록 정책금리를 낮추고, 경기가 과열 기미를 보여서 그것을 억제할 필요가 있다면 정책금리를 올린다.

1985년 미국을 비롯한 선진 5개국(G5)의 재무부 장관 및 중앙은행 총재가 모여 각국의 협조를 통한 엔고·저달러 유도를 합의했는데(플라자 합의), 이후 엔화 가치가 급격히 오르기 시작하여 수출이 급격히 줄어드는 산업이 나타나고 엔고불황이 확대되었다. 따라서 불황에서 벗어나기 위해 정책금리를 내린 것은 당연하였다. 그러나 그 이후 주가의 움직임은 어떠했는가? 정책금리의 인하와 동시에 주가는 '스카이로켓'처럼 86년부터 급격히 상승했다. 순식간에 경기가 회복되어 호경기를 맞았다. 원래대로라면 이 시점에서 정책금리를 더 이상 내리지 말고, 서서히 원래 수준으로 되돌려야 했다. 그러나 정부는 그렇게 하지 않았다. 놀랍게도 정책금리를 더 내려서, 1987년의 1/4분기에 금리는 메이지유신 이후 가장 낮은 2.5%까지 내려갔다. 게다가 그 이후 경기가 한창 끓어오르는 중에도 여전히 이런 초저금리를 2년 반 동안 유지했다. 완벽한 경제정책상의 오류였다.

도대체 왜 일본 정부는 호황기에 이렇게 무모하고 불합리하다고 할 수밖에 없는 초저금리 정책을 계속 폈을까? 그것은 일본 정부가 미국의 제멋대로인 요구를 받아들였기 때문이었다.

당시 미국은 국가재정과 무역수지 모두 거액의 적자 상태인 '쌍둥이 적자'로 곤란을 겪고 있었다. 따라서 일본이 미국 국채를 계속해서 매입해 주기를 바라고 있었다. 이를 위해서는 미국과 일본의 금리가 서로 차이 나는 것이 바람직했다. 한데 미국은 자신의 금리를 올리는 것은 불황을 불러일으키기 때문에 하고 싶지 않았다. 꼭 좀 일본의 금리를 내린 채로 놔두어 주면 안 되겠느냐고 요청했다. 일본 정부는 이러 뻔뻔스러운 미국의 요청을 거절했어야 함에도 불구하고, 어물어물 그것을 받아들이고 말았다.

일본의 은행 쪽에서도 또한 금융기관 상호 간의 경쟁을 격화시키는 '금융자유화'를 앞두고, 초저금리를 이용하여 영업시장 점유율을 높이기 위해 막무가내로 대출을 해주려고 했다. "땅값이 계속 오르고 있습니다. 그런데 금리가 거저나 마찬가지로 저렴해서, 은행 대출로 땅을 사면 가격 상승으로 큰 이익을 얻을 수 있습니다"라면서, 은행은 토지나 예금을 가지고 있는 사람들에게 열심히 토지투자를 권유했다. 이 사람이 토지를 구매했다면, 은행은 그 토지를 담보로 토지가격의 70% 정도의 자금을 대부하고, 또 다른 토지를 구매하도록 권했다. 이 새로운 토지를 담보로 하여 또 자금을 대부하고, 또 다른 토지를 구입케 하는 등의 행위를 반복했다. 게다가 토지의 가격 상승으로 담보가격이 올랐기 때문에 대출은 점점 확대되었다. 이처럼 토지투기를 위한 은행 대출액은 급증하여 92년 3월 말에는 150조 엔에 달했다(이때 은행의 총대출잔고는 422조 엔). 토지투기자는 보유 토지자산의 가격 상승으로 큰돈을 벌었고, 은행은 그 금융자산을 팽창시켰다. 초저금리가 주식투자, 주식의 투기적 매입을 조장한 것은 말할 필요도 없다.

버블을 일으킨 두번째 요인은 에퀴티 파이낸스[equity finance ; 신규 주식을 시가로 발행하여 자금을 조달하는 방법]였다. 버블 시기에는 에퀴티 파이낸스의 일종인 '전환사채'[2]와 '신주 인수권부 채권'[3]의 발행이 왕성

---

2) 전환사채는 주식으로 전환할 수 있는 채권이다. 언제든지 정해진 조건에서 주식으로 전환할 수 있지만, 그런 권리가 부여되어 있기 때문에, 보통의 채권보다 이율이 낮다.
3) 신주 인수권부 채권(warrant)은 신규 주식을 [약정가격에] 구입할 수 있는 권리(warrant)가 부여된 채권이다[주식 시가가 약정가격보다 높을 경우 이득을 얻는다]. 90년대 이후 주가가 급락했기 때문에 종이조각이 되어 버린 신주 인수권부 채권도 생겼다. 매우 투기성이 강한 증권이다.

했다. 이 채권은 발행 후 2년 이내라면 보유자가 원할 때 대략 약정가격으로 주식과 교환이 가능했다. 그래서 주가가 상승하고 있을 때는 매수자에게 매우 유리한, 저렴하게 주식을 얻는 방법으로서 추천되었다. 판매는 순조롭게 늘어나서, 약 60조 엔의 전환사채와 신주 인수권부 채권이 발행되었다.

이것은 발행기업에게 매우 유리한 자금조달 방법이었다. 예를 들면 액면가 50엔인 주식이 10% 배당률이면 배당금은 5엔이다. 액면가 50엔의 주식이라도 [도쿄증권거래소의] 1부에 상장된 대기업 우량종목(상품)이라면 시가 1,000엔은 되는 높은 가격의 주식이 많다. 신주 인수권부 채권, 전환사채는 이 시가로 판매되었다. 그래서 회사에는 1,000엔이 들어온다. 회사는 주식 구입자에 대해 1주당 5엔의 배당금을 지불하면 된다. 회사는 0에 가까운 아주 낮은 비용으로 자금을 획득할 수 있는 것이다. 물론 버블 시기에 주가는 상승에 상승을 계속하고 있었기 때문에, 구입자에게도 주가가 끝없이 상승하여 자산가치가 높아진다는 기대가 있었다.

이처럼 은행에서 융자된 초저금리 자금과 에퀴티 파이낸스에 의해 매우 낮은 비용으로 확보된 자금이 주식이나 토지의 투기적 매입에 투입되어 버블이 점점 확대되었다.

3. 버블붕괴와 공황

증권·부동산 패닉

버블붕괴의 계기는 정책금리의 인상이었다. 앞의 〈도표 1〉을 다시 한번 보자. 1989년 중반에 금리 인상이 시작되어, 1년 남짓한 동안에 5번이나 인상되었다. 왜 정부는 금리를 올리려고 했을까? 그것은 지가가 너무나 상승한 탓에 개인이 집을 살 수 없어져서 주택건설업에도 그늘이 지고, 또한 기업이 공장을 확장하려 해도 부지 가격이 높아져 채산에 맞지 않았으며, 정부나 지방자치단체의 도시 재개발이나 도로 건설에도 지장을 초래하게 되는 등 내적인 이유가 발생했기 때문이다. 즉 정부는 지가의 과열 상태를 억제하기 위해 금리 인상을 단행하지 않을 수 없었다. 금리를 세번째 인상 했을 때 버블이 터졌다.

마치 자동차를 타고 최고 속도로 달리다가 급브레이크를 걸면 차가 옆으로 넘어지듯, 커질 대로 커진 일본경제의 버블은 순식간에 터져 버렸다. 우선 주식이 크게 폭락했고, 이어서 약간 늦게 토지가격도 폭락하기 시작했다. 증권 및 부동산 패닉이 일어났다.

1989년 12월 29일에 도쿄증권거래소의 평균주가는 38,915엔까지 상승했다. 증권업자들이 이제 4만 엔대로 들어가는 것은 시간문제라고 흥분하여 떠들자마자, 바로 1990년 1월에 갑자기 주가가 크게 폭락해 순식간에 1만 엔이나 하락했다. 패닉이 일어난 것이다.

그러면 왜 주가가 크게 폭락했을까? 우선 주가가 투기에 의해 지나치게 상승했기 때문에, 정상가격으로 되돌아가는, 즉 하락하는 것이 당연했다. 일본의 주식시장은 시가총액이 1987년 3월 말 시점에 이미 2조 6,880억 달러(세계 전체의 36.3%)에 달해, 미국 시장을 제외하면 세계 최대였다. 주가수익률(PER ; 주가와 1주당 수익의 비율)이 60까지 올랐는데 참으로 전례 없는 수준이었다. 나는 당시에 이런 주가 수준은 '가공적'이라고 해도 좋을 정도이므로, 이 수준이 영구히 지속될 수는 없으며 반드시 폭락할 수밖에 없다고 경고한 바가 있다.[4]

---

4) 林直道, 「円高·ドル安と世界恐慌」(엔고·저달러와 세계공황), 『科学と思想』 65号, 1987. 7.

구분	시기(년)	최대 하락률(%)
일본		
버블붕괴불황	1989~92	63.3
제1차 석유쇼크	1973~74	37.4
증권불황	1961~65	44.2
스탈린 폭락	1953	37.8
닷지라인(Dodge Line) 디플레	1949~50	51.7
쇼와공황	1928~30	57.0
미국·영국		
1970년대 불황 (영국)	1972~75	73.1
대공황 (미국)	1929~32	89.2

자료: 쇼와공황은 도쿄증권거래소 주가지수, 영국의 1970년대 불황은 FT30지수, 미국 대공황은 뉴욕다우지수, 나머지는 닛케이 평균주가를 기준으로 함.(지은이 작성)

증권업계나 버블을 키웠던 사람들은 일본의 주가가 이전 블랙먼데이(87년 10월)의 타격에서 빨리 회복했던 전례가 있기 때문에, 90년 1월의 대폭락도 마찬가지로 단기간에 하락을 멈추고 곧 다시 오를 것이라고 기대했다. 그러나 이번엔 달랐다. 중간에 짧은 기간 동안 약간의 회복도 있어 우여곡절은 넘겼지만, 추세적으로 주가는 점점 하락하여, 90년, 91년, 92년, 그리고 93년 봄까지 상당한 주가 하락이 계속되었다. 결국 '바닥'으로 보이는 1992년 9월 18일에 평균주가는 14,309엔까지 떨어졌다. 1989년 12월 29일 '피크' 시기의 38,915엔에 비해 63.3% 하락하였는데, 이것은 1929년(쇼와 4년) 세계대공황의 일환이었던 일본의 '쇼와공황' 시기의 57% 하락을 훨씬 넘어선, 일본 자본주의 역사상 전례 없는 주가 폭락이었다(표 5). 막차 타기에[높은 가격에 팔아 치우고 나오는 데] 실패한 사람들이 큰 손실을 입어 파산하는 경우가 속출했다.

주가가 폭락하고 반년 뒤에 토지가격도 하락하기 시작했다. 가장 번성한 시기보다 가격이 절반 이하로 떨어진 곳도 드물지 않았다. 토지도 집도 도무지 팔리지 않았고, 차례로 준공되는 빌딩도 사무실을 임대하려는 사람이 없어서 텅텅 비었다. 토지투기의 주역인 비은행 금융기관(non bank ; 은행에서 자금을 빌려 은행보다 약간 높은 금리로 대부업을 하는 소규모 금융기관으로, 부동산회사나 투기업자에게 거액의 토지 매입자금을 융자했다)은 막대한 불량채권을 보유한 채 차례로 파산했다. 그 결과 비은행 금융기관에 자금을 빌려 줬던 은행도 거액의 불량채권을 떠안게 되었다.

자산 디플레이션과 막대한 불량채권

일본경제를 덮친 쇼크는 여기에 그치지 않았다. 우선 자산 디플레이션, 즉 자산가치의 감소가 일어났다. 기업은 주식이나 토지를 높은 가격에 구입하여 자산으로 보유하고 있었는데, 그것의 가격이 하락하여 미실현 손실 [보유자산의 획득원가에 비해 시장가치가 감소되어 생기는 손실]이 발생했다. 주가가 쌀 때에 매입한 기업은 주가가 떨어져도 아직 약간의 가치 상승으로 인한 기대이익이 남아 있지만, 버블 시기에 주식이나 토지에 투자했던 부분은 큰 미실현 손실을 입게 되었다.

가장 심각한 타격을 받은 것은 거액의 융자로 버블을 키우는 데 주된 역할을 한 은행이었다. 은행은 토지를 담보로 하여 융자를 해줬다. 담보대출 비율은 70% 정도였다. 즉 평가액이 1억 엔인 토지라면 그것을 담보로 7,000만 엔을 빌려 주었다. 만약 상대가 돈을 갚지 못한다고 해도, 담보인 토지를 매각하면 빌려 준 원금 이상으로 회수할 수 있다는 계산이었다. 그런데 토지가격이 절반으로 폭락했다. 담보인 땅을 팔아도 원금조차 회수할 수 없었다. 담보가치가 하락한 것이다. 이처럼 은행은 융자금이 회수되지 않아서 불량채권이 점점 쌓여 갔다.

은행의 경우 대량의 불량채권을 떠안고 있다는 것이 알려지면, 평가가 하락하고 주가도 떨어지므로, 불량채권의 실체를 숨기거나 가능한 한 축소해서 발표했다. 예를 들면 이미 융자에 대한 변제를 기대하지 않는 기업에게도 역시 근근히 돈을 빌려 주면서 이자만을 지불하도록 하여, 이 기업을 불량채권의 리스트에서 제외시키는 곤혹스런 잔꾀도 행해졌다.

정부는 1995년에 은행의 불량채권 총액이 40조 엔이라고 발표했다. 이것으로도 깜짝 놀랄 정도였지만, 실제로는 더 큰 액수였다. 당시에 영국의 어느 증권회사는 독자적인 조사를 통해 최소한 60조 엔은 된다고 발표했고, 그후 여러 방면의 조사를 통해 더욱 큰 금액에 달한다는 사실이 밝혀졌다(상세한 내용은 다음 장에서 보겠다).

본격적인 과잉생산공황 유발

증권·부동산 패닉에는 두 가지가 있다. 한 가지는 대(大)산업회사, 대규모 상사회사, 대은행 등 자본주의 경제의 핵심부에는 그다지 타격을 주지 않고 다만 투기업자 등 자본주의 경제의 말단, 주변부에서 파산이 일어나는 것이며, 다른 한 가지는 바로 대기업·대은행을 뒤흔들며 본격적인 과잉생산공황의 일환으로서 일어나는 증권·부동산 패닉이다.

일본의 경우 1990년에는(그리고 91년이 되어서도) 아직 과잉생산공황이 본격적으로 일어나지 않았다. 오히려 산업·상업 등 실질적 경제 분야에서 호황이 지속되었고, 설비투자와 신규고용도 여전히 매우 강하게 확대되고 있었다. 수출 및 국내의 상품판매도 여전히 활발했다. 얼핏 보면 공황과는 무관하게 단지 투기업자가 파산한 것에 지나지 않은 듯 보였다.

〈도표 3〉 전년 동기 대비 민간기업 설비투자의 증가율

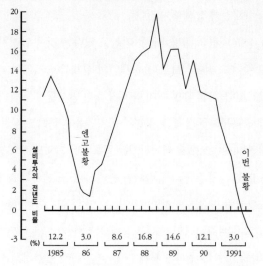

출처: 니혼고쿄(日本興業)은행. 1992. 10. 5.

그러나 사실은 그렇지 않았다. 증권과 부동산 패닉은 자본의 과잉축적을 청산하는 본격적인 과잉생산공황의 징조로 나타나는 것인데, 약 2년의 시차를 두고 경제의 실질적 분야로 파급되어 본격적인 공황을 불러일으켰다.

그 첫걸음은 **설비투자의 감소**(slow down)였다. 일본의 대기업은 헤이세이경기 중에 전년 대비 약 20% 내지 십수 %의 거대한 설비투자를 계속했다. 그 투자의 자금원은 ①자신의 본업에서 벌어들인 이윤, ②초저금리에 의한 은행에서의 차입금, ③에퀴티 파이낸스, ④토지나 주식가격 상승으로 발생한 '미실현 이익'(기업이 구입했을 때의 가격＝장부가격에 비교한 보유 토지와 주식의 가격 상승분) 등이었다.

증권·부동산 패닉이 발발한 후에도 위의 ①, 즉 대기업의 거대 이윤은 유지되고 있었기 때문에, 버블붕괴 이후 90년과 91년, 2년 연속으로 제조업의 설비투자는 계속 증가했다. 그러나 금리의 인상으로 ②의 은행 차입은 어려워지고, ③의 에쿼티 파이낸스는 주가 폭등으로 완전히 기능이 마비되어,[5] ④의 미실현 이익도 급격하게 축소 및 저하되었다.[6]

권투에서 보디블로의 효과가 점차 나타나듯, 설비투자는 감소하지 않을 수 없었다(도표 3). 이렇게 대기업은 거대 자금을 주식과 토지에 쏟아 넣은 만큼 큰 손실을 입어서 자금 투자를 계속할 수 없게 되었고, 증권과 부동산의 패닉은 실질적인 과잉생산공황으로 파급되었던 것이다.

설비투자의 감소와 함께 설비투자 관련 사업 즉 산업기계, 공작기계, 전기기계, 반도체, 로봇 및 이와 관련된 품목들이 가장 먼저 과잉생산에 빠졌고, 곧바로 시멘트, 주택이나 공장의 설비자재, 자동차 등이 그 뒤를 이었다. 또한 빌딩 건설이 중단되고, 사무실도 개업되지 못했기 때문에, 컴퓨터 소프트웨어, 인쇄, 광고 등 이른바 정보기업, 첨단산업의 제품과 소프트웨어가 큰 타격을 입었다. 과거 경기후퇴기에는 일반적인 설비투자가 줄어드는 동안에도 연구개발(R&D)투자만은 감소 없이 계속 증가했지만, 이번 불황에서는 연구개발투자도 감소·정체를 피할 수 없었다.

본격적인 공황을 일으킨 두번째 원인은 **구조조정**(restructuring, 기업 재구축)**이라는 이름으로 시행되었던 '고용조정'이다.** 이것은 우선 잔업 감축, 파트타임 여성노동자의 해고, 중간관리직의 대폭 삭감 등으로부터 시작

---

5) 전환사채, 신주 인수권부 채권의 판매가 멈췄다. 예를 들면 1주에 1,500엔이라는 가격으로 신주 교환권이나 신주 구입권이 부여되어 있다고 하자. 주식의 시장가격이 1,000엔으로 떨어져 버렸다면 누구든지 일부러 이런 채권을 구입하는 바보는 없기 때문이다.

6) 기업이 소유한 토지나 주식의 미실현 이익(hidden profit ; 즉 시가와 장부가격(구입가격)의 차액)에 대한 도쿄상공리서치의 발표(1992년 6월 10일)에 따르면, 도쿄증권 상장기업 1,365개사 주식의 미실현 이익이 1991년 3월의 113.7조 엔에서 92년 3월에는 65.9조 엔으로 1년 사이에 47.8조 엔 감소했다고 한다.

되었다. 잔업 감축의 경우, 자동차 산업에서는 잔업수당의 감소 때문에 노동자 1인당 평균 월 5만 엔의 실수령 임금이 줄어들었다. 그리고 이것이 발전하여 결국 한 기업에 대해 수천 명 단위의 대규모 인원정리가 본격적으로 시행되었다. 이에 따라 노동자의 구매력은 저하했다. 또한 소득이 실제로 줄어든 것 이상으로 앞으로의 생활에 대한 불안 때문에 소비를 줄이려는 분위기가 사회에 퍼졌기 때문에, '소비성향'(소득 중 소비로 지출되는 부분)이 줄어들었다. 그 결과 여러 가지 소비재를 생산하는 광범위한 산업 부문 전체가 판매부진에 빠져, 재고과잉 때문에 고심하게 되었다. '설비투자불황'은 전면적인 '소비불황'으로 이행·확대되었다.

다음으로 세번째 원인은 **중소기업이 대기업에 의해 버블붕괴불황의 피해를 입어서 궁지에 빠졌던 것이다.** 우선 제조업 대기업(특히 기계공업이나 설비투자 관련 산업)이 하청 중소기업에 대한 주문을 50% 혹은 70%라는 놀랄 정도로 높은 비율로 줄였다. 작업이 확 줄고, 더구나 호황기에 대기업의 요청으로 도입한 설비에 대한 대부나 임대 비용까지 지불해야 했다. 그 결과 하청기업은 말로 표현 못할 고통을 맛보았다.

그런데 산업 전체에서의 생산삭감률을 조사해 보면, 대부분은 고작 10% 혹은 20% 정도에 불과하다. 그렇다면 왜 이렇게 50% 혹은 70%라는 큰 폭의 하청 주문 감소가 일어났을까? 그것은 원청 거대 기업이나 그 직속의 제1차 하청회사(이것도 대기업이 꽤 많다)의 단계에서, 지금까지 하청에 맡겼던 작업을 자회사에서 수행하는 '내부제조'(內製化)가 증가했기 때문이다. 실제로 이것은 원청기업의 생산삭감률보다 큰 비율로 하청 주문을 줄이지 말아야 한다는 '하청기업진흥법'의 규정을 위반한 부당행위이다. 또한 은행의 '선별융자' 강화정책으로 중소기업은 융자의 길이 막히거나, 또 대기업에 대한 융자에 비해 부당하게 높은(평균 1% 높은) 차별금리를 적용받았다. 더욱이 몇몇 부문에서는 이 기회에 지금까지 하청에 맡겼던 공정을 아세안(Association of South-East Asian Nations, 동남아국가연합) 등의 임금이 싼 아시아 각국으로 현지 이전하고, 일본 국내의 공장에서는 특별히 고도기술이 필요한 공정에 특화시키려는 전략이 영향을 미쳤다. 통산성은 국내와 해외에서 생산하는 품종을 구분하는 '내외 공존'의 지침을 제정하여, 가전 생산회사들에게 준수를 촉구했다.[7]

원래 중소기업은 1989년에 일본의 제조업 출하액의 51.8%, 소매업 판매액의 78.5%, 도매업 판매액의 62.1%, 종업원 수의 80.6%(3,951만 명)로 극히 큰 비중을 차지했다.[8] 그런 중소기업이 이러한 상황에 빠져 버린 것이다. 기업 도산이 급증하여 ──그 대부분이 중소영세기업이다──, 1991, 1992년 2년 연속으로 1만 건을 넘어섰다. 부채 총액도 2년 연속으로 7조 엔을 넘어서서 사상 최고 수준을 기록했다.[9] 이처럼 버블의 붕괴와 증권·부동산 패닉은 산업 전체로 파급되어 기업과 소비자 대중을 덮칠 본격적인 과잉생산공황으로 발전했던 것이다.

4. 교훈

바로 어제까지 그렇게 순조롭게 돌아가며 호황을 구가하고 있던 일본경제가 아주 짧은 기간에 이 정도로 심한 불황의 골짜기에 떨어진 것을 보면, 자본주의 경제는 정말로 불가사의한 구조로 이루어졌다고 하지 않을 수 없다.

---

7) 『니혼게이자이신문』, 1992.6.2.
8) 中小企業庁 編, 『中小企業白書 1990』(중소기업백서 1990), 同友館, 1990.
9) 제국데이터뱅크(Teikoku Data Bank), 1993.4.16 발표.

국민을 불행에 빠뜨린 이런 끔찍한 대전환의 근본 원인은 일본 경제의 지배자인 대은행, 대증권사, 거대 산업·상업 기업들이 토지나 주식의 급격한 가격 급등과 그에 따른 상상도 못할 이익 획득에 현혹되어 막대한 자금으로 주식과 토지를 마구 구입했던 데 있다. 정부도 이것을 막기는커녕, 오히려 경기상승이 한창일 때 미국의 압력과 일본 기업의 투기에 맞춰 무모하게도 초저금리를 유지함으로써, 대기업이나 투기업자의 돈벌이를 적극적으로 도와 주었다.

왜 그들은 본업에서 얻은 이윤보다 양적으로 훨씬 큰 거액의 투기적 이득을 손쉽게 움켜질 수 있는 '버블경제'가 매우 비정상적이고, 언제까지나 계속될 순 없으며, 머지않은 시기에 붕괴할 것이라는 상식적인 판단을 하지 못했던 것일까?

열광적으로 나타난 몇 년간의 버블번영과, 그것을 필연적으로 붕괴시켜 바닥으로 처넣은 버블붕괴불황이라고 불리는 1991~1993년 공황, 즉 전후 일본의 반세기 가까운 장기번영을 극적으로 끝장내 버린 역사적인 대사건을 통해, 우리는 시장의 명령만 따르면 가장 좋은 결과를 얻을 수 있다는 '시장원리주의'가 얼마나 터무니없고 유해하며 위험한 것인지를 깨닫게 되었다.

대자본이 하고 싶은 대로 내버려 두어서는 안 된다. 대자본이 경영전략을 채택할 때 국민의 이익을 고려하도록 하는 것이야말로 '자본주의적 틀 안에서의 민주주의적 개혁'의 중요한 한 가지 항목이다.

3장

1990년대의 장기불황과 그 원인

1. 장기침체(slump)

1991년의 버블붕괴 이후 일본은 매우 긴 기간 동안 지속될 슬럼프에 빠졌다. 즉, 1991년에 버블이 꺼지면서 공황이 시작되었는데, 이 공황이 1993년에 일단 가라앉은 후인 1994년부터 1997년까지, 경기는 확실히 회복되었다고 말하기에 충분치 않은 상태였다. 그런 상황에서 일본 정부는 1997년에 소비세를 3%에서 5%로 인상하여 국민 부담을 9조 엔이나 늘어나게 했는데, 이런 잘못된 정책으로 소비가 급격하게 얼어붙어 다시 공황에 빠졌다.

여기에서 매우 특징적인 현상은 버블붕괴불황이 일어나고 6년 후에, 공황 직전의 피크인 1991년 수준을 넘지 못한 채로 다시 1997년에 큰 불황에 빠졌던 점이다(도표 4). 이것은 1929년 공황 후, 공황 전 피크(1929년)의 수준을 넘을 듯 말 듯 하다가 다시 1937년에 공황에 빠진 1930년대 미국의 순환과 매우 유사하며, 세계 경기순환의 역사 중에서도 매우 특이한 현상이라고 말하지 않을 수 없다.

〈도표 4〉 일본의 광공업 생산지수

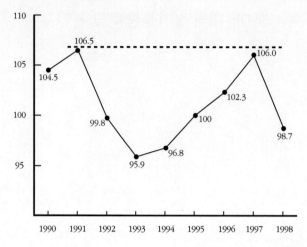

자료: 통산성 통계. (1995년을 지수 100으로 삼음. 계절 조정 반영)

　　그 결과 1990년대 일본의 실질 경제성장률은 G7(선진 7개국) 중에서
도 가장 낮은 그룹에 속하게 되었다.[1] 실업률도 2000년 2월에는 전후 최
악의 수준인 4.9%를 기록하여 미국을 넘어섰다. 석유위기 시기를 제외하
면, 일찍이 1950년대부터 90년대 초반까지 일본이 거의 항상 세계 선진
국 중 일등 주자로서 높은 경제성장을 지속하고 낮은 실업률로 '완전고용'
상태를 자랑해 온 것을 생각하면, 그 변화 정도에 놀랄 수밖에 없다. 국제
금융정보센터(Japan Center for International Finance)의 추계에 의하면
2000년 일본의 성장률은 선진국 중에서뿐만 아니라 유럽과 미국, 아시아,
아프리카, 중남미, 중동, 중·동유럽과 비교해도 가장 낮을 전망이라고 한
다(표 6).

---

1) 林直道, 『일본경제를 어떻게 볼 것인가』, 69쪽 참조.

〈표 6〉 세계 주요국가 및 지역의 실질경제성장률

(단위 : %)

구분	1999년	2000년
일　본	**0.3**	1.0
미　국	4.1	3.3
E　U	2.2	2.9
아시아	6.3	5.5
중　국	7.1	6.0
중남미	0.1	3.3
중　동	0.1	4.5
아프리카	3.4	4.4
중·동유럽	2.4	3.4
러시아	3.2	1.0

자료: 국제금융정보센터의 전망치. 『니혼게이자이신문』, 2000.3.27.

　　그러면 일본은 도대체 왜 이와 같이 오랫동안 심각한 경제적 침체에 빠졌는가. 1980년대 후반부터 1990년대 초반의 호경기, 거대 기업들이 눈앞의 높은 이득에 눈이 멀어 '빨간불이라도 모두 함께 건너면 두렵지 않다'라는 생각으로 주식과 토지의 투기적 구매를 위해 거액의 자금을 무리하게 쏟아 넣었고, 그 결과로 버블의 붕괴와 주식·토지 가격의 대폭락을 초래하여 대공황을 일으켰고, 특히 버블을 키우는 데 일조한 은행의 수중에 막대한 회수불능채권(불량채권)이 누적되었다는 점들에 대해서는 앞의 2장에서 충분히 서술했다.

　　문제는 버블붕괴 이후 공황으로부터의 탈출(경기회복) 및 은행의 불량채권 처리를 위해 정부와 재계가 수행한 정책이 중대한 결함을 안고 있었다는 것인데, 이것이 일본경제를 이렇게나 장기간의 슬럼프에 빠지게 한 결정적인 원인이었다.

2. 불량채권 처리의 지연: 장기침체의 첫번째 원인

첫번째 정책적 오류는 공황 극복을 위해 과잉자본, 그리고 그것의 실체로 드러난 은행 보유의 거액 불량채권을 청산·정리해야 했음에도 불구하고 그것을 철저히 미뤘던 것이다. 당시에 100조 엔은 되는 것으로 추정된 엄청난 은행 불량채권은 은행이 내부유보금²⁾을 토해 내고, 그것도 충분치 않다면 감자(減資)를 실시해서라도 조기에 해소해야 했다. 과감하게 고름을 짜내는 것이야말로 육체가 빨리 회복되는 길이다. 그런데 정부와 해당 대은행은 이를 두려워하고 기피하였으며, 경기회복 특히 주가의 회복에 의해 보유 주식의 미실현 이익이 증가하기를 기대해, 불량채권을 조금씩만 해소하려고 했다. 이렇게 상황을 질질 끌었던 결과, 은행의 자산 상태가 악화되고 경기회복 과정에서 큰 역할을 했던 신용창조기능³⁾이 마비되어 대출에 신중을 기하게 되었고, 이것은 경기회복에 중대한 지장을 초래했다.

그뿐 아니라, 버블붕괴 이후 수년이 지나 대규모 도시은행들 중에서도 경영이 파탄난 은행들이 나타났는데, 이들을 구제하기 위해 막대한 공적자금을 투입한다는 당치 않은 일이 생겼다. 결국 버블에 들떠 스스로 만들어 낸 몇조 엔이나 되는 불량채권의 처리를 공적자금으로, 즉 국민의 부담으로 덮어씌우는 말도 안 되는 일이 벌어진 것이다.

---

2) [옮긴이] 내부유보금은 기업 영업활동, 자산 처분 등에서 생긴 결과로서 잉여금 중 주주에게 배당금으로 지급하거나 자본투자로 대체되지 않고 기업 내에 남아 있는 부분을 말한다.
3) [옮긴이] 은행의 대출에 의해 최초 예금액의 몇 배 이상으로 예금통화를 창출하는 것을 말한다. 은행에 예금액이 들어오면 일정 비율의 지급준비금만 남기고 그 나머지를 대출하는데, 이 대출금이 다시 예금으로 은행에 들어오면 지급준비금만 남기고 대출된다. 이러한 과정의 반복을 은행의 신용창조기능이라고 한다.

장기침체 속에서 은행의 자산 상태가 악화되었기 때문에 일본의 대은행에 대한 국제기관의 '평가'도 점차 하락하여, 일본의 은행이 해외에서 조달하는 자금의 금리도 세계 표준보다 높게 설정되기에 이르렀다. 그러한 상황 속에서 은행을 구제하고 그들의 자본 축적을 돕기 위해 무려 70조 엔이나 되는 공적자금의 투입이 결정되었다.

3. 경기회복의 결정적 수단인 개인소비를 저하시키다: 장기침체의 두번째 원인

이어서 불황 탈출을 위해 행해졌던 정부와 재계의 경기회복정책을 보면, 거기에는 중대한 결함이 있음을 지적하지 않을 수 없다. 즉 정부와 재계가 경기회복의 결정적인 수단으로서 가장 중요한 요인인 개인소비를 늘리는 데에 애쓰지 않고, 오히려 힘을 합쳐 그것을 억제하고 희생시켰던 것이다.

그러면 왜 개인소비의 확대야말로 경기회복의 결정적인 수단이 되는 것일까. 우선 개인소비는 국내총생산(GDP)의 60%를 차지하고, 사회총수요(국내총지출) 중에서 가장 큰 비중을 차지한다는 것은 누구나 알고 있다. 이것만으로도 개인소비의 동향이 시장의 확대, 물건의 판매를 좌우하는 가장 중요한 요인임을 알 수 있다.

그런데 재계는 버블붕괴불황 이후, 지속적으로 개인소비를 희생시키는 정책을 폈다. 즉 재계의 불황극복 경영전략은 첫째로 구조조정, 둘째로 해외생산 및 해외부품조달 등 해외 시프트(Shift)의 강화였는데, 이를 통해 집중적으로 고용인원을 줄이고 하청계약을 파기하거나 하청부품 납입 가격을 가혹하게 떨어뜨렸다. 이러한 전략을 취하면 고용이 줄고, 노동자의 소득이 저하하며, 사회 전체의 개인소비가 줄어들지도 모르지만, 지금은 그러한 '세상'에 대한 걱정보다는 오직 '우리 회사'의 이익을 늘리는 것

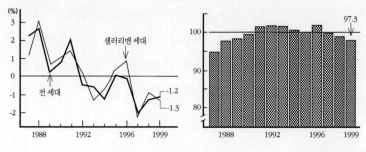

〈도표 5〉 실질 소비지출(전년도비)과 소비수준 지수(95년을 지수 100으로)

자료: 총무성 가계조사.
출처: 『아사히신문』, 2000. 6. 10.

이 전부라는 태도를 고집했던 것이다.

정부는 정부대로, 재계가 밟아 뭉개 버린 개인소비를 키우고 보충하며 높이는 것 따위를 전혀 생각하지 않고, 소비세율을 높이고 의료보험의 국가부담을 줄이기 위해 환자 본인의 부담을 2배로 인상하는 등, 국민의 소비력 증대에 역행하는 정책을 추구했다.

경제의 움직임을 좌우하는 힘을 가진 정부와 재계가 계속해서 이러한 태도를 취한 결과, 경기회복의 결정적 수단인 개인소비는 점차 줄어들었다(도표 5). 총무청(總務庁, 현 총무성)의 전세대가계조사에 의하면, 한 세대당 소비지출은 1995년에서 99년까지 4년 연속 감소했고, 또 노동자 세대의 소비지출의 경우 불황 개시 이후 1991년부터 99년까지 통산 9년 동안 3.6%나 하락했다. 이렇게 개인소비가 줄어든 것이 불황이 장기화된 기본적인 이유였다.

개인소비의 확대가 경기회복의 결정적 수단이 되는 두번째 이유는 그것이 사회 전체의 수요 가운데 차지하는 위치 때문이다. 경기회복의 기초는 상품 판매가 늘어나는 것이다. 그런데 상품은 〈도표 6〉과 같이 II부문

〈도표 6〉 사회적 수요의 순환도

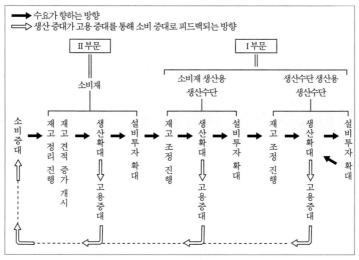

출처: 하야시 나오미치, 『일본경제를 어떻게 볼 것인가』, 89쪽.

(소비재)과 I부문(생산수단)으로 구성되는데, 특히 I부문은 '생산수단 생산에 쓰이는 생산수단'과, '소비재 생산에 쓰이는 생산수단'으로 구분된다. 이 중 '생산수단 생산에 쓰이는 생산수단'의 생산은 '소비재 생산에 쓰이는 생산수단' 부문의 수요에 의존하며, '소비재 생산에 쓰이는 생산수단'의 생산은 소비재 부문의 수요에 의존한다. 그리고 소비재 부문의 생산은 개인소비에 의존한다. 이처럼 사회적 수요는 도표의 굵은 화살표를 따라서 왼쪽에서 오른쪽으로 흘러가며 파급된다. 따라서 개인소비야말로 사회적 수요의 기점에 위치하고 있는 것이다. 만약 공공투자나 설비투자가 행해지더라도 그것이 고용 확대를 통해 더욱 증가된 소비로 돌아온다면, 수요가 한층 더 크게 확대되어 나갈 수 있다.

　　개인소비를 확대시키려면, ①임금을 올려서 노동자 세대의 소득 안정과 향상을 꾀하고, ②구조조정·해고를 중단하고, ③소비세 인상 등을

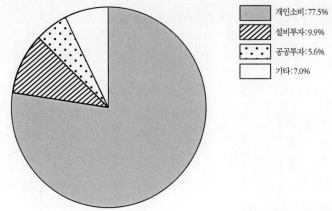

〈도표 7〉"경기회복의 원동력은 무엇인가?"에 관한 대기업 사장 100명의 답변

개인소비: 77.5%
설비투자: 9.9%
공공투자: 5.6%
기타: 7.0%

출처: 『니혼게이자이신문』, 1999. 2. 10.

비롯한 서민층에 대한 증세를 중단하며, ④사회보장을 줄이지 않는 것 등
이 필요하다.

　이처럼 경기회복을 위해서는 개인소비를 확대하는 것이 가장 중요하
며, 그것이 경기회복의 원동력을 이룬다. 매우 흥미로운 사실은 대기업 사
장 100명에게 『니혼게이자이신문』이 수행한 '경기회복의 원동력은 무엇
인가?'라는 앙케이트 조사에서, 사장 100명 중 무려 77.5%가 개인소비를
꼽았다는 것이다(도표 7).[4] 여기서 날마다 어떻게 매상을 늘릴 수 있을지
고민하는 경영자들의 생생한 목소리가 느껴지는 것 같다.

---

4) "그렇다면 구조조정을 그만두고, 가능한 한 소비를 늘리기 위해 노력해야 하지 않을까"라는
　의문이 번뜩 든다. 하지만 이미 백수십 년 전에 맑스가 '자본주의적 생산양식의 모순'으로서
　지적한, "상품의 구매자로서의 노동자들은 시장에서 중요하다. 그러나 그들이 판매하려는
　상품, 즉 노동력에 대해서는, 자본주의 사회는 그것을 그 최저한의 가격에 제한하는 경향을
　지닌다"(『資本論』⑥, 499쪽[『자본론』 II, 376쪽, 1번 각주; 『자본』 II, 391쪽, 13번 각주])라는 모순이
　여기에서 나타난다.

4. 경기의 유지 및 회복에 도움이 되는 생활관련형 소규모 공공투자를 줄이고,
낭비와 난맥의 대형 공공투자를 늘린 것: 장기침체의 세번째 원인

개인소비 확대의 중요성을 무시하고, 오히려 소비를 줄이는 정책을 벌인
정부는 경기회복을 위한 핵심 정책으로서 공공투자를 강행하였다. 이미
미국에 대해 10년간 총 630조 엔이라는 터무니없는 거액의 공공투자 지
출을 약속했던 정부는 그 약속을 기초로 국가재정에서 매년 약 10조 엔,
여기에다 지방자치체를 통한 지출 및 지방자치체의 독자적인 공공사업
등을 합하여 약 50조 엔의 거대 공공투자 자금을 겨우겨우 마련하였다. 일
본 정부가 추진했던 이 공공투자의 규모는 다른 선진 5개국(미국·영국·프
랑스·독일·이탈리아)의 공공투자 합계액을 넘는 것이었다.

하지만 이만큼 굉장한 액수의 공공투자에도 불구하고, 그리고 당연
히 그것은 재정적자의 최대 원흉이며 가망 없는 재정악화의 주요 원인으
로서 엄청난 희생을 가져왔음에도 불구하고, 경기회복에 그다지 충분한
효과를 가져오지 못했다.

그것을 잘 확인할 수 있는 사례가 앞에서 인용한 『니혼게이자이신
문』이 대기업 사장 100명에 대해 수행한 '경기회복의 원동력은 무엇인
가?'라는 앙케이트의 답변이다. 이미 보았듯이 거기에서 경기회복의 원동
력이 '개인소비'라는 답은 77.5%(당연히 1위)인 것에 반해, '설비투자'는
9.9%(2위), 이에 비해 '공공투자'는 불과 5.6%였다. 즉, 경기를 회복시키는
것은 무엇보다도 개인소비이며, 공공투자는 전혀 도움이 되지 않았다는
대기업 사장들의 생생한 목소리가 들려 온다.

공공투자란 재정 자금을 지출하여 수행하기 때문에, 민간수요가 얼
어붙는 불황기에도 민간수요의 범위 밖에서 유효수요를 만들어 낼 것이

다.[5] 그런 공공투자를 위해 몇 년간이나 큰 비용을 계속 들였음에도 불구하고, 왜 정부가 기대하는 수요 확대 효과가 나타나지 않는 것일까? 우선 두 가지 점을 지적하지 않을 수 없다.

첫째, 1990년대 일본의 공공투자는 수요 창출의 가장 큰 원천인 개인소비를 희생하여 수행한 것이기 때문에, 공공투자에 의한 수요 증가는 개인소비 축소에 의한 수요 저하로 상쇄되었다. '공공투자에 의한 경기회복'론의 제창자인 케인스는 [공공투자와] 더불어 중·저소득층 소비 증대를 중요한 조건으로 추가했는데, 그것을 위한 구체적인 방법의 하나로 높은 누진과세에 의한 중·저소득층의 소득 인상을 제안할 정도였다. 이런 점에서 일본의 공공투자 추진론자는 케인스보다 못했다.

둘째, 단순히 공공투자라고 해도 크게 나누면 두 부류가 있다. 하나는 학교, 보육원, 특별양호노인센터, 생활도로, 병원, 보건소 등 지역 주민의 생활과 밀접하게 관련된 공공시설의 건설인데, 대체로 한 건당 금액도 그리 크지 않고, 대부분 지방의 중소 건설업자가 공사를 수주한다. 다른 하나는 공업지대를 조성하거나 바다나 하천을 매립하여 댐, 철도, 항만, 고속도로를 건설하는 등의 매우 큰 규모의 공사인데, 이것은 금액도 매우 크며 대부분 대규모 종합건설회사가 그것을 수주한다. 이 중 전자인 생활관련형 공공투자는 지역 주민의 생활에 기여할 뿐만 아니라, 지방의 건설업계에 수입을 보장하여 지방경제에 활력을 가져오므로, 그런 의미에서 경기의 유지 및 확대에 확실하게 도움이 된다고 할 수 있다. 이에 비해 후자의

---

5) [옮긴이] 유효수요는 소비재에 대한 소비 수요와 공장설비나 원료를 증가시키기 위한 투자수요로 구성되는데, 경제가 어려운 시기에는 정부가 재정정책이나 금융정책의 시행을 통해 소비지출이나 기업의 투자지출을 늘릴 수 있다.

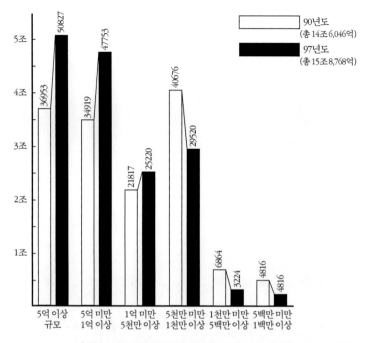

〈도표 8〉 공사 규모별 공사비의 비교와 추이(전국) : 대규모 공공 공사의 급증과 소규모 공공 공사의 급감

출처: 건설성 공공사업 착공 통계(「現代日本の中小商工業 : 現想と展望」, 137쪽)에 기초하여 지은이가 작성.

대형 공공투자는 산을 뚫고 바다를 메우고, 하천에 제방을 쌓는 등으로 자연환경에 큰 영향을 미친다. 따라서 폐해가 있을지 프로젝트의 목적, 공사의 영향 등을 신중하게 조사하고 검토할 필요가 있다.

그런데 일본의 공공투자에서는, 매년 놀랄 정도로 경기유지 및 회복에 확실한 효과가 있는 생활관련형 공공투자가 삭감되었다. 〈도표 8〉을 보자. 여기서는 '공사 규모별 공사비'의 분포를 1990년과 1997년도에 대해 비교하고 있는데, 1건당 5,000만 엔 미만 항목 아래의 순위 3개를 합계해 보면, 5조 2,356억 엔(90년)에서 3조 4,964억 엔(97년)으로 33.2%나 삭감

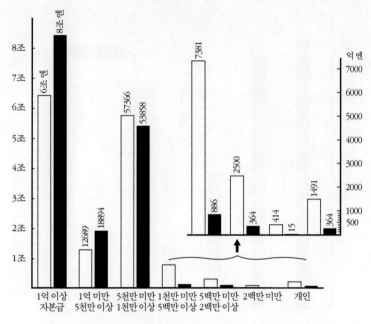

〈도표 9〉 자본금 계층별 공공사업 공사비(전국) : 대규모 공공공사의 급증과 소규모 공공공사의 급감

출처: 건설성 공공사업 착공 통계(『現代日本の中小商工業 : 現想と展望』, 137쪽)에 기초하여 지은이가 작성.

되었다. 이와 반대로 5,000만 엔 이상으로 항목에서 높은 순위 3개를 합계

하면 9조 3,689억 엔에서 12조 3,804억 엔으로 32.1%나 증가되었다. 특히

5억 엔 이상의 대규모 공사의 경우 37.5%로 크게 증가되었는데, 이에 비

해 1,000만 엔 미만의 소규모 공사는 53%나 크게 삭감되었다.

이를 수주업자의 '자본금 계층별'로 보면, 〈도표 9〉와 같이 자본금이

1억 엔 이상인 기업의 공사 수주는 31.6%나 증가했지만, 반대편의 자본금

1,000만 엔 미만 및 개인기업의 공사 수주는 무려 87.1%나 크게 삭감되어

그 실적이 매우 미미하다.

이런 수치를 보면 중소·영세업자의 단말마의 비명이 들려오는 것 같

다. 현실에서 대기업은 수주공사의 일부를 중소·영세기업에 하청을 주면서, 가격을 깎고 또 깎아 자신은 젖은 손으로 좁쌀을 쥐려고 한다['단물만 마시려 한다' 정도의 의미를 가지며, 여기서는 '재하청'을 뜻한다]. 별것도 아닌 일을 겨우 얻게 된 중소·영세기업에게는 곳에 따라 '절반 가격의 8할'이라는 하청단가 절하의 고통이 기다리고 있는 것이다.

이와 같이, 원래 경기의 유지·확대 및 지방 경제의 활력원이 되었어야 할 소규모 생활관련형 공공투자는 대대적으로 삭감되었고, 일부는 대기업이 중소·영세업자를 착취하는 장으로 변했다.

그래서 대규모 종합건설회사를 위한 열도개조형[6] 초대형 공공투자가 일본의 공공투자에서는 압도적인 부분을 차지하였고, 더욱이 그 금액과 전체에서 차지하는 비율이 매우 높아졌다. 그런데 이것은 사실 자연환경을 심각하게 파괴해, 사회와 국민에게 과연 도움이 되는지 여부가 매우 불분명하다. 이사하야(諫早)만의 간척, 요시노가와(吉野川)의 가동댐, 각지의 거대 항만 등, 도대체 무엇을 위해 거액의 세금을 투입하는지 그 건설 목적마저 확실치 않다. 거대 프로젝트가 잇따라 추진되어, 쓸데없이 막대한 차입금을 발생시켰을 뿐인 엄청난 낭비가 일어나고 있는 것이다.

문화인, 저널리스트, 자연환경보호활동가 등이 만든 '21세기 환경위원회'는 대형 공공공사의 내용과 실태를 검토하여, 「긴급하게 중지·폐지해야 할 100가지 무모한 공공사업」이란 리스트를 발표했다. 그 리스트 가운데 1,000억 엔을 넘는 거대 프로젝트를 뽑으면 29건에 달했다(표 7). 확

---

6) [옮긴이] '일본열도 개조계획'을 뜻한다. 이 계획을 주도했던 다나카 가쿠에이(田中角栄)는 1972~74년 총리를 지냈고, 금권정치로 많은 비판을 받았다. 1976년에는 대형 로비 사건인 '록히드 사건'의 중심 인물로 기소된 바 있다.

〈표 7〉 총사업비가 1,000억 엔을 넘는 거대 공공사업 29개

사업명	사업 시행지	총사업비 (단위 : 엔)	사업 주체	무모하다고 보는 이유†
도마코마이 동부 공업기지 개발	홋카이도	3,600억*	홋카이도개발청	A
무츠오가와라 개발	아오모리	1,450억*	국가, 현(県)	A
오모노가와 수계 나루세 댐 건설사업	아키타	1,500억	건설성	B
센다이·이시노마키 항만 정비	미야기	6,413억	국가와 현	C
가스미가우라 도수·용수사업	미야기	4,400억	건설성·농수성	B
히타치나카항(港) 건설사업	이바라키	6,800억	운수성	C
오모이가와 개발사업	도치기	2,250억	수자원개발공단	B, G
사가미 제방 건설사업	가나가와	3,197억	현내 광역수건(水建)기업단	B
수도권 중앙연락자동차도로	도쿄·이바라키	3,070억	건설성·도로공단	G, H
사나시가와 종합개발사업 (유노타니 양수발전댐 계획)	니가타	4,000억	현·전원(電源)개발주식회사	D
기요츠가와 건설계획	니가타	1,400억	건설성	F
아스와가와 댐 건설계획	후쿠이	1,500억	건설성	B, G
나가라가와 하구 제방사업	기후·미에·아이치	1,850억	건설성·수자원개발공단	B, F
도쿠야마 댐 건설사업	기후	2,540억	건설성	F, L
시즈오카 공항	시즈오카	2,000억	현	G, K, M
비와호(湖) 공항	시가	1,580억	현	G, K, M
교토 시 고속도로 건설사업	교토	4,000억	한신(阪神)고속도로공단	G, J
아이가와 댐 건설사업	오사카	1,000억	부(府)	F, B, H, K
무코가와 댐 건설사업	효고	3,300억	현	F, G
나카우미 토지개량사업	시마네	1,100억	농수성	A, I, K
도마타 댐 건설사업	오카야마	1,940억	건설성	B, F, K
요시노가와 제10제방 건설사업	도쿠시마	1,050억	건설성·댐심의회	E, G, F
호소고우치 댐 건설계획	도쿠시마	1,100억	건설성	F, G
오키노스 유통항만건설 2기 공사	도쿠시마	1,200억	운수성	M, G
도쿠시마 공항 활주로 연장공사, 해상 매립	도쿠시마	1,200억	운수성	M
기타큐슈 히비키나다항 환황해권 허브포트	후쿠오카	4,000억	운수성·기타큐슈시(市)	M
가세가와 댐 개발사업	사가	1,180억	건설성	E
국영 이사하야 만 토지 개량사업	나가사키	2,370억	농수성	F, I
가와베가와 댐 개발공사	구마모토	2,650억	건설성	F, G

출처: 21世紀環境委員会, 「緊急に中止·廃止すべ100の無駄な公共事業」, 2~12쪽에서 발췌. ('＊'는 다른 자료에서 추가)

실히 말할 수 있는 것은 공공사업이 종합건설회사, 관료(특히 건설, 농수산, 운수 등), 족의원[族議員; 국회의 법률제정이나 각 성청의 정책결정 과정에 강한 영향력을 행사하는 중견 의원 집단] 3자의 이해관계와 긴밀하게 연결 되어, 이른바 '이권과 관련된' 구조로 지배되고 있다는 점이다. 버젓한 재 계 단체인 '경제동우회'는 현재의 대형 공공사업이 "정치·행정·산업계[족 의원, 관료, 종합건설회사]에 걸친 매우 강고한 기득권 구조"를 낳은 것을 지적하면서, "막대한 혜택을 받은 기득권층의 저항을 배제하고, 정치와 행 정의 체질을 근본적으로 개혁"할 필요에 대해 엄중히 경고했다.[7]

2000년 6월 30일, 나카오 에이이치(中尾栄一) 전 건설상이 청탁뇌물 수수 비리로 체포된 일은 공공사업을 둘러싼 이권의 구조가 얼마나 뿌리 깊고 추악한 것인가를 국민 앞에 새삼 증명해 보였다. 나카무라 기시로(中 村喜四郎) 전 건설상이 종합건설회사 담합 고발을 묵인한 사건으로 재판 중(1심에서 유죄, 공소 중)이며, 그 이전에는 가네마루 신(金丸信) 자민당 전 부총재가 거액의 불법 헌금을 받아, 탈세 혐의로 체포·기소되었다.

"이 기간에 센다이(山台)시의 공공사업을 둘러싼 시장의 뇌물수수 사 건이 발단이 된 일련의 종합건설회사 비리에는 미야기(宮城)현, 이바라키 (茨城)현의 지사를 시작으로, 가시마(鹿島), 시미즈(清水)건설, 다이세이

† 참고: 표의 맨 오른쪽 '무모하다고 보는 이유'열의 기호의 의미는 아래와 같다.
  A-용지조성계획이 과잉·과대하며, 팔고 남은 것이 많다.
  B-이수(利水)계획이 과잉이며 수요는 훨씬 미치지 않는다.
  C-버스(berth; 배를 계류하는 설비를 갖춘 정박수역)의 과잉 건설이다.
  D-전력 수요의 과대 예측이다.
  E-현재 시설, 대체조치로 충분히 공급할 수 있다.
  F-치수·방재 등 분명한 목적도, 근거도 없다.
  G-환경파괴 우려가 있다.
  I-수질오염 우려가 있다.
  J-대기오염 우려가 있다.
  K-지방재정의 부담이 과중해진다.
  L-지질(地質)이 댐에 부적절하다.
  M-수요·이용이 적을 것으로 보인다.

(大成)건설, 오오바야시구미(大林組), 하자마(ハザマ) 등 종합건설회사의 여러 회장, 사장 등 32명의 고위 경영진들이 거론되는 일대 의혹 사건으로 발전"했다. "98년의 정치자금수지보고서에 의하면, 종합건설업계(대기업, 준대기업, 중견 24개 사)의 자민당에 대한 헌금은 3억 7천만 엔으로 올랐다"고 한다.[8]

이와 같은 악취가 풍기는 대형 공공투자에 나라의 자금을(국민의 세금을) 물처럼 헤프게 쏟아 부어도, 경기회복에 도움이 되지 못하는 것은 당연했다.

---

7) 経済同友会, 『公共事業改革の本質 : 既得権益構造の打破』(공공사업개혁의 본질 : 기득권익구조의 타파), 1998.6 참조.

8) 藤沢忠明, 「公共事業めぐり利権の構造」(공공사업을 둘러싼 이권의 구조), 『しんぶん赤旗』(신문 붉은 깃발[일본공산당 중앙위원회에서 발행하는 일간 기관지]), 2000. 7. 1.

4장

21세기 일본경제의 전망

1. 1997년 불황 이후 정부와 재계의 위기탈출작전

1997년은 90년대 일본경제의 변동 속에서 한 가지 중요한 전환이 일어난 시기이다. 이 해에는 아직 경기회복이 매우 부족했음에도, 버블붕괴불황 이후 이루어진 공공투자 우선정책의 결과로서 재정위기가 착실히 진행되고 있었다. 당시 정부였던 하시모토(橋本) 내각은 254조 엔이라는 엄청나게 증가한 국채 발행액에 경악하여, 황급히 '재정구조개혁'의 이름으로 대대적인 재정적자 감축을 강행했다. 사실 재정적자 감축은 주로 공공사업비, 특히 열도개조형 대형 공공사업과 대표적으로 급하지도 않고 필요도 없는 군사예산(약 5조 엔)에서 이루어져야 했다. 그러나 하시모토 내각은 그런 결정을 내리지 않고 공공사업비와 군사비는 거의 그대로 놔둔 채, 재정지출 삭감, 세입 증가를 위한 소비세 인상(3%에서 5%로), 의료보험의 환자본인부담분 증가(10%에서 20%로)를 통한 국고 부담의 경감이라는 잘못된 정책을 추진함으로써 국민 부담을 일거에 9조 엔이나 늘렸다.

이에 따라 개인소비가 완전히 얼어붙어 버렸다. 경기회복에 대한 전망도 아직 확실하지 않은 시기에 시행된 소비냉각정책으로 인해, 경기 상황은 순식간에 다시 불황으로 돌변해 버렸다. 국민들의 격렬한 비난 속에서 자민당은 다음 해인 1998년 여름의 참의원 선거에서 크게 패배했다. 따라서 정부 여당 및 그 배후에 있는 재계는 큰 위기를 맞이했다. 이 위기를 피하기 위해 정부와 재계는 '염치 불구한' 대책을 강구하기 시작했다. 이제부터 그것을 간략히 살펴보자.

재정자금 살포정책

하시모토 내각의 뒤를 이어 오부치(小渕) 내각이 들어섰다. 이 내각은 하시모토 내각의 재정적자 감축정책이 다시 불황을 초래한 것을 보고, 그것을 '교훈'으로 삼아 '두 마리 토끼를 쫓는 자는 한 마리 토끼도 잡지 못 한다'는 결론을 내렸다. 그래서 이번에는 재정적자 누적을 신경 쓰지 않고, 오직 경기회복에 힘쓴다는 이름하에 재정자금을 끊임없이 뿌려대는 정책을 강행하였다.

① 대형 공공사업을 위해 엉망진창으로 계속된 자금 살포

오부치 내각의 핵심 정책은 버블붕괴불황 이후 역대 내각이 의존했던 대형 공공사업을 더욱 크게 확장하는 것이었다. 그 액수는 중앙과 지방을 합해 연간 50조 엔이라는 거대한 규모에 달했다.

도쿠시마(德島)현의 요시노가와 가동댐의 건설공사가 도쿠시마 시의 주민투표에 의해 압도적인 차이로 부결되는 등 비판 여론이 높아지면서, 자민당은 '공공사업발본재검토회'(公共事業抜本見直し檢討会)를 만들어, "무의미한 공공사업으로 [자금을] '살포'하는 것의 억제"를 강조하며, 국민의 비난이 집중되어 있는 몇 가지 대형 프로젝트의 중단을 제안했

다. 그럼에도 불구하고 실제로는 이미 국가의 막대한 부채가 된 건설국채(construction bond)의 사용을 대폭 확대시키려고 하는 등 오히려 공공사업을 확대했다. 신문은 "질리지도 않는 '살포'", "태도가 돌변하여 확대", "'마각을 드러냄', 기가 막힌 표정"이라고 보도했다.[1]

② 대은행 지원에 70조 엔의 공적자금 투입

적극적인 경기회복정책은 아니지만, 불황 심화를 막기 위한 정책으로서 오부치 내각은 은행에 대한 60조 엔(1999년 말에 10조 엔을 추가해서 총 70조 엔)의 공적자금 투입을 강행했다.

이 공적자금 투입에는 두 가지 측면이 있다. 하나는 공황예방책, 즉 대은행의 경영파탄이 확대되는 것을 막기 위함이다. 그렇다면 미국이 1991년 금융공황 시기에 실행한 것처럼 예금보험기구(미국의 경우는 예금보험공사)에 대해 은행이 납입해야 하는 보험료(각 은행이 보유하는 예금액의 0.084%)를 일시적으로 3배(0.252%)로 늘림으로써, 도산이 예상되는 은행의 예금자를 보호하기 위한 준비를 했더라면 좋았을 것이다. 0.252%라면 연간 보험료는 약 1조 5,000억 엔인데, 전후 일본 은행들의 연간 업무순익이 약 6조 엔이었으므로 이 정도 액수는 충분히 부담할 수 있었다. 그렇다면 결국에는 국민이 부담하는 셈인 공적자금을 투입할 필요가 없었을 것이다.

70조 엔이라는 공적자금 투입의 또 한 가지 측면은 격심한 국제경쟁에 대비하여 일본의 대은행 자본을 강화시키려는 것이었다. 너무나 노골적으로 대은행을 보호하려는 것이어서, 기가 막혀 말이 나오지 않는다.[2]

---

1) 『아사히신문』, 2000.8.4.

③ 법인세의 대폭 인하

소비세를 원래 수준인 3%로 내리는 것이 경기회복을 위해 가장 효과적인 방책이라는 다수의 여론을 완강하게 무시하고, 오부치 내각이 대폭적으로 인하한 것은 법인세였다(46%에서 40%로). 일본의 법인세 부담은 독일 다음으로 세계에서 두번째로 높아, 인하할 필요가 있다고 선전된 지 오래였다. 하지만 법인세가 높은 것은 단지 일본의 법인세 부담을 계산할 때 법인소득 중에서 저당금, 준비금 등의 면세분을 공제한 나머지의 과세소득을 대상으로 법인세를 산출했기 때문이다. 영국·미국에서는 이렇게 기업을 우대하는 조세 특별조치가 없기 때문에, 법인세 부담은 법인세를 법인소득 전체로 나누어 계산된다. 이 방식으로 계산하면 일본의 법인세 부담은 영국 다음으로 세계에서 두번째로 낮다. 이것이 세제조사회(稅制調査会)의 진노 나오히코(神野直彦) 도쿄대 교수가 공식 보고를 통해 밝힌 내용이었다.

　　정부는 진노 교수의 발표 때문에 법인세 인하의 논거를 잃어버렸지만, 딱 1년을 기다려 여론이 식은 것을 본 후, 대폭적인 법인세 인하를 강행했다. 이 조치로 인해 세수가 더욱 줄고 재정적자가 확대되어서, 이후 또 한 번의 소비세 인상의 계기가 마련되었다.

강력한 구조조정의 추진

위기 탈출을 위한 정부와 재계의 두번째 핵심 정책은 강력한 구조조정 추진이다.

---

2) 이 대목은 지은이의 『일본경제를 어떻게 볼 것인가』, 158~177쪽 참조.

① 공급 측면의 강화 — 정부에 의한 구조조정 촉진

1999년 7월, 당시 요사노 가오루(与謝野馨) 통산장관은 "이제 수요 측면과 신용수축대책이 일단락되었으니 공급 측면에 개입하려고 한다"라며, 공공사업비 살포로 '수요'를 창출하고 은행에 공적자금을 투입하여 '신용의 수축을 예방'하는 오부치 내각의 경기대책에서 더욱 나아가, 대기업 강화에 적극적으로 나설 것임을 선언했다.

요사노 씨는 "경쟁력의 회복, 생산성의 향상, 공급 측면의 강화로 체력을 회복시킬 필요가 있다"고 말한다.[3] 공급 측면(supply side)이란 수요와 반대로 공급하는 쪽을 의미하며, 그 중심은 물론 대기업이다.

이마이 다카시(今井敬) 전 경단련[経團連 ; 경제단체연합회] 회장은 "경기를 본격적인 회복 궤도로 올려놓으려면 공급 측면의 강화가 필요하다"며, 지금까지와 같은 케인스주의적인 유효수요 창출정책뿐만 아니라, 'supply side'(수요의 반대인 공급 측면), 즉 제품을 공급하는 대기업의 축적 조건을 중시하여 그 경쟁력을 직접적으로 강화시키기 위해 정부가 적극적으로 나설 것을 요구했고, 정부는 이 요구에 적극적으로 응했다.

그 제1탄은 1999년 10월 1일에 제정된 '산업재생법'(産業再生法)이다. 이에 따르면 ①기업이 정부에게 과잉설비를 (5% 이상) 폐기하는 '구조조정 계획'을 제출하여 허가를 받으면 세제 및 금융상의 지원을 얻을 수 있다. ②기업이 은행에게 진 채무를 '주식으로 전환'함으로써 채무원금의 상환을 면제받는다. ③기업의 유휴지를 공적 기관에서 매입한다.

정부는 이와 같은 갖가지 혜택을 통해 대기업으로 하여금 적극적인 인원삭감·구조조정을 촉진하도록 유도했던 것이다.

---

3) 『週刊 ダイヤモンド』, 1999. 5, 1~2週 合瓶号.

'산업재생법'에 이어서, 2000년 5월 24일에는 산업계뿐만 아니라 모든 기업을 대상으로 상법의 일부를 개정한 '회사분할법'(会社分割法)이 만들어졌다. 이것은 기업의 불채산(不採算) 부문의 분리나 합병 및 매수를 용이하게 하여, 노동자를 각 회사로 이동(전적)시키는 길을 열었다.

정부 스스로가 실업을 증대시켜서 어쩔 것이냐는 비난을 무마하려고, 정부는 늘어나는 실업에 대한 안전장치(safety zone)로서 '긴급고용창출기금' 등의 명목으로 총 3,500억 엔의 예산을 편성하여, '70만 명의 고용창출'을 도모한다고 공언했다.

그러나 그 중 약 절반은 중장년 실업자를 고용한 기업에 선물로서 소액의 (30만 엔 정도의) 보조금을 단 한 번 지출한 것이기 때문에, 가령 그만큼의 보조금을 받아도 기업이 고용을 늘릴 가망은 매우 적으며, 따라서 고용창출 효과는 크게 기대할 수 없었다. 그것보다는 구조조정을 자제하는 편이 훨씬 중요하고 유용하다는 비판이 제기되었고, 나도 동일한 비판을 한 적이 있다.[4]

그런데 2000년 5월 9일자 신문 보도에 따르면 정부의 고용창출계획이 완전히 실패로 끝났다고 한다. ① '신성장분야 고용창출 특별장려금', ② '긴급 고용창출 특별장려금', ③ '인재이동 특별조성금', ④ '긴급 지역고용 특별교부금'이라는 4가지 예산조치 중 집계가 가능한 앞의 세 가지를 합계한 실적은 목표와 비교해 예산 소화율은 1.78% 늘었고, 고용은 목표치 70만 명에 비해 실제로 5,463명으로 불과 1.3% 늘었다. 신문 표제에서는 '실속 없는 70만 명 고용창출 계획', '예산소화 불가능', '실상에 어울리

4) 林直道, 「リストラは経済再生·景氣回復に不可避か」(구조조정은 경제재생·경기회복에 불가피한가), 『前衛』, 1999.11.

지 않는 제도', '노동성, 제도 재검토 예정'이었다.[5] 노동성은 이 고용창출 플랜을 더 이상 실시하지 않을 예정이라고 한다.

고용창출의 가장 확실한 방책은 현재 대부분의 기업이 하고 싶어 하는 대로 하게 내버려 두고 있는 잔업을 규제하는 것이다. 만약 잔업이 전부 없어진다면, 제조업에서 88.7만 명, 비제조업에서 172.4만 명, 총 261.1만 명의 고용이 필요해질 것이다. 또한 조속히 이루어져야 할 서비스 잔업[무보수 잔업]의 폐지만으로도 제조업 27.6만 명, 비제조업 64.7만 명, 총 92.3만 명의 고용이 창출될 것이다(사회경제생산성본부社会経済生産性本部의 추계에 의함).

② 대기업에 의한 구조조정 강행

이와 같은 정부의 적극적인 지원을 받아 독점 대기업은 이윤 증대의 가장 중요한 수단인 노동자에 대한 착취를 더욱 강화시켜 나갔다. 그 핵심은 구조조정, 즉 같은 일을 보다 효율적이고, 보다 적은 인원으로 실행시키기 위한 인원 감축이다.

정부의 '산업재생법'에 편승하여, 현재 대기업 사이에서는 대규모 구조조정이 확대되고 있다. 히타치제작소 6,500명, 도시바(東芝) 6,000명, 미쓰비시(三菱)전기 1만 4,500명(국내 8,400명, 해외 6,100명), NEC 1만 5,000명(국내 9,000명, 해외 6,000명), 소니 1만 7,000명, 산요(三洋)전기 6,000명, IBM 5,000명(노동자 4명 중 1명), NKK 3,300명, 닛산(日産)자동차 2,000명, 닛산데이타 3,000명, 히타치금속 1,000명, KDD 2,000명, 오지(王子)제지 2,000명, 다이쇼와(大昭和)제지 400명, 다이에이(Daiei) 3,000명, 미

---

5) 『아사히신문』, 2000.5.9.

쓰비시화학 2,000명, 미쓰코시(三越) 600명, 마루베니(丸紅) 900명, 소고(そごう) 2,000명, 다이세이(大成)건설 4,200명, 요코하마(横浜)은행 1,270명, 삿포로맥주 1,000명, 닛키(日揮) 500명, 도소(東ソー) 1,100명, 닛신(日新)제동 1,200명, 다카시마야(高島屋) 850명, 닛세키 미쓰비시(日石三菱) 1,200명, 다케다(武田)약품 4,000명 등이다(이상은 신문 보도를 정리한 것). 한 번에 1,000명이 넘는 인원을 줄인 회사가 44개이고, 그 인원은 14만 8,000명에 달한다.

구조조정된 인원이 많을수록 기업의 주가가 오르는 기묘한 현상이 일어났다.[6] 대기업끼리 합병하면 반드시 1,000명 단위의 구조조정이 시행되고, IT(정보기술) 투자가 일어나도 마찬가지였다.

2000년 3월에 완전실업률은 사상 최고인 4.9%였고, 실업자 수는 349만 명으로 상승하였는데, 남성노동자의 실업률은 5.1%라는 전례 없는 수준이었다. 게다가 '고용의 유연화'와 '총액 인건비의 억제'라는 넓은 의미의 구조조정이 존재한다. '고용의 유연화'란 정규직 노동자를 점차 정리하여 파트타임 및 파견노동으로 대체하는 것이다. 〈표 8〉은 정규직 노동자의 감소와 함께 파트타임과 파견 등 임금은 절반이고 연금이나 보험료의 기업 부담도 없으며 고용기간도 불안정한 권리 없는 노동자의 증대 경향을 뚜렷이 보여 준다.

이어서 '총액 인건비의 억제'란 2000년에 일본 경단련 총회에서 승인된 기본 방침으로, A. 현금급여와 B. 현금급여외인건비(퇴직금, 법정복리비,

---

6) 노무라(野村)증권은 2000년 3월기 결산에서 오랜만에 큰 흑자를 보았다. 그런데 노무라증권의 주식에 대한 매도가 많아 주가가 하락했다고 한다. 그것은 "흑자를 크게 보았기 때문에 구조조정 노력이 후퇴할 것이다. 따라서 매도한다"라는 주식시장의 분위기 때문이었고 한다.

〈표 8〉 정규직 노동자의 감소와 파트타임 등 불안정 고용자의 대폭 증가

(단위 : 만 명, %)

고용형태		1996년 2월	1999년 2월	증감률
남녀 합계	임원을 제외한 노동자	4,843(100.0)	4,879(100.0)	0.7
	정규직원·종업원	3,800(78.5)	3,668(75.2)	-3.5
	파트타임	594(12.3)	677(13.9)	14.0
	아르바이트	276(5.7)	335(6.9)	21.4
	촉탁·기타	173(3.6)	199(4.1)	15.0

자료: 임원을 제외한 고용형태별 고용자 수.
출처: 총무성, 「노동력조사 특별조사」.

법정외복리비, 현물급여, 교육훈련비 등)의 합계를 각각의 기업 특성에 맞는 다양한 방법으로 삭감할 수 있도록 했다(1998~1999년의 노동성 조사에 따르면 A 대 B의 비율은 81.6% 대 18.4%이다).[7]

1999년 6월 시점에서 후생성의 '임금구조 기본조사'(賃金構造基本調査)에 의하면 남성 평균임금(보너스, 시간외수당을 포함하지 않는 기준임금. 파트타임은 제외)의 경우 기업 구조조정으로 55세 미만 전체 연령층에서 전년보다 임금 하락 압력이 훨씬 거세졌는데, 이는 1976년에 조사가 시작된 이후 처음 있는 일이라고 한다.[8]

③ 대기업 합병과 산업재편, 구조개혁의 가속

통산상(通商産業大臣)의 자문기관인 산업구조심의회는 향후 25년의 장기 비전인 「21세기 경제산업정책의 과제와 전망」(2000.3.17)을 제출했는

---

7) 日本経済団体連合会, 『労働問題研究委員会報告』(노동문제연구위원회 보고), 2000, 44쪽.
8) 『日経新聞』(닛케이신문), 2000.3.30. 다만, 남성 전체에서는 의외로 전년 대비 0.5% 증가했다. 이것은 55세 이상에서 "기업의 구조조정 등으로 비교적 임금이 낮은 사람들이 퇴직하고, 임금이 높은 사람들이 남아 있었기 때문에", 55세 이상의 임금이 대폭 올라간 것이라고 한다.

데, 그 속에서 세계시장의 단일화와 고령사회의 도래에 대비하여 대기업이 세계시장에서 강자로서 생존하기 위한 경쟁력 강화가 필요하다는 점을 강조하며, "경제구조 개혁의 가속, 기술혁신 시스템의 쇄신, 정보기반 정비 등을 위한 각종 관련 법제 및 세제의 정비" 등을 요구하고 있다.

세계시장에서 경쟁이 격화되는 '대경쟁'의 시대에 대비하여, 독점대기업은 대기업 상호 간 합병에 의해 산업재편을 강력히 추진하고 있다. 현재 은행업을 선두로 열광적으로 대기업끼리의 합병과 재편이 벌어지고 있다. 가장 큰 케이스는 다이이치간교(第一勸業)은행, 후지(富士)은행, 니혼고쿄(日本興業)은행의 합병에 의한 미즈호 파이낸셜그룹의 형성이다. 이에 따라 총자산 141조 엔의 세계 최대급 거대은행(mega bank)이 나타났다. 이들의 합병 및 재편의 특징은 그 규모가 어마어마하게 크고, 합병이 종래의 재벌그룹 계열을 훨씬 넘어서서 일어나고 있다는 점이다. 또한 자동차 업계에서 닛산자동차와 르노, 미쓰비시자동차와 다임러크라이슬러의 자본제휴에서 보이듯이 국경을 넘는 합병도 나타나고 있다.

이러한 대규모 합병 및 재편의 배경은 미국이 주도하는 지구적 규모의 시장경제화, 이른바 글로벌라이제이션의 진전이다. 유럽에서는 기업의 합병 및 매수(M&A)가 지금까지 그 유례를 찾지 못할 정도로 활기차게 일어나서, 1999년에 그 액수는 사상 최고인 1조 엔을 넘었다고 한다.

그리고 대규모 합병 및 재편이 일어날 때마다 '구조개혁'이 '가속화'된다. 예컨대 다이이치간교은행, 후지은행, 니혼고쿄은행의 합병에서는 현재의 종업원 수인 3만 5,000명 중에서 5년 동안 6,000명이 해고된다. 또한 2001년 4월에 경영을 통합하는 산와(三和), 도카이(東海), 도요(東洋)신탁의 세 은행은 2006년 봄까지 현재 종업원 수의 20%인 5,600명의 인원을 줄이는 방침을 발표했다(2000년 7월 17일). 이처럼 매우 큰 규모의(많은 경우 몇천 명 단위의) 해고 및 구조조정과, 하청 중소기업과의 관계를 끊어 버리는 것이 필연적으로 강행된 것이다.

2. 케인스주의 정책에서 케인스주의·신자유주의 병용정책으로

앞 절에서 본 1997년 불황 이후에 정부와 재계가 강행한 위기탈출작전은 경제정책의 기조가 뚜렷이 변화했음을 보여 준다. 2차대전 이후 자본주의 국가들의 정부는 '재정적자를 겁내지 않고 공공투자 등 재정지출을 확대하여 인위적으로 유효수요를 만들어 냄으로써 불황을 예방하거나 탈출을 꾀하는' 케인스주의를 정책의 기조로 두었다. 이 정책은 국가가 사회보장이나 완전고용정책을 통해서 사회복지의 향상을 도모한다는 복지국가론과 관련되어 있다.

그런데 70년대 후반에 들어서면, 재정지출을 늘려도 불황으로부터 빠져나오기가 쉽지 않고, 게다가 재정지출의 증가가 통화량을 늘려 인플레이션을 일으켰다. 그래서 불황과 인플레이션이 함께 진행되는 '스태그플레이션'(stagflation)이라는 새로운 현상이 일어났는데, 이로써 경제적 난국은 더욱 심해졌다. 케인스 이론은 신통력을 상실한 것이다. '케인스 신화의 붕괴'가 선전 문구로서 널리 퍼졌다. 그리고 케인스주의와 복지국가론에 반대하는 새로운 조류로서 등장한 것이 '신자유주의'(혹은 신보수주의)였다.[9]

---

9) 대표적인 문헌을 조금만 들어 보자 : 田中眞晴·田中秀夫 編譯, 『F. A. ハイエク : 市場·知識·自由』(하이에크 : 시장·지식·자유), ミネルバ 書房, 1986 ─그 제2장("The Use of Knowledge in Society")에 대해서 나는 비판을 시도해 보았다(林直道 編, 『現代資本主義論集』[현대자본주의 논집], 靑木書店, 1994, 20쪽 이하); J. M. Buchanan & R. E. Wagner, *Democracy in*

'신자유주의' 정책의 중심적 이념은 다음의 두 가지이다.

첫째, **'작은 정부'의 실현**, 즉 재정지출을 줄이는 것이다. 이것은 케인스주의하에서 재정적자의 누적, 정부부문의 팽창, 만성적인 인플레이션이 일어난 것에 대한 비판과 직결된다. '작은 정부'를 주장한다면, 현대자본주의의 재정지출 중 큰 비중을 차지하는 군사비를 겨냥하여 그것의 삭감을 주장해야 하지만, '강한 국가'를 전제하는 신자유주의(신보수주의)는 군사비에 메스를 들이대려고 하지 않는다. 그들이 주력하는 것은 사회보장·사회복지 부문의 삭감이다. 그 구실로 복지는 노동의욕을 없애고 자유로운 개인의 주체성을 사라지게 한다는 것을 들고 있다.

둘째, **'시장경쟁원리' 중심주의**이다. 시장메커니즘이야말로 인간이 만들어 낸 제도 중에서 가장 효율적이므로, 시장의 변동에 자신을 맡겼을 때 경제는 가장 올바른 방향으로 움직인다. 그런데 복지국가론에 얽매인 사람들은 경제적 약자에게 보호가 필요하다고 생각하여, 경제적 강자의 활동에 대해서 시장원리와 양립하지 않는 규제를 가해 손발을 묶었다. 하지만 이러한 규제는 백해무익한 것이다. 시장경쟁원리가 방해받지 않고 전개될 수 있도록 규제를 철폐해야 한다. 이상이 이 원리의 주장이다. 그러므로 시장경쟁원리 중심주의는 **'규제완화'**(정확히는 규제철폐)라는 다른 이름으로도 불린다.

일본에서 신자유주의를 국가의 정책으로 도입하려고 했던 최초의 조

Deficit : The Political Legacy of Lord Keynes, New York : Academic Press, 1977(ブキャナン, 『赤字財政の政治経済学』, 深澤實·菊池威 譯 文眞堂, 1983); Milton & Rose Friedman, *Free to Choose*, New York : Harcourt Brace Jovanovich, 1980(M & R·フリーマン, 『選擇の自由』, 西山千明 譯, 日本経済新聞社, 1980); Milton & Rose Friedman, *Tyranny of the Statues Quo*, 1984(M & R·フリーマン, 『奇蹟の選擇』, 加藤寬監·林直嗣·大岩雄次郎 譯, 三笠書房, 1984).

직적인 움직임은 오부치 내각하에서 총리대신의 자문기관으로 만들어진 '경제전략회의'에서 나왔다(1998년 8월 발족). 「일본경제의 부활을 위한 전략」(日本経済再生への戦略)이라는 제목이 붙여진 보고서의 내용은 다음과 같다. 지금까지 일본경제의 침체 원인은 "규제·보호를 기초로 한 지나친 평등사회"였다는 데 있기 때문이므로, 이런 평등사회와 결별하고 시장원리만이 관철되는 우승열패의 "경쟁사회의 구축"이야말로 일본경제를 다시 살리는 길이라는 것이다. 그래서 "규제철폐·보호폐지, 경쟁사회의 구축"을 목표로 "대담한 구조개혁을 단행"해야 한다고 주장하면서, 철저한 구조조정, 파견노동 자유화, 공무원 인원 감축, 연금 민영화, 소비세율 인상, 기업수익 중심주의, 평등사회에서 경쟁사회로의 전환 등을 호소했다. 그러나 '작은 정부'의 실현을 말한다면 당연히 반대해야 할 70조 엔의 은행 지원을 아무렇지 않게 지지하는가 하면, '큰 정부'의 원인인 공공투자에 대해서도 마땅히 삭감을 주장해야 함에도 불구하고 아무런 말이 없었다.

경제전략회의의 보고서에 대해서 정부 여당의 주류는 위화감을 느꼈다. 정부가 가장 중요한 경기정책으로서 추진하고 있던 대형 공공사업을 묵살한 점이 불쾌하게 느껴졌을 것이다. 자민당 주류의 사고는 여전히 케인스주의를 기조로 하고 있었다. 하지만 철저한 구조조정, 파견노동 자유화, 사회보장 삭감, 공무원 감축, 대기업의 이윤 극대화, 우승열패의 경쟁원리 관철을 목표로 한 신자유주의의 선전선동은 어떠한 형태로든 받아들이고 싶어 했다.

이렇게 지금까지의 케인스주의 정책에서 케인스주의·신자유주의 **병용**정책으로의 전환이 이루어졌고, 이것이 일본 정부와 재계가 추진하는 21세기 전략의 기조이다.

3. 21세기 일본경제는 어떻게 될 것인가

앞 절에서 본 정부와 대기업의 정책이 과연 일본을 수렁에서 구출하여 부활시킬 수 있을 것인가? 이대로 간다면 21세기 일본경제는 어떠한 모습이 될 것인가?

① 궁핍과 생활불안의 증대

거듭되는 구조조정, 정규직 노동자의 파트타임·파견노동자로의 대체, 임금삭감, 더욱 길어진 불황에 의한 중소기업의 경영부진이 지속되는 한, 근로자와 일반 국민의 생계가 궁핍해질 것은 당연하다. 『아사히신문』의 생활조사에 의하면, 생계가 "특별히 변하지 않았다"고 답한 사람은 35%에 그쳤고, "지출을 크게 줄였다"가 15%, "생활비를 줄였다"가 28%, "저금을 깨기 시작했다"가 22%로 총 65%가 생활 악화를 호소했다.[10]

현실의 생활 궁핍보다 절실한 것은 **앞으로의 생활에 대한 불안**이다. 위의 『아사히신문』의 조사에서는 "당신이나 가족이 앞으로 직업을 잃거나, 수입이 크게 감소할 수 있다는 불안을 느낍니까?"라는 질문에 대해, 불안을 "느끼지 않는다"는 겨우 15%였지만, "조금 느낀다" 45%와 "크게 느낀다" 37%를 합쳐 불안을 느끼는 사람의 비율은 놀랍게도 82%에 달했다.

가장 충격적인 것은 자살 건수가 1991년 이후 매년 늘어나서 1999년에는 33,048명에 달했다는 사실이다. 특히 '경제·생활 문제'가 원인인 자살은 2년 전에 비해 90%나 증대하여 6,758명이 자살했다.

더욱이 2000년 초반에 국회에서 **연금법 개악**이 일어나 버렸다. 연금

---

10) 『아사히신문』, 1999. 4. 25.

의 지급 시점을 단계적으로 65세로 늦추고, 신규 수급자는 보수비례부분을 5% 감액하며, 65세 이상은 임금 슬라이드[물가 변동 등 일정한 기준에 따라 임금액을 자동적으로 조정하는 제도]를 중지한다는 것이다. 이러한 개악에 의해 부부의 후생연금 생애지급액은 현재 70세인 사람에게 300만 엔, 60세인 사람에게 500만 엔, 50세에게 500만 엔, 40세에게 1,000만 엔, 30세에게 1,100만 엔, 20세에게 1,200만 엔으로 대폭 줄었다. 앞으로 어떻게 살아야 할지에 대한 불안이 더욱 가중될 수밖에 없다.[11]

생활불안의 특수한 형태로서, 2000년 6~7월에 유키지루시(雪印)유업 오사카 공장 제품의 식중독 사건(2000년 7월 중순 현재 피해자가 약 1만 4,000명)이 일어나 사회 문제가 되었다. 이것을 한 기업 한 공장의 위생·안전 기준을 무시한 난폭한 관리체제에서 기인한 특이하고 예외적인 사건으로만 볼 수는 없다. 정부와 후생성은 1995년 '규제완화'의 이름하에 식품 안전을 지키는 기준을 완화하고, 기업이 자체적으로 고도의 위생관리 시스템을 도입하면 HACCP(종합위생관리 제조과정) 인증을 부여함으로써, 현장 점검도 기업에 내맡겨 버렸다. 정부의 감시로부터 크게 자유로워진 유키지루시는 효율성과 비용 절감을 우선으로 하여, 원래 매일 세정해야 할 것을 3주나 미루어서 유해균을 널리 퍼뜨렸다. 이처럼 정부는 규제를 완화하고 감시를 소홀히 하고 기업은 효율성을 우선시하고 안전위생을 경시하는 체제를 고치지 않는다면, 시간이 흘러 사건의 충격이 잊혀져 가는 동안 제2, 제3의 유키지루시가 생길 가능성이 높아질 것이다.

---

11) 이와 정반대로, 예컨대 부자 순위 즉 고액납세자 순위를 보면(2000년 5월 12일자), 1위에 구(舊) 레이크(レイク) 전 회장을 필두로 유니마트라이프, 프라미스, 다케후지(武富士) 등 소비자금융 일족이 상위 100명 중 10명이나 이름을 올렸고, 또한 국민에게 큰 폐를 끼쳤던 은행경영자도 추정되는 연간 수입이 3,500만 엔 내지 4,000만 엔을 내려가지 않았다고 한다.

② 소수 대기업의 거대 이윤, 매상이 줄어도 크게 늘어난 이익

〈표 9〉는 니혼게이자이신문사가 집계한 상장기업 2000년 3월기 연결결산[모회사와 자회사를 함께 묶어 하나의 기업 집단으로 보고 하나의 재무제표를 작성]이다. 전체 산업 557개 사의 위에서 두번째인 2000년 3월기의 난을 보자. '매상고'는 전년 대비 ▼(마이너스) 2.7%로, 감소세를 보였다. 그런데 본업에서의 수익을 나타내는 '영업이익'은 두 자릿수인 14.2%로 크게 늘었다. 최종 손익은 143.7%의 증가, 즉 전년도의 2.4배임을 볼 수 있다. 2001년 3월 예측에서는 매상고가 3.6%로 약간 늘어서, 결국 2배 이상의 큰 이익이 유지되고 있다. 여기에는 다음 절에서 서술할 IT 관련 설비투자의 증가나 아시아 시장의 두드러진 회복의 영향도 있지만, 보다 근본적으로는 구조조정 때문이다.

③ 일본의 경기회복 전망

케인스주의·신자유주의 병용정책에 의해 21세기 일본은 강력한 경기회복 및 상승을 실현할 수 있을까?

2000년 여름을 맞이하여 경기동향에는 얼마간 개선의 조짐이 보인다. 일본은행의 6월 단기경제관측조사(短観)에 따르면 기업의 경기 상태를 보여 주는 업황판단지수(BCDI, Business Conditions Diffusion Index ; 경기가 '좋다'고 하는 기업의 비율에서 '나쁘다'고 하는 기업의 비율을 뺀 지수) 중에서 주요 지표인 대기업 제조업이 '+3'이었는데, 이는 1997년 9월 이후 2년 9개월 만에 플러스로 전환한 것으로서 큰 개선임을 강조했다. 그러나 비제조업은 '-12', 중소기업 제조업은 '-21'로 어느 쪽도 전기보다 개선되지 않고 여전히 큰 마이너스 수치를 나타내었으므로, 대기업과 중소기업의 격차가 커졌다는 것에 주목해야 한다(중소기업의 BCDI '-21'은 '좋

〈표 9〉 상장기업의 연결결산

(단위 : 억 엔, 괄호 안은 전기 대비 증감률, ▼는 감소 또는 적자)

구분		매상고	영업이익	최종손익
전체 산업 (557사)	1999년 3월기	2,345,443(▼6.6)	66,547(▼19.1)	7,596(▼73.0)
	2000년 3월기	2,281,464(▼2.7)	75,977(▼14.2)	18,510(143.7)
	2001년 3월기(예상)	2,363,014(▼3.6)	—	38,053(105.6)
제조업 (351사)	1999년 3월기	1,253,618(▼1.1)	52,403(▼21.6)	11,518(▼54.8)
	2000년 3월기	1,268,901(▼1.2)	60,969(▼16.3)	16,548(▼43.7)
	2001년 3월기(예상)	1,325,497(▼4.5)	—	30,883(▼86.6)
비제조업 (206사)	1999년 3월기	1,091,824(▼12.2)	14,144(▼9.0)	▼3,922(※)
	2000년 3월기	1,012,563(▼7.3)	15,007(▼6.1)	▼1,961(※)
	2001년 3월기(예상)	1,037,517(▼2.5)	—	▼7,170(265.5)

출처: 『니혼게이자이신문』, 2000. 5. 20.

참고: 대상은 상장기업의 3월 본결산 회사로, 은행·증권·기타금융은 제외한다. 모회사가 상장하고 있는 상장 자회사도 제외했다. 연결결산을 작성하지 않는 기업은 단독결산을 집계해 더했다. '※'은 비교할 수 없는 경우, '—'는 예상치가 없는 경우이다.

다' 39.5에서 '나쁘다' 60.5를 뺀 것이다).

이어서 총무청은 2000년 5월에 실업률이 2개월 연속 개선되어, 3월의 4.9%에서 4.6%로 약간 저하했다고 발표했다. 약간이라 해도 이와 같은 호전과 개선을 어떻게 평가해야 할까?

첫째, 경기동향 중 가장 기초적인 제조업의 재고지수가 크게 떨어졌기 때문에(1998년 수준인 105[95년=100]에 비해 약 10포인트 저하), 경기 하락이 멈추는 징후가 나타났다고 볼 수 있다. 물론 이것은 장기간의 생산 감퇴로 인해 재고 조정이 일어난 것이므로, 그 자체로 자율적 경기상승으로 이어지는 것은 아니다.

둘째, 2000년에 들어서부터 수출이 급속하게 늘었다(1~5월, 전년 동기 대비 8.6% 증가). 이것은 아시아·유럽·북미를 망라한 세계적인 호황의 덕택인데, 특히 '세계적인 IT 기기 붐으로 세계적인 조립가공기지가 된' 아시아에 대한 수출 증가의 영향이 크다.

셋째, 국내적 요인으로서 IT 관련 설비투자의 두드러진 증가이다. 휴대전화·컴퓨터·디지털AV(음향·영상) 기기부터 그 소재(반도체·적층칩콘덴서·휴대전화용 특수필름), 게다가 취급설명서를 위한 종이 등에 대한 수요가 늘어나고 있다. 현재는 IT 관련 사업이 기업 수익 회복을 선도하고 있다(그 중에서도 아사히가세이旭化成, 무라타村田제작소, 후지쓰富士通, 오지제지 등).

그러나 IT 이외의 자동차, 철강, 화학 등의 제조업 기간부문이나 전력 등의 부문에서는 설비투자가 감소하고, 또한 IT라고 해도 IT혁명을 구실로 한 머니게임(money game)이 선행되고 있다. 설비투자에 불이 붙어 경기상승의 엔진 역할을 더욱 강력하게 수행하는 상황에는 아직 이르지 못한 것이다.

경제기획청은 경기전환점에 대한 판정을 학계 인사로 구성된 '경기동향지수연구회'에 요청했고, 이번의 경기전환점에 대해서 다음과 같은 흥미로운 설명이 전해졌다.

연구회는 6월, 소비세율이 인상된 97년 4월부터 후퇴를 시작한 경기의 '저점' 즉 최악의 시기가 99년 4월이었음을 인정했다. 따라서 이번 경기후퇴는 25개월에 달했는데, 이것은 제2차 오일쇼크 이후의 세계동시불황, 버블불황에 이어 전후 세번째로 길었다. 하지만 경기가 '바닥을 쳤다'고 인정하는 발표 석상에서 연구회의 시노하라 미요헤이(篠原三代平) 의장(도쿄국제대 명예교수)은 "회복 선언은 아니다"라고 말했다. 과거 어떤 시점이 저점이었다는 설명이므로 현 시점은 그것보다 회복된 것이라고 판단하는 것이 보통이지만, 전환점의 판정은 경기의 방향성을 보여 주는 것이지 경기의 수준, 즉 경제가 어느 정도 강력하고 활발히 움직이고 있는가를 판단하는 것이 아니다.[12]

이처럼 아직 '경기회복'을 확신할 수 없는 주요한 이유는 말할 것도 없이 저조한 개인소비이다.

OECD(경제협력개발기구)는 2000년 5월 23일, 파리에서 29개국 경제정책위원회를 열었는데, 그날의 모습은 다음과 같이 보도되었다. "(위원회는) '일본·미국·유럽의 경기가 상승하는 세계동시호조의 경향이 뚜렷해졌다'라는 판단에 동의했다." 그리고 "일본에 대해서는 '설비투자가 침체 국면을 벗어나 경기의 회복 기조가 분명해지고 있다'고 지적했지만, 앞으로의 전망은 불투명하다는 견해도 많았고, 다수의 국가들이 '소비가 분명히 늘어나지 않는다면 강력한 자율적 회복은 기대하기 어렵다'라는 의견을 밝혔다."[13]

개인소비가 늘어나지 않는 가장 큰 이유는 말할 필요도 없이 구조조정이다. 구조조정은 눈앞의 이익을 증가시킴으로써 개별 기업에게는 도움이 되지만, 국민경제 전체의 성장, 경기의 회복 및 상승에는 암적인 존재라고 하지 않을 수 없다.

그리고 마지막으로, IMF에 의하면 오늘날의 세계는 호황 국면을 구가하여, 2000년의 세계경제는 1988년 이후로 가장 높은 4.5%의 성장 수

---

12) 「景氣回復どうなってるの?」(경기회복은 어떻게 되었는가?), 『아사히신문』, 2000.7.13.
13) 『니혼게이자이신문』, 2000.5.24, 夕刊.

준을 보였는데,[14] 일본의 경기는 분명히 이것의 도움을 받고 있다. 하지만 만약 이 상황에서 미국이 공황에 빠진다면 일본의 21세기 초반은 끔찍한 상황에 빠질 것이다. 과도한 대미 의존을 그만두고, 내수 중심의 경제로 변환시키는 것이 가장 좋은 방어책일 것이다.

④ 늘어나는 차입재정, 망국예산

정부와 대기업 중심노선이 가져온 최악의 결과는 중앙과 지방정부에서 재정적자가 끝없이 누적되고 있는 것이다.

일찍이 1990년대 초반에 일본은 다른 여러 선진국들이 재정적자에 빠져 있을 때 유일하게 흑자재정을 구가했다(도표 10). 그러나 그후 10년 동안 미국 및 유럽의 여러 나라가 비상한 노력을 기울여 재정 상태를 개선한 반면에, 일본만은 거꾸로 버블붕괴 이후 막대한 공공사업비를 지출함으로써 재정을 점점 악화시켰다. 그리고 오부치 내각은 "두 마리 토끼를 쫓는 자는 한 마리도 잡을 수 없으므로, 지금은 재정적자를 무시하고 오로지 경기회복을 우선시해야 한다"며, 돌연히 공공사업비 지출 수위를 높이기 시작하고, 대은행에 대한 지원에 70조 엔을 투입함으로써 제방을 무너뜨렸다. 더구나 미군을 배려하기 위한 예산 낭비도 늘어났다. 따라서 불과 2년 만에 오부치 내각의 국채발행 잔고는 새롭게 110조 엔이나 크게 늘어나 364조 엔이 되었고(2000년 말), 지방 재정의 채무 잔고도 98년도에는 163조 엔으로 비대해졌다. 중앙과 지방의 GDP 대비 총채무 잔고가 2000년에는 이탈리아를 제외하면 G7 중 최고이다. OECD 추계에 의하면 중앙과 지방의 GDP 대비 재정수지는 이미 최고이다(도표 10).

---

14) 『니혼게이자이신문』(석간), 2000.7.7.

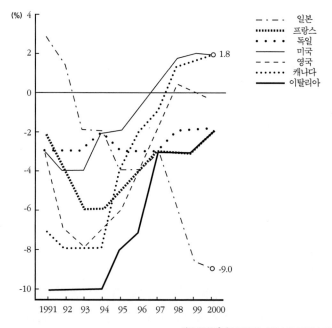

〈도표 10〉 G7 각국의 재정수지와 GDP 비율

자료: OECD 추계(『아사히신문』, 1999. 6. 27. 1999년과 2000년은 추정치)

대장성[현 재무성]의 '중기재정계획'에 의하면, 2013년에는 국채의 발행잔고가 637조 엔, 중앙과 지방의 채무 잔고는 1,000조 엔이라는 엄청난 금액으로 팽창할 전망이라고 한다. 이것을 해소하기 위해서 상상을 초월할 정도로 가혹하게 세금을 걷거나, 혹은 일본은행이 국채를 인수하여 통화량을 늘리는 방법이 있지만, 후자의 경우 하이퍼 인플레이션(초인플레이션)의 진행으로 화폐가치가 폭락하여 예금·적금의 가치가 크게 떨어지게 된다면, 전자의 경우가 미치는 영향과 마찬가지로 국민 생활은 나락으로 떨어지게 될 것이다.

국회에서 일본공산당의 후와 데쓰조(不破哲三) 위원장은 이 망국예산을 어떻게 해결할 작정인지 그 방침을 제시하라고 추궁했는데, 이에 대해 오부치 수상은 "답변을 자제하고 싶다"며 답변을 피하기 일쑤였다.

4. 또 다른 전망

이 장에서 우리는 정부와 재계가 일본을 부활시키기 위해서라는 구실로 수행해 온 기본적인 정책, 즉 케인스주의·신자유주의 병용정책을 살펴보고, 그것이 얼마나 심각한 결과를 국가와 국민에게 가져왔는지를 보았다. 만약 이대로 나아간다면 21세기는 사람들이 단지 참고 견디는 수밖에 없는 심각하고 괴로운 시대가 될 것 같다.

하지만 그것은 자연재해와 같이 반드시 피할 수 없는 것은 아니다. 우리의 노력과 힘으로 개척할 수 있는 또 다른 미래가 있지 않을까? 여기에서는 문제를 구조조정, 재정위기, 중소기업 문제의 세 가지로 한정해서 생각해 보자.

① 구조조정 문제

대기업은 급속한 국내시장 확대를 바라기 곤란한 때에 이윤 확대의 결정적 수단을 구조조정에서 찾는데, 그런 의미에서 구조조정이야말로 바로 정부와 재계의 21세기 핵심 전략이 되었다. 그러나 구조조정 전략은 큰 약점을 가지고 있다.

첫째, 국민 여론이 이것에 반대하고 있다는 점이다. 여기서는 1999년 『아사히신문』에서 시행한 여론조사 결과를 살펴보자. 첫번째 질문으로, 일본경제의 구조상 불황을 극복하자면 실업이 늘어나는 것을 피할 수 없다는 생각에 대해, "납득할 수 없다"가 51%로, "납득할 수 있다"의 34%를 훨씬 앞지르고 있다. 두번째 질문으로, 기업이 이익을 거두기 위해서는 고용이 어느 정도 희생되어야 하는가 아니면 고용을 유지하기 위해서 이익이 어느 정도 희생되어야 하는가에 대해서, "고용 우선"이 62%로, "이익 우선"의 25%를 크게 압도하고 있다.[15] 이것이 국민의 건강한 인생철학이다.

둘째, 구조조정 전략에 대해서는 대기업 리더들 가운데서도 강한 반대 의견이 나오고 있다. 가령 도요타자동차 회장이며 전 일경련(일본경영자단체연합회) 회장인 오쿠다 히로시(奧田碩)는 기업의 안이한 구조조정 정책을 심하게 비난하며, 다음과 같이 통렬하게 비판했다. "확실히 과잉된 노동력을 줄이면 당분간은 기업 경쟁력이 증가한다. 그러나 장기적으로 생각하면, 몇 년인가 더 지나면 인구통계상에서 노동인구가 점점 줄어들 것이 확실하다. 불경기라고 간단히 해고를 단행하는 기업은 일하는 사람들의 신뢰를 잃는다. 결국 사람이 부족한 때에는 우수한 인재를 붙잡지 못해 경쟁력을 잃게 된다. 종업원의 목을 자른다면 경영자는 당연히 자신의 배를 갈라야 한다."[16]

---

15) 첫번째 질문: 실업률이 전후 최악에 달하고 있습니다. 일본 경제구조가 바뀌어 불황을 극복해 가는 과정에서 실업이 늘어나는 것은 불가피하다는 견해가 있습니다. 당신은 이런 생각에 납득할 수 있습니까 없습니까?
납득할 수 있다 34% / 납득할 수 없다 51% / 기타·답할 수 없다 15%
두번째 질문: 기업의 책임에 대해서 두 가지 견해가 있습니다. 하나는 이익을 거두기 위해 고용을 어느 정도 희생한다는 것이고, 다른 하나는 고용을 유지하기 위해 이익을 어느 정도 희생한다는 견해입니다. 당신의 생각은 어느 쪽에 가깝습니까?
이익 우선 25% / 고용 우선 63% / 기타·답할 수 없다 13%
(『아사히신문』 여론조사, 1999년 9월 5일)
16) "현재 우리나라에는 종업원의 목을 자르는 것이 유행인 이상한 풍조가 있다. 구조조정, 즉 경영의 다운사이징이라는 구실로 종업원의 목을 자르면 주가가 오른다. 게다가 해고당하는 사원 수가 많으면 많을수록 주가도 높아진다는 경제학 교과서에도 없는 이상한 법칙도 회자되고 있을 정도이다. 확실히 과잉된 노동력을 줄이면 당분간은 기업 경쟁력이 증가한다. 그러나 장기적으로 생각하면, 몇 년인가 더 지나면 인구통계상에서 노동인구가 점점 줄어들 것이 확실하다. 지금 노동자가 과잉인 것은 경기가 때마침 정체 상태에 있기 때문이다.

구조조정에 대한 오쿠다 씨의 강한 비판은, 구조조정 풍조로 인해 일본의 숙련노동자가 부족해져서 지금까지와 같은 신기술·신제품의 창조적 개발능력이 떨어지게 되므로, 제조업의 국제경쟁력이 하락하는 것은 아닐까 하는 깊은 우려에서 나온 것 같다.

셋째, 현재 일본의 구조조정과 같이 민주주의의 규칙을 무시하고 기업의 의지를 일방적으로 밀어붙이는 강제적인 방식은 국제 여론이 허용하지 않는다. 유럽에서는 해고 및 구조조정 등에 관하여 노사의 사전협의제도가 확립되어 있다. 따라서 벨기에의 브뤼셀에 있는 유럽위원회(European Commission) 고용·사회문제국의 '노동자 권리' 문제 담당자인 페르난도 바스케스 주임행정관은 "노동의 사전협의제도가 확립되어 있는 유럽에서는 닛산자동차와 같이 일방적으로 구조조정을 시행하는 것은 허용되지 않는다"고 말한다.[17]

또한 일본에서 최대 규모의 인원을 해고한 기업은 국철(日本国有鉄道)이었다. 국철은 JR그룹으로 민영화되면서 전원해고 및 JR로의 신규채

어쨌든 자금 조달과 같이 노동력 조달에도 힘이 드는 시기를 맞이한다. 그때에 도대체 어떻게 할지를 묻고 싶다. 불경기라고 간단히 해고를 단행하는 기업은 일하는 사람들의 신뢰를 잃는다. 그리고 결국 사람이 부족한 때에는 우수한 인재를 붙잡지 못하여 경쟁력을 잃게 된다. (중략) 가령 현재에 사람이 남아돌고 있다면, 그들을 새로운 사업에 활용하려는 노력이야말로 경영자의 일이다. 그것도 불가능하다면 경영자라고 불릴 만하지 못하다. 오늘날만큼 일본경제가 위기라고 부르짖는 시기는 없지만, 한편에서는 전후 번영에 의한 엄청난 축적 때문인지, 많은 대기업은 제법 적자를 내면서도 전혀 경기가 나빠지지 않고 지금까지 그대로 경영을 유지하고 있다. 오히려 적자를 내면서 비행기는 퍼스트클래스를 타고 골프를 치며 술을 마시는 경영자가 여기저기에 있지 않은가. 그렇게 하고 있는 경영자가 한편에서는 구조조정을 차츰차츰 시행하여 종업원의 목을 자른다(首切り). 이런 바보같은 일이 허용되어서 좋을 리 없다. 종업원의 목을 자르는 것이라면 당연히 경영자는 자신의 배를 갈라야 한다(切腹)"(奥田碩,「経営者よ, クビ切りするなら切腹せよ: '不安の経済'から'自信の経済'へ」,『文藝春秋』, 1999. 10月号, 152, 154쪽).

17)『신문 붉은 깃발』, 1999. 12. 17.

용 방식을 시행하였는데, 국철 노조원 중 1,047명을 JR에 채용하지 않음으로써 실질적으로 해고시켰던 것이다. 국철 노조는 그때부터 14년간 1,047명의 해고철회 및 JR 복귀를 요구하며 운동을 계속해 왔는데, 이에 대해 1999년 11월 18일 ILO(국제노동기구)는 JR의 고용거부는 단결권 침해에 의한 채용차별 사건이라는 국철 노조의 주장을 전적으로 인정하고, ILO 제87호 조약(결사의 자유·단결권 조약) 제11조 "단결권을 자유롭게 행사할 수 있도록 보장하기 위해 필요한 그리고 적절한 모든 조치를 확보할 것을 약속한다"에 기초하여 JR과 국철 노조 간의 적극적인 교섭을 촉진하기 위해 일본 정부가 노력해야 한다고 권고했다. 이것이 세계의 여론이다.

일본 또한 고용에 관하여 최고재판소가 '정리해고의 네 가지 조건'이라는 것을 명시하고 있다. 그 내용은 ①해고를 하지 않으면 기업의 유지 및 존속이 불가능할 정도로 절박한 필요성이 있을 것, ②해고를 피하기 위한 모든 노력을 다했을 것, ③해고자의 선정 기준, 인선 방식이 합리적이고 공평할 것, ④노동자 본인과 노동조합이 사전에 충분한 설명을 받고 납득할 수 있도록 노력을 다할 것이다. 이것이 민주주의적인 규칙이다. 그러나 현재 일본에서는 이런 규칙을 무시하고, 대기업과 정부 마음대로 대규모 구조조정·산업재편을 강행하고 있다. 나는 세계의 여론, 일본의 최고재판소의 네 조건에 따라 부당한 인원해고를 중지할 것을 강력하게 요구하는 바이다.

아직 경기회복이 미흡한 가운데 고용 노동자는 과잉 상태이기 때문에 구조조정을 할 수밖에 없다는 사람들이 있다. 그들에게는 바로 그런 논리로 서비스 잔업이 확산되고 있고, 이 법률위반 행위를 중단시키는 것만으로도 92만 3천 명의 신규고용이 생긴다는 점을 더불어 강조하지 않을 수 없다.

② 재정적자의 문제

21세기 일본경제를 파멸시킬지도 모르는 거대한 국채의 누적을 줄이고 적자 누적을 멈출 방법은 없을까? 정부가 계획 중인 소비세율 인상은 국민 부담을 더욱 늘리고 소비구매력을 줄여서 경기의 회복과 상승을 막는다. 그보다는 목적 및 효과가 불확실하고 성격을 알 수 없는 대형 공공투자의 폐지가 우선 필요하다. 이어서 막대한 채무로 도산할 수밖에 없는 대기업의 빚을 은행지원기금 70조 엔을 투입하여 메워 주는 방식은 재검토해야 한다. 소고(Sogo)백화점의 경우에 정부는 소고에 대한 은행의 채권 중 최소 1,000억 엔을 매입했다는데, 이 정도라면 몇 개의 중소기업이 파산을 면할 수 있지 않았을까? 정말이지 불평등하기 짝이 없는 일이다.

③ 중소기업 문제

일본은 세계 선진국 중에서도 중소기업의 비중이 매우 높은 나라이다. 게다가 단순히 비중이 높을 뿐만 아니라 중소기업이 전후 반세기 동안에 육성한 기술력도 놀라운 것이었다.

도쿄대 생산기술연구소의 나카가와 다케오(中川威雄) 교수는 이와 같이 말한다. "고품질의 물건을 빨리 공급하는 체제는 물론이고, 대부분의 분야에서의 소량생산이나 시제품의 생산체제도 일본은 다른 나라의 수준을 앞지르고 있다. 이런 고도의 부품을 이렇게 빨리 만들어 내는 나라는 세계에서 유일하다. 또한 아시아 국가들의 기술력이 아무리 발전한다고 해도, 이 점에 관한 한 다음 세기의 중반까지는 따라잡히지 않을 힘을 유지할 수 있을 것이다."[18]

또한 호세이(法政)대학의 기요나리 다다오(淸成忠男) 교수는 이렇게 말한다.

중소기업 내부에서는 기능과 기술을 이해하여 절차를 수행하거나, 컴퓨터의 프로그램을 짜거나, 사람을 지도하거나, 그리고 기업 외부에 대해서는 발주처인 대기업과 치고받거나 클레임을 처리하는 등의 일을 맡아 주는 중간기술자가 고갈되어 가는 중이다. 젊은 기능공이 들어오지 않기 때문에 중간기술자가 고령화되어 간다. 그렇다면 대기업은 어떠한가. 기술자 따위는 이미 볼 수 없다.

이미 가공설계라는 것은 대기업의 기술자에게는 불가능하다. 따라서 대략적인 시방서(示方書)가 나와서, 그것을 보고 (중소기업의) 경영자가 CAD로 가공 설계도를 그려서 공원(工員)에게 넘겨 준다. 대기업 안에서는 그러한 중간기술자 급의 사람들이 없어져 버렸다. 지금에야 대기업은 자신들이 무척 곤란한 상황에 빠졌음을 깨달았다. 또한 그런 것은 동아시아에도 없고, 그렇게 간단히 마스터할 수 있는 것이 아니기 때문에 아주 큰일이다.[19]

가령 오사카의 히라카타(枚方)나 가도마(門眞) 등 마쓰시타(松下)전기의 기업도시(企業城下町)에서, 말단의 4차, 5차 하청들은 **"청구서를 백지로 내라"**(모기업이 지정한 가격을 받아들여라)는 요구를 일상적으로 받고 있다. 이것은 단가·납기를 기록한 계약서를 작성하도록 의무를 부여한 하청법을 위반하는, 즉 규칙(rule)을 무시한 사례이다.

---

18) 『中小企業振興』(중소기업진흥), 1997.3.1(全商連付屬中小商工業研究所, 『現代日本の中小商工業 : 現想と展望』(현대 일본의 중소상공업 : 현상과 전망), 新日本出版社, 1999, 34쪽에서 재인용).
19) 『エコノミスト』, 1996.7.23(全商連付屬中小商工業研究所, 『現代日本の中小商工業 : 現想と展望』, 34쪽에서 재인용).

중소기업청의 「기업 간 관계의 실태조사」(1997. 11)에 의하면 모기업의 요구 대부분을 참고 받아들이는 중소기업이라도 '가격 인하' 요청에 대해서만은 "적극적으로 씨름한다"가 4%였는 데 반해, 68%에 달하는 압도적인 다수는 "더 이상의 대응은 곤란"하다는 반응이었다. 이런 상황의 결과로 이제 중소기업의 폐업이 개업을 넘어서기에 이르렀다.

정부는 지금까지의 중소기업 발전의 토대였던 '중소기업기본법'을 신자유주의의 시각에서 대폭 개정하였는데, 중소기업은 대기업과 큰 격차가 있기 때문에 보호장치가 필요하다는 기본법의 가장 중요한 부분을 삭제하고, 대기업과 중소기업의 협력 및 공존의 체제를 원점으로 되돌려 '약육강식'의 정글로 바꾸려고 한다.

그 첫걸음이 '외형표준과세'를 도입하려는 계획이다. 지금까지의 법인사업세는 이윤에 대해 매겨졌는데, 이를 중지하고 기업 활동의 외형을 기준으로 삼으려는 계획이다. 네 가지 중 가장 유력한 안이 '임금·이자·지대·이윤의 합계'(가산형 부가가치)를 표준으로 하는 것이라고 한다. 이에 따르면 적자여도 세금이 부과될 뿐만 아니라 이윤이 조금밖에 안 되어도 상대적으로 높은 세금이 부과된다. 그래서 제2의 소비세로 평가된다.

이런 식으로 일본경제 번성의 밑거름이었던 중소기업이 쇠약해지는 것은 큰 손실이므로, 어떻게든 방향을 돌릴 필요가 있다.

여기서 말한 세 가지 개선점은 결코 일본을 사회주의화하는 것이 아니다. 그것은 자본주의적 틀 안에서의 민주주의적 개혁이다. 만약 이 개혁이 실마리를 만든다면, 이 책의 주제인 공황과 경기순환의 측면에서도 틀림없이 큰 변화가 생길 것이다. 공황과 불황은 생산수단의 자본주의적 사적 소유를 기초로 하는 자본주의적 생산양식하에서는 피할 수 없다. 그러나 대자본이 하고 싶은 대로 내버려 두는 것과 여론을 존중하여 민주적 개혁을 도입하는 것은 하늘과 땅만큼 차이가 난다. 만약 몇 년에 한 번 일어나는 공황·불황을 피할 수 없다고 해도, 그 파괴 작용을 가능한 한 줄이고, 그것으로부터의 탈출을 가능한 한 앞당기는 것은 충분히 가능하다. 민주적 개혁, 그것은 다른 이름을 붙이자면 규칙이 존재하는 자본주의, 규칙을 존중하는 자본주의로의 전환이다.

일본경제는 신자유주의로 부활할 것인가

경제전략회의 보고서 비판

1. 경제전략회의란?

오부치 내각하에서 만들어진 '경제전략회의'(経済戦略会議)라는 이름의 총리대신 자문기관이 있다. 1998년 8월에 발족되었는데, 「일본경제의 부활을 위한 전략」(日本経済再生への戦略)이란 제목의 최종 보고서가 99년 2월 26일에 발표되었다.

　　이 조직의 의장은 아사히맥주의 임원 상담역인 히구치 히로타로(樋口廣太郎) 씨이지만, 소위 '신자유주의'의 논객 중 한 사람인 나카타니 이와오(中谷巖 ; 히토쓰바시대학 교수) 씨가 의장대리인 것에서도 짐작해 볼 수 있듯이(표 10), 철저한 구조조정·규제완화론이 보고서의 전반적 기조이다.

　　즉 일본경제를 성장궤도에 다시 올리는 방법은 철저한 구조조정, 파견노동 자유화, 공무원 인원 감축, 연금 민영화, 소비세율 인상, 기업수익 중심주의, 평등을 중요시한 지금까지의 입장을 버리고 경쟁사회로 전환하는 것 등으로 '구조개혁'을 철저하게 하고, 또한 재정적자 확대에 대한

〈표 10〉 경제전략회의 위원 명부

◎ = 의장, ○ = 의장대리

◎ 히구치 히로타로	(주)아사히맥주 임원 상담역 명예회장
○ 나카타니 이와오	히토쓰바시대학 교수
이데 마사타카	(주)서일본여객철도 회장
이토 모토시게	도쿄대학 교수
오쿠다 히로시	(주)도요타자동차 사장
스즈키 도시후미	(주)이토요카토우 사장
다케우치 사와코	도쿄대학 조교수
다케우치 헤이조	게이오대학 교수
하야시 미노루	(주)모리맥주 사장

불안을 없애고 재정의 지속가능성(sustainability)을 회복하기 위해 '작은 정부'를 실현(철저한 세출 삭감)하지 않으면 안 된다는 것이 보고서의 기본 주장이다.

이 보고서의 작성 및 발표에 즈음하여 경제전략회의 측은 소비세의 인상의 목표 수치를 내세우거나 우정 3사업[우편·우편저금·간이보험]의 민영화를 제안하려 했지만, 이것들은 관저·성청[총리·중앙부처]의 반대로 보류됐다. 또한 보고서에서 그들은 자신들의 제안 사항이 실행되는 과정을 감시하는 체제를 맡길 원했지만 이것의 실시도 흐지부지되어 버리는 등, 전략회의와 관저·성청 사이에 다소 마찰이 있었음이 신문에 보도되었다.[1]

그러나 정부 여당의 주류가 이 보고서에 대해 가장 큰 위화감을 느꼈

---

1) 『니혼게이자이신문』, 1999. 2. 27.

을 대목은, 정부가 현재 경기정책의 가장 중점적인 시책으로서 강력하게 추진하려고 하는 공공투자, 대형 공공사업에 대해서 경제전략회의는 거의 묵살하다시피 짧게 취급하고 있다는 점일 것이다. 공공부문 지출을 줄이고 작은 정부와 규제완화만으로 도대체 어떻게 경기를 회복시킬 수 있다고 말하는 것인지 물으며, "그러한 비현실적인 제언들을 핵심적인 정부 정책으로 삼을 수 없다"고 말하는 여당 주류의 냉랭한 목소리가 들려오는 듯하다.

하지만 보고서가 강조하는 소비세 인상, 연금 민영화, 파견노동 자유화, 공무원 인원 감축 등의 제언은 정부 여당에 의해 수용될 것이므로, 이 보고서를 결코 가볍게 무시할 수는 없다.

2. 경제전략회의의 일본경제 부활계획

앞 장에서 본 일본경제의 상황에 비추어, 경제전략회의 보고서가 일본경제 부활을 위해 어떤 계획을 제시하고 있는지 살펴보자. 우선 '일본경제 부활을 위한 기본 전략'으로서 다음 다섯 가지가 제시되었다(보고서의 2~4쪽).

①경제회복 시나리오와 지속가능한 재정을 위한 진로

②'건전하고 창조적인 경쟁사회' 구축과 사회안전망(safety net) 정비

③버블경제의 완전한 청산과 21세기형 금융 시스템의 구축

④활력과 국제 경쟁력 있는 산업의 부활

⑤21세기를 향한 전략적 인프라 투자와 지역 재생

그리고 이 과제들의 달성을 위한 '경제 부활을 위한 단계적 전략의 개요'는 다음 세 가지이다(보고서의 14~15쪽).

1단계 : 버블경제의 집중적 청산 기간(1999~2000년경)
2단계 : 성장궤도로의 복귀와 경제 건전화 기간(2001~2002년경)
3단계 : 재정재건·구조개혁에 의한 완전한 부활을 위한 기간(2003년경~)

그리고 재정재건의 실현은 '10년 정도'로 상정하고 있다(14쪽). 이 3단계 과정론에서 알 수 있듯이 앞의 다섯 가지 기본 전략 중에서도 첫째 '성장궤도로의 복귀', 즉 불황으로부터 탈출과 경기회복, 둘째 '재정재건', 셋째 그 둘의 전제로서 '버블경제의 청산'의 세 가지가 핵심 전략이다.

그러면 이제부터 보고서가 이 세 가지 목표를 어떤 정책으로 실현·달성하려고 하는지를 살펴보자.

① 규제철폐·보호폐지, 소비·수요 감축에 의해 성장궤도로의 복귀와 경기회복이 달성될 것인가?

경제전략회의의 보고서에 따르면 현재 일본경제의 가장 큰 문제인 불황으로부터의 탈출, 그리고 경기회복을 이루기 위한 방책은 "대담한 구조개혁을 단행"(2쪽)하는 것이다. 또한 "규제 및 보호나 호송선단(船團)과 결별하고, 창조성과 활력이 넘치는 건전한 경쟁사회를 만드는 것"(3쪽)도 있다. 보고서에 따르면 지금까지 일본경제는 "과도한 규제 및 보호를 기초로 하는 지나친 평등사회"였다. 그러니 그러한 보호나 규제를 모두 철폐하고 평등사회와 결별하여, 시장원리만이 관철되는 우승열패의 사회에 다가서자는 것이다.

구체적으로는 비대화된 공적 부문을 축소·삭감하고, 민영화를 추진하며, 민간업자에 외주(outsourcing)를 주는 방안도 제시되어 있지만(1쪽), 그것은 다음과 같이 보다 심각한 '구조개혁'으로 전개된다.

그 중 하나는 노동자에 대한 철저한 구조조정과 사회보장의 축소이다. 최근에는 기업이 노동자와 직접 고용계약을 맺지 않고, 임금은 정규직의 절반인데 고용기간은 짧고 불안정하며, 물론 퇴직금도 연금도 없는 '파견노동'이라는 이름의 인권을 무시한 노동 형태가 퍼져서 문제가 되고 있는데, 보고서에 따르면 이 "노동자 파견"도 물론 "그 원칙을 자유화"(26쪽)해야 한다고 한다. "공무원 정원의 축소", "조기퇴직 권장제도의 도입"(19쪽) 역시 마찬가지라고 한다. 확실히 대기업 입장에서는 눈물이 날 정도로 고마운 제안이다.

그런데 이렇게 구조조정을 철저하게 하면 당연히 "실업률 상승이 불가피"(9쪽)해진다. 실업은 현대자본주의의 비인간성을 가장 잘 나타내 주는 지표이므로, 전쟁과 더불어 대표적인 인재(人災)이다. 하지만 보고서는 실업에 대해 "구조조정 자체는 단기적으로 **얼마간의 고통**을 동반하지만, 중기적으로는 일본경제를 활성화시켜 오히려 유익한 작용을 하는 것"으로서 적극적으로 받아들여야 한다고 말한다. 그리고 "정부는 고용 측면에서 사회안전망에 내실을 기하는 동시에, 이것[실업]을 통해 **일본을 새로운 '인적자원' 대국으로 만드는** 절호의 기회로 삼을 필요가 있다"(11쪽. 강조는 하야시)고 한다. 즉 새로운 직업훈련과 인재교육을 받은 고도노동력 예비군의 저수지를 대량으로 형성함으로써, 언제라도 해외투자를 포함한 자본의 돌발적 요구에 응하고 자본축적에 유효한 역할을 할 수 있도록 만드는 것이다. 근로자는 어디까지나 자본을 위한 '인적자원'으로서 취급되는 것이다.

게다가 버블붕괴불황 이후에 일본경제에는 '경쟁사회의 구축', 규제완화라는 이름하에 약육강식과 같이 대기업이 중소기업을 압박하는 일이 늘었다. 가령 하청 중소기업에 대해 '반값의 8할'도 드물지 않을 정도로 지불 대금을 크게 깎고, 은행은 중소기업에 대해 터무니없이 대출을 기피하였으며, 대기업은 중소기업의 몫으로 보호되어 왔던 분야에 끼어들어 시장을 약탈하는 등의 일이다. 따라서 『중소기업가신문』은 전략회의의 보고서에 대해 비평하면서, "문제는 경쟁을 건전화시키기 위해서 '참여기회의 평등이 유지되고, 투명하며 적절한 규칙'을 어떻게 만들어 나갈 것인지 (……) 구상이 전혀 없다는 것이다. 따라서 '건전하고 창조적인 경쟁사회'의 실현은 탁상공론일 뿐이다. 공정한 규칙이 없는 경쟁은 약육강식을 야기하여, 격차가 벌어지는 불안정한 사회를 만들게 된다"[2]는 매우 적절한 지적을 하고 있다. 그러나 보고서는 이와 같은 구조개혁(규제 및 보호의 철폐, 경쟁사회 구축)이야말로 성장궤도로의 복귀 및 경기회복을 가져온다고 주장한다.

구체적으로 본격적인 버블의 청산과 함께 각종 구조개혁을 수행함으로써 기대성장률의 상승을 가져오고, 이로부터 설비투자의 본격적 회복을 기대할 수 있는 상황이 된다. 또한 소득의 확대로 개인소비가 회복되고, 이로써 2001년경에는 잠재성장력이 회복될 수 있다고 생각한다(10쪽).

그러나 잘 읽어 보면 알 수 있듯이 여기에는 아무런 증명이 없고, 따라서 성공을 보증할 수 없는 일방적인 선언일 뿐이다.

---

2) 『中小企業家しんぶん』, 1999. 3. 15.

〈표 11〉 도쿄증권거래소 제1부 상장기업의 업적동향

(단위 : 조 엔, %; 괄호 안은 전기 대비 증감률)

구분	매상고	경상이익
전체 상장기업 (1,396사)		
1995년 3월기	288.85 (▼0.8)	6.06 (6.1)
1996년 3월기	289.74 (0.3)	7.13 (17.6)
1997년 3월기 (예상)	280.78 (▼3.1)	7.75 (8.7)
제조업 기업 (879사)		
1995년 3월기	105.73 (1.6)	3.28 (21.4)
1996년 3월기	107.92 (2.1)	4.19 (27.7)
1997년 3월기 (예상)	111.75 (3.5)	4.78 (14.1)

출처: 『니혼게이자이신문』, 1996.5.25.

확실히 노동자에 대한 철저한 구조조정과 약육강식 같은 중소기업에 대한 지배는 대기업의 기대이윤율을 올리는 한 가지 요인이 될 것이다. 그러나 그것만으로 어떻게 설비투자를 완전히 회복시킬 수 있을 것인가? 설비투자의 본격적인 회복을 위해서는 수요와 시장이 확장되어, 판매가 늘어날 것이라는 전망이 열릴 필요가 있다. 그러나 철저한 '구조개혁'에 의해서는 대량실업이 발생하고 중소기업은 경영위기에 빠져 허덕이며 수요는 심하게 침체될 것이므로, 설비투자의 본격적인 회복을 말하는 것은 논리의 비약이다. 또한 그런 시기에는 "소득의 증대로(!) 개인소비가 회복된다"고 말하는 것도 난센스이다. 경기를 어떻게 회복시킬 것인지가 문제인 시기에, 사회적 수요의 분석과 시장 이론을 빼먹은 것은 보고서의 논리가 지닌 근본적 결함이라고 말할 수 있다.

수년 전 국민들이 한창 불황에 허덕이고 있을 동안, 일본에서는 철저한 구조조정과 착취의 강화를 통해 대기업만이 엄청난 이익 증대를 만끽한 적이 있다. 〈표 11〉을 보자. 1995~97년 각 1/4분기에 도쿄증권거래소

제1부 상장기업 전체 1,396개 회사는 매상이 거의 늘지 않았고, 또 때때로 적자 매상을 보인 해도 있었지만, 구조조정의 강화로 경상이익은 크게 증가했다. 제조업 879개 회사에서는 놀랍게도 두 자릿수의 커다란 이익 증대가 지속되었다. 하지만 이것은 자율적인 경기회복과는 관계가 없었다. 왜냐하면 이런 큰 이익 증대가 대기업·중소기업·노동자를 모두 포함한 전체 소득이 늘어나고 있는 가운데 일어난 것이 아니라, 국민 대다수의 소득이 거의 늘어나지 않은 가운데, 노동자·중소기업을 희생시켜 대기업만이 사자의 할당[강자가 약자를 이용해 이익을 취한다는 이솝우화의 이야기에 빗댄 표현]을 획득했기 때문이다. 이익이 늘어난 대기업의 뒤편에서 중소기업의 이익과 노동자의 소비는 줄었다. 그 결과 결국에는 대기업 자신의 이익도 감소되지 않을 수 없었다.[3]

경기회복을 위해서는 무리한 구조조정·규제완화를 삼가고, 대중의 소비구매력을 육성하여 시장이 확장되도록 노력하는 것이야말로 정말 필요한 일이지 않을까?

② 공무원 감축 등의 '작은 정부의 실현'이나 소비세 인상과 연금 민영화로 재정파탄을 막을 수 있을까?

일본경제의 위기를 심화시킨 또 하나의 중요한 문제는 하늘을 찌를 듯이 계속 늘어나는 재정적자의 처리였다.

경제전략회의 보고서는 "재정 파탄에 대한 국민과 시장의 염려를 제거하는 것"(2쪽)을 일본경제 부활의 기본 전략 중 하나로 들고 있다. 그렇다면 어떻게 해야 재정 파탄을 막을 수 있을 것인가? 보고서에 따르면 그

---

3) 이 점에 대해서는 졸저, 『일본경제를 어떻게 볼 것인가』, 87, 90, 92, 122쪽 참조.

방법은 '작은 정부의 실현'이라고 한다. "작은 정부의 실현에 의한 철저한 세출삭감이나 아웃소싱[민간기업으로의 외주], 국유재산을 가능한 한 매각 혹은 효과적으로 활용하기, 과세표준(tax base)의 적정화 등 모든 정책 노력을 통해, 중기적으로 재정의 지속가능성(sustainability)을 충분히 회복시킬 수 있다"(3쪽)고 한다.

첫째, 보고서에서 말하는 '작은 정부'는 국민 대중에게는 괴롭고 지독하지만, 기업과 자본에게는 매우 환영할 만한 것이다. 가령 작은 정부를 실현하기 위한 중요 수단 중 한 가지는 '공무원 정원 감축'과 공무원에 대한 조기퇴직 권장제도의 도입이다. 그러나 일본 공무원의 숫자는 그들이 봉사하는 인구수와 대비하여 보면 국제적으로 매우 낮다. 1994년 기준으로 인구 1,000명당 프랑스는 93명, 영국은 77명, 미국은 71명, 독일은 61명인 데에 비해 일본은 불과 37명이다. 유럽과 미국의 약 절반에서 3분의 1가량이다(총무성 1995년도 조사). 그래서 그 수를 더욱 줄여야 한다는 보고서의 제안은 말이 안 된다.

또한 소비세 문제에 대해서도 "소비세율의 인상도 고려하지 않을 수 없다"(14쪽)든가, "소비세의 증세는 고령화 사회 등에 대처하기 위해 결국은 불가피하다"(23쪽)고 한다. 연금에 대해서는 '기초연금부분'의 과세방식으로의 이행과 '보수비례부분'(2층 부분)의 완전 민영화를 주장한다. 이로써 연금에 대한 현행 국고 부담을 없애고 새로운 세금 부담[방식]으로 바꾸며, 또한 현재 연금을 위한 보험료의 일부를 기업이 부담하고 있는데, 이로부터 기업을 풀어 주는 것을 노리고 있다.[4] 그러나 다른 한편 법인세에 대해서는 감세(23쪽)를 주장하여, 99년 4월에는 실제로 46%를 40%로 줄였다. 이처럼 보고서는 노동자와 국민의 부담은 늘리고 기업의 부담은 줄여 주려고 하는데, 매우 불공평한 처사라고 하지 않을 수 없다.

두번째 문제는 현재 재정적자 발생의 최대 요인인 공공사업비에 관해서이다. 보고서는 작은 정부의 실현, "철저한 세출 삭감"(14쪽)을 주장하는 이상, 정말로 쓸데없는 공공사업비(특히 열도개조형 대형 공공사업비)를 수용한 것은 이치에 맞는 않는다. 그러므로 보고서에서는 공공사업비에 관하여 언급하고 있는 것이 별로 없다. 겨우 다음과 같이 말하고 있을 뿐이다. "지금부터 2년간(1999, 2000년)은 (……) 버블경제의 집중적 청산 기간으로서 대차대조표를 착실히 조정해 나가야 한다. 그 과정에서 오히려 단기적으로는 디플레이션 압력이 더욱 거세질 것도 예상되기 때문에, 정부의 책임 있는 **거시경제정책 운영**이 요구된다."(10쪽)

그러나 어쨌든 이러한 소극적인 표현으로서 전형적인 거시정책인 공공투자의 누진적 증가를 받아들이고 있다. 그러나 공공사업비라는 엄청난 낭비야말로 심각한 재정적자를 낳은 원흉 중 하나이다. 그렇다면 이 항의 서두에서 제시한 "중기적으로 재정의 지속가능성을 충분히 회복시킬 수 있다"(3쪽)는 것처럼 사태를 낙관적으로 그릴 수는 결코 없다. 대장성의 중기재정시산(試算)에 의하면, 국채발행 잔고는 1999년 말의 327조 엔이 14년 후인 2013년도 말에는 약 2배에 가까운 637조 엔으로 크게 증가한다. 재정 균형이 10년이면 거의 달성된다는 보고서의 예측은 무너져 버리고 만다.

---

4) [옮긴이] 일본의 연금 제도는 3층 구조로 되어 있는데, 1층은 전 국민 공통의 국민(기초)연금 제도이며, 2층은 피용자 연금제도로서 기초연금을 보충하기 위해 보수에 비례해서 연금을 지급하는 후생연금 등을 말하고, 3층은 임의보충식 연금제도인데, 후생연금을 보충하는 후생연금 기금 및 그 외 기초연금을 보충하는 국민연금 기금과 확정급여기업연금, 적격퇴직연금 등을 말한다.

③ 버블 청산을 위해 은행에 대한 거액의 공적자금 도입을 승인하는 것은 규제 및 보호와 결별, 시장원리의 관철, 철저한 세출 삭감이라는 경제전략회의 기본적 주장과 모순되지 않는가?

성장궤도로의 복귀를 달성하기 위한 대전제는 버블의 본격적 청산, 구체적으로는 버블의 후유증으로서 은행이 떠안고 있는 막대한 불량채권을 처리하는 것이다.

불량채권의 처리는 은행 스스로 책임져야 한다. 그것은 세계의 상식이며, 사태의 본질상 당연한 것이다. 이 처리와 청산 과정에서 과도한 채무에 빠져 도산하는 은행이 생겨도 그것을 그만둘 순 없다. 정부로서는 은행 도산으로 피해를 본 선의의 예금자를 구제하기 위해 예금 보장에 만전을 기할 일이지, 공적자금을 넣어 도산은행을 구제하는 것은 전혀 이치에 맞지 않는다. 미국에서도 1991년 은행공황이 일어났을 때 그와 같이 조치했다('미연방 예금보험공사 개선법'). 일본도 당연히 그러해야 했다.[5]

그렇지만 일본 정부는 이 상식을 어기고, 놀랍게도 70조 엔이나 되는 거대한 공적자금을 은행에 투입하는 폭거를 감행했다. 이것이 이후에 천문학적인 규모로 발행된 적자 국채(1999년에만 31조 엔)의 중요한 요인 중 하나이다.

규제 및 보호와의 결별, 시장원리의 관철, 건전한 경쟁사회의 구축, 철저한 세출 삭감, 작은 정부의 실현,…… 이와 같은 경제전략회의의 기본 주장들에 따른다면 은행에의 공적자금 투입은 정면에서 반대하는 것이 당연하다. 그러나 놀랍게도 보고서는 금융위기 발생의 우려를 구실로, "금융시장을 안정화시키기" 위해 "금융기관은 이번에 설정된 25억 엔의 **공적**

---

5) 이 점에 대한 상세한 설명은 졸저, 『일본경제를 어떻게 볼 것인가』, 154~177쪽 참조.

자금 투입을 충분히 활용함과 더불어"라고 운운하며, 은행에의 공적자금 투입을 교묘히 승인하고 있다. 어처구니가 없어 말이 안 나온다는 것이 이런 경우 아닐까?[6]

은행 자신이 책임을 지고 불량채권을 처리하기 위해서는 우선 은행이 보유한 내부유보이윤을 토해 내고, 자기자본을 줄이는 감자(減資) 등이 필요한데, 이것은 은행에게 심각한 '고통'을 가져다준다. 그러나 보고서는 구조개혁·규제완화·구조조정에 의해 다수의 실업자가 생기거나 다수의 중소기업이 도산에 내몰리는 등의 고통이 동반되는 것을 인정하면서도, 그것은 일본경제 부활을 위해 적극적으로 견뎌내야 하는 것이며, '고통'의 발생을 '두려워하지 말아야 한다'라고 거듭 강조해 오지 않았는가! 그런데도 은행의 '고통'만은 완전히 없애 주려고 하는 것은 공평의 원칙에 완전히 어긋난다. 게다가 실업은 노동자의 책임이 전혀 아니지만, 은행의 불량채권은 은행이 이익에 현혹되어 버블에 놀아난 것의 대가이므로 완전히 자신의 책임이라고 하지 않을 수 없다.

경제전략회의의 보고서는, 전후 일본에서 배양되어 온 경제적 약자에 대한 보호나 거대 기업의 제멋대로인 이윤획득 활동에 규제를 가한다

---

6) 이런 무절제한 모습과 권력유착에 대해서 니노미야 아쓰미(二宮厚美) 씨는 다음과 같이 적확하게 말하고 있다. "금융 시스템 개혁론에 대해서도 일본형 신자유주의자는 이와 같은 무절제한 방식을 보였다. 가령 나카타니 이와오는 금융 시스템 개혁에는 금융기관 스스로의 철저한 책임, 시장경쟁을 통한 선별과 도태가 원칙이라고 주장하지만, 불량채권 처리에 은행이 허덕이고, 금융 불안과 시장의 도태가 진행되자마자 공적자금의 강제주입론을 내걸고 은행 지원으로 돌아섰다. 실제로 준비된 공적자금 60억 엔 투입을 정당화하고 추진하는 역할을 떠맡고 나섰다. 이것은 호송선단 방식의 재검토 정도가 아니라 그 이상의 권력적 은행지원을 의미한다." 『経済』, 1999. 5, 26쪽(二宮厚美, 『現代資本主義と新自由主義の暴注』, 新日本出版社, 1999, 87쪽에 수록).

는 세계 공통의 흐름을 파괴하고, 경제위기의 부담을 모두 국민에게 강제로 이전시켜 해결하려고 하므로, 대기업의 이익에 봉사하는 성격이 강하다. 게다가 경기회복과 재정재건을 위한 방책도 당사자들은 스스로 높이 평가함에도 불구하고 증명이 부족하다는 비판을 피하기 어렵다.

3부
—
세계자본주의와 공황

1장
세계공황사 개관

기계제 대공업과 세계시장이 형성된 1820년대 이후, 세계자본주의 경제
는 평균 10년 주기의 경기순환을 반복해 왔다. 생산과 시장의 급격한 팽창
이후에 과잉생산공황이 폭발한다. 시장은 수축하고 많은 노동자가 실업
의 고통을 당한다. 과잉생산물과 생산장치의 파괴를 통해서 공황은 겨우
바닥을 치고, 천천히 경기가 회복된다. 경기는 다시 상승하여 곧 열광적인
호황을 맞이한다. 잠시 동안 번영을 노래한 후, 또다시 공황의 수렁에 빠
진다. 세계자본주의 경제는 이렇게 독특한 순환 궤도를 그려 왔다.

　이 장에서는 우선 1825년 이후의 세계적 [경기]순환과 공황의 역사를
개관해 보려고 한다. 그런데 이 순환과 공황은 그 하나하나가 각각 고유한
특징, 개성을 가지고 있는 동시에, 자본주의가 발전하는 동일한 역사적 시
기에 속하는 여러 개의 순환과 공황 사이에는 어느 정도 공통된 특징이 보
인다. 그래서 지금부터는 대략 19세기 전반기, 19세기 3사반세기, 19세기
의 마지막 사반세기, 19세기 말부터 20세기 초반까지의 시기, 1차대전 후
(1920~30년대), 2차대전 후의 현대로 시기를 나누어 각각의 특징을 보도
록 하겠다.

1. 19세기부터 20세기 전반기의 경기순환

① 19세기 전반기

이 시기에 공황은 1825년, 36년, 47년 세 번에 걸쳐 일어났지만, 이들 공황 시기에는 당시 가장 선진국이었던 영국이 많든 적든 간에 공황의 주도적 역할을 담당하였고, 공황은 상업·신용 부문에서 격렬했으며 생산 부문에서는 비교적 가벼웠고, 세계시장의 확대를 통해 산업이 고양되었다는 등의 특징이 있었다.

② 19세기 3사반세기

이 시기에는 영국 이외의 나라들이 자본주의적으로 발전함으로써, 공황이 여러 나라에서 동시에 무르익었다. 1857년 공황은 글자 그대로 최초의 세계경제공황이었다. 1857년, 1866년 공황을 새로운 기원으로 하는 1840년대 말에서부터 70년대 초에 걸친 순환에서는 매우 강력한 고양 국면이 있었다. 그 원인으로 열광적인 철도 건설과 생산기술의 계속된 진보, 미국의 남북전쟁이나 독일과 이탈리아의 민족통일 같은 일련의 정치적 대사건으로 인한 시장 확대 효과 등을 들 수 있다.

③ 19세기의 마지막 사반세기

1873년 공황은 19세기에 가장 격심한 공황이었으며, 이는 카르텔 형성 등 독점 단계로 이행하는 조짐을 나타낸 계기로서 주목된다. 또 이 공황 시기에는 자본주의 국가들의 불균등 발전을 반영하여, 영국을 대신해 독일과 미국이 공황 돌입의 추진력으로서 역할을 담당했다. 1873년 공황으로부터 82년, 90년 공황을 지나서 90년대 중반에 이르는 시기 동안 경기순환의 특징은 활황과 고양의 기세가 [특히 영국에서] 매우 약했다는 점이다. 반면에 공황 국면에서의 기업도산·생산저하·가격하락 등도 이전만큼 첨예한 형태를 취하지 않았다. 그래서 이 시기 전체가 마치 '순환이 없는 만성적 침체기'처럼 보이기도 한다. 그러나 순환과 공황의 법칙 그 자체는 여전히 작용했다. 이 시기에 이루어진 철강 생산의 약진이나 주식회사 형태의 보급에 의한 회사 설립 붐 등, 경기 고양을 촉진한 요소도 작동하고 있었다. 그럼에도 불구하고 전체적으로 호황 국면의 힘을 약화시킨 한 가지 원인은 20년에 걸친 농업공황이었다. 이 농업공황은 철강제 증기선이나 기차 등 대량운송수단의 등장에 의해서 멀리 떨어진 후진국들로부터 싼 가격의 곡물이 대량으로 유럽과 미국 동부에 유입되어, 전반적으로 소농민 경영을 곤란에 빠뜨렸기 때문에 발생했다.

④ 19세기 말부터 20세기 초반까지의 시기

1900년 공황은 후발 자본주의 국가인 러시아에서 시작되었다. 주목해야 할 나라는 일본인데, 일본은 구미 국가들보다 훨씬 뒤에 자본주의의 길로 진출했지만 이 공황 이후에 주기적 세계공황에 휩쓸리게 되었다. 일본은 청일전쟁(1894~95년)의 승리로 막대한 배상금과 타이완 등의 영토를 획득하고 야와타제철소(1901년)를 건설하여 가동시키는 등의 급속한 공업화를 추진했다. 그러나 1900년(메이지 33년)에 비로소 본격적인 공황의 습격을 받아 선철, 조선, 면사 등에서 생산이 대폭 하락했다.

1900년, 1907년의 세계공황은 상당히 첨예한 것이었지만, 공황의 기간이 짧았고, 그에 비해서 순환의 고양 국면은 매우 강력했다. 그것은 철도망의 거대한 발전, 철강·전력·화학 등 중화학 공업의 약진, 농업공황 극복 이후 농촌시장의 확대, 세계의 광대한 지역을 열강의 지배하에 편입시킨 것과 자본수출의 증대, 1차대전 전야의 거액의 군수 주문 등에 의한 것이었다. 이어서 1913년에도 공황의 징후가 나타났지만 1차대전의 발발로 중단되고 공황으로 전개되지 않았다.

⑤ 제1차 세계대전 후(1920~30년대)

이 시기에는 역사상 전례가 없는 격심한 공황이 잇따라 일어났다.

첫째, 1차대전이 끝나고 억눌려 있던 소비재 수요가 증대함으로써 1년 반 동안의 붐이 있었지만, 그후 1920~21년에 공황이 발발했다. 대전 중 열강들 사이의 불균등 발전이 이 공황에 강한 영향을 주었다. 그래서 전쟁의 파괴가 가장 심했던 프랑스에서 공황이 일어나지 않고, 독일에서도 공황이 매우 늦게 일어난 반면, 전쟁에서 비정상적으로 부유해진 미국이나 일본(일본의 공업생산은 7.5배, 무역은 4배 증가했다)에서 공황은 더없이 격렬했고, 영국에서도 역사상 가장 큰 생산저하가 일어났다.

둘째, 그후 유럽에 가득 찼던 혁명적 위기의 시기가 지나고, 1923년 독일의 인플레이션 종식을 계기로 자본주의의 일시적·상대적 안정기가 찾아와서, 미국과 독일의 '산업합리화'[1]와 활발한 고정자본 갱신을 중심으로 경기가 고양되었다. '영원한 번영'과 '미국 예외'론이 유포되었다. 그러나 1929~33년, 예외 없이 모든 자본주의 국가들을 휩쓸고, 약 4년이란 오랜 시간 동안 맹위를 떨친 역사상 최대의 공황이 발발했다. 이 공황의 특징은 다음과 같다.

---

1) [옮긴이] 일반적으로 새로운 기술이나 노동 조직을 도입하거나, 산업 조직의 재편성을 통해 노동생산성을 높이는 것을 말한다. 그러나 자본주의 생산양식에서 이런 시도는 이윤 추구의 목적으로 이루어지므로, 노동시간연장·임금인하·노동강화·고용감소 등을 통해 비용을 줄이고 이윤을 증대시키기 위한 모든 시도들이 산업합리화에 포함된다.

①무시무시한 생산 감소가 일어났다. 공황 이전의 최고점(1929년)에서 공황의 최저점(1932년)까지, 공업 생산은 미국의 -46.2%를 선두로 세계 전체에서 약 30% 저하했고, 특히 철, 석탄, 기계 등 생산수단 생산부문의 생산 감소가 격심했다. 주요 공업 부문은 모두 1825~40년 이전의 수준으로 후퇴했고 세계의 무역은 65%나 줄었다. 실업자는 3,500만 명을 넘은 것으로 추정되고, 대량의 생산설비가 파괴되었다.

②세계의 모든 농업국, 반(半)농업국을 덮친 역사상 가장 큰 농업공황이었다. 밀 도매가격은 70%나 폭락하고, 면화·설탕·커피·양모의 가격 하락도 50%에 달했다. 대량의 농축산물이 폐기되고 빈농과 중농의 몰락이 진행되었다.

③전례 없이 격심한 신용공황·화폐공황·통화위기가 발발했다. 우선 독일의 다름슈타트은행과 드레스덴은행 등 대은행이 파산하면서 신용공황이 발발했다. 이어서 남미와 동유럽 국가들이 금본위제 폐지, 외환시세 폭락, 국채 원금상환의 지급정지에 빠졌다. 다음으로 국제적 화폐금융시장의 중심지인 영국에서는 1931년에 국제수지가 파탄에 이르고, 또 하나의 금융 중심지인 미국에서는 1933년에 은행공황이 일어났다. 이것을 계기로 1929~36년의 기간 동안 금본위제가 전세계적으로 붕괴해 버렸다.

이 공황의 소용돌이에서 탈출하기 위한 금융자본의 폭력적 독재형태로서 파시즘이 발생하고 세계대전의 발화점이 형성되었다.

셋째, 세계대공황의 폭풍이 지나간 후에도 1930년대 자본주의에는 고정자본의 만성적 과잉, 만성적인 실업예비군[2]이 남아 있어서 경기상승은 더없이 어려웠다. 또 시장 쟁취를 위해 각국이 관세장벽을 높이고 환율을 평가절하했는데, 이것이 세계시장을 한층 옥죄는 결과를 낳았다. 그로부터 얼마 지나지도 않은 1937년에 다시 새로운 공황이 일어났다. 미국에서 이 공황은 공업생산지수가 1929년을 100으로 할 경우 1932년의 53.8 에서 37년의 92.2까지 막 회복한 단계에서 일어났다. 다만 이 점은 그후 미국 정부의 공업 통계에서 부문 가중치를 변경함으로써 1937년의 생산 지수가 아주 근소하게 1929년보다 높은 것으로 수정되었지만, 어쨌든 생 산이 공황 전의 피크 수준으로 돌아올지 어떨지도 모르는 시점에서 또다 시 공황이 발발한 것은 미증유의 사건이었다. 1937년 공황은 산업의 번영 후에 일어나지 않고, 불경기와 어느 정도의 활황——단 번영으로 이행하 지 않은 상태——이후 시작되었다(이것은 이 책 2부 3장 서두에서 지적했듯 이, 현재 진행 중인 일본의 버블붕괴 이후에 나타난 90년대 장기불황의 순환 과 똑같다).

이 공황은 특유의 불균등 발전을 표현했는데, 독일·이탈리아·일본은 경제 군사화를 강행하여 전쟁의 길로 나감으로써 공황을 벗어난 한편, 미 국에서는 루스벨트 대통령의 공공투자 및 유효수요 창출정책(뉴딜)으로 공황 탈출을 시도했지만 1937년 공황의 습격을 막을 수 없었다. 미국이 1930년대 침체로부터 확실하게 탈출한 것은 2차대전의 발발과 군사물자 생산의 본격화에 의해서였다.[3]

---

2) [옮긴이] 자본주의에서는 노동보다 기계를 더 많이 사용하는 축적방식으로 인해, 총자본의 증대에 따라 노동력도 증대하지만 그 증대의 비율이 끊임없이 줄어든다. 따라서 축적에 따라 흡수되지 못하는 상대적으로 과잉인 인구, 실업예비군(산업예비군)이 생겨난다.

3) Fred Oelssner, *Die Wirtschaftskrisen*, Bd. 1, 1953(『経済恐慌』, 千葉秀雄 訳, 大月書店, 1955); Joseph A. Schumpeter, *Business Cycles*, 2 Vols, New York: McGraw-Hill, 1939(『景気循環 論』, 全5冊, 吉田昇三 監修, 金融経済研究所 訳, 有斐閣, 1958~1964); Arthur Spiethoff, "Krisen", *Handwörterbuch der Staatswissenschaften*, Bd. 6, Jena: Fischer, 1925(『景気理論』, 望月 敬之 訳, 三省堂, 1935); Eugen Barga, *Mirovye ekonomicheskie krizisy* 1848~1935, gg., t. 1, 1937(『世界経済恐慌史』, 永住道雄 訳, 慶應書房, 1937~1938); Lev A. Mendel'son, *Teriya i istoriya ekonomichesktskh krizisov i tsiklov*, t. 1~2, 1959(『恐慌の理論と歴史』, 全4分冊, 飯 田貫一 等訳, 青木書店, 1960~1961), t. 3, 1964(『続恐慌の理論と歴史』, 全2分冊, 飯田貫一 等訳, 青木書店, 1966~1967); M. I. Tugan-Baranovskii, *Promyshlennye krizisy v sovremennoi*

2. 전후 세계의 경기순환

① 제2차 세계대전 직후의 시기(1940년대 후반)

2차대전은 자본주의 각국에 대해서 매우 불균등한 경제적 영향을 미쳤는데, 그리하여 전후에 각 나라들은 서로 다른 경기순환을 겪었다. 즉 세계대전으로 부유해져 세계의 금 대부분을 쥐고 공업생산력을 비정상적으로 팽창시켰던 미국에서는, 전쟁이 끝나고 평화 시기로 전환함에 따라서 생산이 대폭적으로 저하했고, 뒤이은 세계적인 물자부족을 배경으로 전후의 붐을 맞이하였다. 이후 1948~49년에는, [2차]대전을 포함했던 1937년 공황을 기점으로 한 주기를 마감하는 전반적 과잉생산공황이 발발했다. 이와 달리 전쟁으로 큰 피해를 입고 전후 심각한 경제위기에 빠진 서유럽 국가들에서는 1949년에 통상적인 과잉생산공황이 아니라 엄청난 무역적자로 인한 격심한 통화위기(평가절하와 과잉자본의 파괴)가 일어났다.

② 1950년대

1950년에는 한국전쟁의 발발로 인해 각국의 경기순환이 지닌 비동시성이 새롭게 강화되었다. 미국과 일본은 갑작스런 붐이라는 혜택을 입었지만, 휴전 성립을 계기로 1953~54년의 중간 공황을 맞았고, 이와 달리 서유럽 국가들은 1951~52년의 정체기를 지나 53년에는 경기상승으로 이행했다. 그럼에도 50년대 중반기에 들어가면 세계적인 호황 국면이 나타나

Anglii, 1894(독일어판 : *Studien-zur Theorie und Geschichte der Handelskrisen in England*, 1901, 일본어판: 『英国恐慌史論』, 救仁郷繁 訳, ぺりかん社, 1972, 러시아어 증보개정판의 프랑스어판: *Les crises industrielles en Angleterre*, 1913, 프랑스어판으로부터의 일본어 중역판: 『英国恐慌史論』, 鍵本博 訳, 日本評論社, 1931).

서 설비투자가 상승하고, 그후 각 나라들이 거의 일제히 1957~58년 공황으로 돌입하였다. 이 공황 그 자체는 그다지 격렬하지 않았지만, 전후 최초의 세계적인 과잉생산공황으로서 각 나라가 지닌 경기순환 국면의 비동시성을 억눌러서, 일단 그것[경기순환 국면]의 통일을 다시 가져왔다.

③ 1960년대

1960년대는 자본주의 역사상 매우 드문 급속하고 안정적인 경제발전의 시대였다. 이 시기에 각 나라마다 불황이 산발적으로 일어났지만, 격심하지 않았으며 또 동시적인 세계대공황은 일어나지 않았다. 그런 의미에서 이 시기는 '황금의 60년대'(the golden sixties) 등으로 불린다. 이와 같은 안정적인 고도성장을 가능하게 했던 요인들은 다음과 같다.

첫째, 자본주의 역사상 세번째 기술혁신의 고조와 그로 인한 신규설비·신산업·신상품의 출현이다.

둘째, '국제화·자유화'의 구실로 각 나라 시장의 문호개방과 상품·자본의 상호 진입, 정치적 독립을 획득한 구식민지종속국(발전도상국)의 경제개발에 의한 세계시장의 확대 발전, 발전도상국과 일본의 전근대적 토지소유제도의 개혁에 의한 국내시장의 확대, 전쟁 전과 같은 독점자본의 폐쇄적인 시장지배체제가 국제적 규모에서도(영국·프랑스·네덜란드·벨기에 등 구종주국 VS 미국) 몇 개 나라의 내부에서도(독일·일본의 재벌 해체) 타파되고 독점 간 경쟁이 격화되었던 것 등과 같이 전후 자본주의에서 일어난 구조적 변화를 들 수 있다.

셋째, 국가독점자본주의의 경기정책이다. 1960년대 미국은 소련, 동유럽, 중국 등 소위 '사회주의' 진영과 경제적으로 경쟁하기 위해서, 재정지출을 통해 수요를 인위적으로 계속해서 창출함으로써 성장률을 유지했다. 특히 1967년에는 베트남전쟁을 일으켜 군수 주문을 늘리고 베트남 민족에 대해 불합리한 침략을 확대해 임박한 공황을 회피할 수 있었다.

넷째, 미국의 국내통화인 달러를 세계통화, 즉 금의 대용물로 당연시하게 했던 세계적인 관리통화제도[4]로서 IMF체제의 역할이다. 압도적인 금 보유를 배경으로 달러가 강력한 신뢰를 얻고 있는 한, 미국의 국제수지 적자는 세계에 대한 추가 구매력의 살포로서 경기를 확대시키는 방향으로 작용했다.

④ 1970년대

미국의 인플레적 경기유지책의 결과로 달러 가치가 감소하고 국제수지 적자가 누적되었다. 그로 인한 전세계적인 달러의 방류는 거액의 금 유출을 초래했고, 금 보유고가 100억 달러 선을 깨려고 했던 1971년, 마침내 미국은 금·달러 교환 정지를 단행했다. 1973년에는 고정환율제가 붕괴하여 변동환율제로 이행하고 세계적으로 인플레이션이 (마일드 인플레이션으로부터 갤로핑 인플레이션[악성 인플레이션]으로) 가속화되었고, 같은 해 가을 OPEC(석유수출국기구)이 원유 가격을 대폭 인상하여 각 나라가 인플레이션 억제책으로 전환하였다. 이것을 계기로 수십 년의 고성장 기간 동안 누적되고 은폐되어 온 생산과 소비의 모순이 한꺼번에 나타나, 1974~75년에 전후 최대의 주기적 과잉생산공황이 발발했다. 즉 현대자본주의 하에서도 공황의 법칙이 유효하게 작용하고 있다는 것이 입증되었다.[5]

---

4) [옮긴이] 금본위제처럼 금 보유량 증감에 따라 통화량이 제한되는 것이 아니라, 오로지 국가의 정책 목적, 즉 물가조절 및 고용안정 등의 경제적 효과를 꾀하기 위해 통화량을 관리하고 조절하는 제도이다.

부록. 콘드라티예프의 장기파동론

니콜라이 콘드라티예프(Nikolai Dmitrievich Kondratiev, 1892~1938년)는 1917년 10월 혁명 후 티미리아제프 농과대학 아카데미 교수와 모스크바 경기연구소장의 지위에 있었던 러시아의 경제학자이다. 소련의 '사회주의' 건설 역사에서 농업 집단화 반대자, 부농의 이익 옹호자로서 부정적으로 평가되며, 1930년에는 '근로농민당 사건'이라는 반(反)혁명 음모에 가담한 것으로 체포되는 등 불행한 운명을 겪었지만, 경제학 영역에서는 '장기파동론'의 제창자로서 유명하다. 『경기변동의 장기파동』(1926)이 주요 저서이다.[6]

경기순환이란 정체, 활황, 번영, 공황 등의 국면으로 이루어진 평균 10년 주기의 순환이다. 그러나 근대경제학의 경기변동론에서는 이 10년 순환을 '중기순환' 혹은 '중기파동'이라고 부르고, 그 밖에 평균 40개월의 길이를 지닌 '단기파동'(short wave)[7]과 평균 길이가 50년에 달하는 '장기파동'(long wave) 혹은 '장기순환'이 있다고 한다. 콘드라티예프는 이 장기순환론의 창시자였다.

제2차 세계대전 후 세계자본주의는 매우 예상 밖의 장기간 동안 공황 없는 고성장을 지속했고, 이 점에서 격심한 공황이 자주 일어난 제1차 세계대전 이후 시기(1920, 30년대)와는 매우 다른 양상을 나타냈다. 그리고

---

5) 林直道, 『国際通貨危機と世界恐慌』(국제통화위기와 세계공황), 大月書店, 1972; 古川哲, 『危機における資本主義の構造と産業循環』(위기에서 자본주의의 구조와 산업순환), 有斐閣, 1970.
6) 中村丈夫 編, 『コンドラチェフ景気波動論』(콘드라티예프 경기파동론), 亞紀書房, 1978.
7) 단기파동론을 최초로 말한 사람은 조지프 키친(Joseph Kitchin)이다.

또 1973년의 석유위기 이후에는 스태그플레이션과 기축통화인 달러의 가치 저하, 발전도상국의 채무 누적 등 심각한 사태가 많이 발생하게 되었다. 이처럼 수십 년 단위로 뚜렷한 경기 상황의 교체가 나타났기 때문에, 콘드라티예프의 장기파동론에 대한 관심이 높아졌다. 다음으로 아주 간단히 콘드라티예프의 핵심적 주상을 소개하려고 한다.

A: 콘드라티예프는 물가 수준, 이자율, 명목임금, 외국무역액, 석탄 산출·소비고 및 선철과 선박 산출고(원 자료를 인구수로 나눈 수치) 등의 장기변동을 통계적으로 분석한 결과, 우선 1780년대 말/1790년대 말부터 1810년/1817년까지 상승, 그후 1844년/1851년까지 하강하는 제1파동, 다음에 1844년/1851년부터 1870년/1875년까지 상승, 그후 1890년/1896년까지 하강하는 제2파동, 그 다음 1890년/1896년부터 1914년/1920년까지 상승, 그후 하강이 시작된 제3파동, 이상 3개의 장기파동이 검출된다고 주장했다.

B: 이 장기파동이 사회·경제의 발전에 대해 지니는 의의를 콘드라티예프는 다음과 같은 점에서 찾고 있다.
① 장기파동의 상승기에는 호황 기간이, 장기파동의 하강기에는 불황 기간이 우세하다. ② 장기파동의 하강기에는 통상 오래 지속되는 격심한 농업불황이 일어난다. ③ 장기파동의 하강기에는 생산·교통 기술의 발명 및 발견이 많이 이루어지고, 그것들은 다음번의 새로운 장기파동이 시작된 후의 경제적 실천에 응용된다. ④ 장기파동의 개시에 즈음하여 금 산출고가 증대한다. 또 처녀지, 특히 식민지의 편입이 강화되면서 세계시장이 확대된다. ⑤ 장기파동의 상승기에는 통상적으로 전쟁과 국내의 격심

한 사회적 동요가 일어나곤 한다(나폴레옹전쟁, 미국 남북전쟁, 제1차 세계대전 등).

이와 같은 콘드라티예프의 주장 중 오늘날에 영향을 주고 있는 것은 'A'에서 장기파동이 존재한다고 하는 부분이다('B'는 그리 문제가 되지 않는다). 그렇다면 콘드라티예프의 장기파동론을 어떻게 평가하면 좋을까?

콘드라티예프는 경험적 현상으로서 장기파동의 규칙성을 서술하고 있을 뿐, 그 원인을 적극적으로 해명하지 못했다. 데이(R. B. Day)가 소개에 따르면, 맑스가 10년 주기를 지닌 순환의 물질적 기초로서 평균 10년에 걸친 근대산업의 기계설비 갱신 기간을 든 것에 비해서, 콘드라티예프는 주기가 50년인 장기파동의 물질적 기초로서 철도, 댐, 운하, 토지개발 등 건설에 긴 시간과 거액의 비용을 요구하는 고정자본재의 소모·갱신·확장의 문제를 생각했지만, 이 아이디어를 이론적으로 전개하지는 못했다고 한다.[8]

성급하게 이것을 부정하거나 지지할 것이 아니라, 차분하게 시간을 들여서 역사적 현실을 연구하는 것이 바람직하다고 생각한다. 다만 내 생각에는, 장기파동 현상이란 10년 순환과 같이 엄밀하게 이론화될 수 있는 합법칙성을 가지는 것이 아니라, 말하자면 역사적이고 구체적인 차원의 문제로서 자본주의 발전의 매 시대마다 경제적이고 사회적인 특징이 여러 개의 순환에 걸쳐서 공통적으로 나타난다는 사실을 반영한 것으로 보

---

8) 또한 그의 장기파동 도출을 위한 통계 작업과 자료 부분에서도 엄밀성이 떨어져 실증적 계측의 산물이라고 할 수 없다는 비판도 있지만, 그럼에도 자본주의 경제의 역사적 발전 중에 수십 년 단위의 리듬이 있다는 그의 생각 자체는 매력이 아주 넘치는 것도 사실이다.

인다. 다만 각 시대마다 역사적 특징이 있어서 어떤 시기에는 시장의 확대에 유리한 조건으로 작동하고 그 다음 시기에는 불리하게 작동되는 등, 여러 차례 서로 뒤바뀌는 가운데 일정한 인과 관계를 찾을 수 있다는 점에 역사의 흥미로움이 있다.

마지막으로, 콘드라티에프가 든 몇 개의 장기파동의 상승기에는 하나의 공통점이 있는데, 제1파동의 경우는 산업혁명, 제2파동의 경우는 19세기 중엽 철도의 급속한 발전, 제3파동의 경우는 새로운 동력원으로서 전력의 등장 및 자동차, 화학, 석유로 대표되는 중화학공업의 약진, 게다가 1940년대 이후를 제4파동으로서 잠정적으로 생각한다면 이 경우에는 일렉트로닉스와 석유화학 등과 같이, 장기파동의 상승기는 항상 새로운 산업기술의 혁신과 관련되어 있다는 인식이 일반적이다.

<u>2장</u>

1929년 세계대공황

1929년의 세계대공황은 지금까지 인류가 경험한 여러 공황 중에서 가장 **광범위하고**(공황에 휩쓸린 나라의 수), 가장 **심하고**(생산저하율, 실업자수, 도산한 기업·은행 수 등) 가장 **긴**(계속된 기간) 공황이었다. 이 장에서는 이 공황의 내용을 개략적으로 돌아보고 그것이 지니는 세계사적인 의의에 대해서 생각해 보려고 한다.

1. 미국에서의 공황 발발

'검은 목요일'과 '비극의 화요일'

1929년 공황은 세계에서 가장 부유한 자본주의 국가인 미국에서 시작되었다. 공황의 시작을 알린 것은 '검은 목요일'이라고 불리는 1929년 10월 24일의 뉴욕 주식시장에서의 주가 대폭락이었다. 그러나 J. P. 모건 상회로 급히 달려간 유력 은행가들이 긴급회의를 열어, 이 붕괴는 순전히 우발적인 것이고 시장의 기초는 건전하므로 오히려 투자가는 지금이야말로 살 때라고 호소했기 때문에, 시세는 약간 회복되었다. 그럼에도 그로부터

5일 후 다시 말 그대로의 파멸적인 대폭락이 일어났다. '비극의 화요일'이라고 불리는 10월 29일의 대폭락이 그것이다. 주식표시판에 숫자가 나올 때마다 증권소유자의 재산은 줄어들어 가고, 뉴욕거래소의 880종류의 주식에서 이날에만 80억 달러에서 90억 달러의 손실이 생겼다. 이와 관련하여 주가지수는 1929년 9월의 216에서 최종적으로는 32년 1월의 34까지 불과 16%로 수축하였는데, 즉 원래 가치의 84%가 날아가 버린 것이다.[1]

바로 이 뉴욕 주식시장의 대폭락이 이후 약 4년간에 걸쳐 자본주의 세계를 공포와 혼란의 소용돌이에 휩쓸리게 한 세계대공황의 단서가 되었다.

맑스주의 경제학만이 이 공황을 예언

1929년 공황의 발발에 대해서 부르주아적 경제학과 경기 예측이 대공황의 습격을 꿈에서도 예상하지 못했던 반면에, 맑스주의 경제학만이 확실하게 공황의 발발을 예견했던 것은 매우 인상적이다.

1920년대에 서유럽 국가들은 많은 경제적 곤란에 시달렸지만, 미국은 1차대전 중에 획득한 우월한 지위를 기초로 강력한 성장을 지속하고, 특히 무역과 자본축적의 비약적 확대를 통해서 세계 전체의 부 중에서 상당 부분을 그 손에 집중시킬 수 있었다. 번영에 도취된 미국 독점자본의 이데올로그들은 미국이 연로한 서유럽과 달리 아주 젊은 자본주의이고, 풍부한 천연자원과 거대한 국내시장을 기초로 공황도 불경기도 없는 '영원한 번영'을 향유할 것이라고 선언했다. 그 당시 대통령이었던 후버

---

1) フォスター(W. Foster), 『アメリカ政治史概説』(미국정치사 개설)下, 山邊健太郎 訳, 大月書店, 1955, 624쪽.

(Herbert C. Hoober)는 1928년의 연설에서 이제 미국이 "실업과 빈곤을 완전히 없애는" 날도 멀지 않았다고 말했다.

따라서 미국경제에 역사상 전례 없는 대파국이 가까워지고 있다는 주장 따위를 그들은 조금도 이해할 수 없었다. 1929년 8월 경기동향에 중요한 어떤 변조가 일어났을 때에도 그들은 "장래는 낙관적"이고 "경기는 불안하지 않다"고 강조할 뿐이었다. 그래서 공황 발발 이후 1929년 말, 워싱턴에서 열린 미국경제학협회와 통계협회의 합동회의는 자신들의 경기 연구가 무능했던 것을 인정하지 않을 수 없었다. 석상에서 많은 연설자들은 자신의 경험에 비추어 이렇게 주장했다. "경기 연구는 수개월에 걸친 추세를 예측하는 데에 성공해 왔다. 다만 그것은 **격심한 상향 또는 하향 운동이 없는 시기에 한정되어 있다.**"[2] (강조는 하야시)

이와 달리 공황의 도래를 명확하게 예언한 것은 맑스주의 경제학뿐이었다. 1920년대 미국경제는 외견상 강력한 성장[고양]을 지속했지만, 실은 그 번영 속에서 자본주의 고유의 모순이 누적되어 공황이라는 형태로 결국 폭발할 수밖에 없다는 것을 맑스주의 이론은 예리하게 파악했다.

1920년대의 번영은 '산업합리화' 즉 노동의 극도의 가속화(speed-up)와 대량생산방식에 의한 잉여가치율의 상당한 상승을 기초로 하였다. 이것에 의해 한편에서는 대기업의 이윤이 매년 거대화했지만, 다른 한편에서는 호황 과정에서도 많은 실업자가 생겼다. "1923년부터 29년에 이르는 붐 시기 동안, 공업생산 전체에서 20%가 늘었지만, 임금노동자의 총수는 7.6%가 줄었다"[3]고 한다. 또 농업은 1920년대 내내 과잉생산 상태이

---

2) *STATIST*, 1930.1.18(ヴァルガ, 『世界経済年報』, 経済批判会 訳, 叢文閣, 1931, 95쪽에서 재인용).
3) フォスタ, 앞의 책, 624쪽.

며, 더불어 독점적 공업제품과 농산물의 협상가격차(셰레현상)[4]에 시달리고 있었다. **증대하는 생산과 대중의 협소한 소비한계의 격차가** 심해져 가는 취약한 기반 위에서 대기업은 독점가격의 인상으로 거대 이윤을 축적하였다. 그리고 이 이윤의 대부분이 생산적으로 재투자되지 않고 주식시장으로 유입되어 **주식투기 붐**을 형성하였다. 따라서 이런 투기 붐이 붕괴한다면 그 베일 속에서 점점 쌓여 가던 과잉생산의 요인이 한꺼번에 드러나게 될 상황이었다.

당시에 맑스주의 입장에서 세계자본주의의 경기동향을 분석한 선도적 기관은 오이겐 바르가(Eugen Varga)가 소장으로 있던 소련의 세계경제·국제정치연구소인데, 그 기관지는 『세계경제연보』였다. 1929년 1/4분기 호에서 이미 다음과 같은 예측이 이루어졌다.

가장 중요한 나라들의 경제 상황에 대해서 다음의 사실이 확인된다.

①**합중국**(미국). 경기 호전은 주로 강력한 자동차 생산에 의해서 일어났지만, 이것에 비해서 건축업은 전년에 비해 상당히 뒤떨어졌다. 철강생산의 기록적인 수치. 석유 및 자동차 과잉생산의 붕괴. 연방준비제도(Federal Reserve System)도 제지할 수 없을 정도로 맹렬한 거래소 투기. 유가증권 투기가 매우 고조되어, 그것의 청산은 아주 큰 금융공황 없이는 이미 불가능한 것처럼 보인다. 그러므로 대은행은 중앙은행의 의사와는 반대로, 임박한 붕괴에 대한 대책으로서 유가증권 투기를 지지했다. 할인율[금리]을 좀더 올릴 수 없었다고도 할 수 없다. 금융 핍박은 건축 사업

---

4) [옮긴이] 시계열적으로 공산품 가격과 농산물 가격은 서로 교차 후 전자는 상승, 후자는 하락하는데, 이 두 가격 차이가 벌어지는 모습이 가위(Schere) 모양과 같아 붙인 이름임.

을 방해하여 새로운 불경기의 출발점이 될 수도 있고, **어쩌면 진정한 공황의 출발점이 될지도 모른다.**[5]

계속해서 『연보』의 1929년 2/4분기 호에서는 좀더 딱 잘라서 말하고 있다.

개개의 주요 자본주의 국가들의 경기에 대해 다음 사실이 확인된다.
① **합중국**(미국). 1923년 이후 보이지 않았던 **호경기**. 5월에는 많은 산업부문, 무엇보다도 철강·선철·자동차 제작에서 기록적인 생산 수치를 나타냈다. 철강 트러스트의 생산은 이론적 생산능력보다 높았다. 몇 해 전부터 불경기였던 섬유공업도 활황을 보이기 시작했다. 뉴잉글랜드의 섬유공장에서도 조업 방추 수를 2백만 개나 늘릴 수 있었다! 다만 건축업만이 전년에 비해서 다소 뒤떨어졌다. 호경기의 특징을 이루는 국내시장의 상당한 소비 능력으로 인해, 5월에는 무역에서 초과 수입(輸入)이 나타났다. 경기의 약점은 다음과 같다. 또다시 임박한 농업공황, 석유의 과잉생산, 자동차 및 건축업에서 과잉생산의 붕괴, 금융시장의 핍박 및 터무니없이 계속되는 거래소의 투기. **장래 공황의 요소들은 이미 확실하게 나타나고 있다.**[6]

더욱이 1929년 7월, 코민테른 중앙집행위원회 제10회 총회의 보고 연설에서 바르가는 "미국의 호경기는 1930년을 넘어서 계속되지는 않을

---

5) ヴァルガ, 『世界経済年報』, 63쪽.
6) ヴァルガ, 『世界経済年報』, 65쪽.

것이라고 확실하게 주장할 수 있다", "[요컨대] 현재 미국의 호경기는 유럽, 특히 유럽의 빈곤한 지역이 호경기에 들어가기 전에 끝날 것"이라고 말했다.[7]

공황의 발발을 알아맞힌 사람은 바르가만이 아니었다. 미국 공산당도 또한 제이 러브스톤(Jay Lovestone), 존 페퍼(John Pepper), 버트럼 울프(Bertram Wolfe) 등의 '미국 예외론'에 대한 격심한 당내 논쟁을 통해서 올바른 전망에 도달하였다. 포스터(William Foster)는 다음과 같이 쓰고 있다.

1927년에서 29년에 걸쳐서 러브스톤과 논쟁을 벌였는데, 그 논쟁의 핵심은 바로 합중국의 경제적 전망에 대한 문제였다. 러브스톤은 세계의 다른 나라가 경제공황에 휩쓸리더라도, 합중국은 예외이고 나선형의 발전을 끝없이 계속할 것이라고 주장했다. 이것에 대해서 당내의 맑스주의자는 아주 커다란 경제공황이 미국에서 발전하는 중이라고 주장했다. 때마침 당은 러브스톤을 그의 부르주아적 번영론과 함께 쫓아냈다. 1929년 10월 당 중앙위원회의 회합에서 당 지도부는 정세를 검토하여, 현재 상황은 **"미 제국주의 권력의 기초 자체를 뒤흔드는 경제공황이 곧 다가오고 있다는 분명한 특징"**을 나타낸다고 선언하였다. 중앙위원회는 당원들에게 폭풍에 대비하고 일체의 소극성과 위축성을 없애며 새로운 시기에 맞는 투쟁 방법과 형태를 취해야 한다고 호소했다. 이 회의가 진행되는 중에 일어난 전세계를 놀라게 한 주식거래소의 대폭락으로 인해, 중앙위원회의 분석이 맞았다는 것이 증명되었다.[8]

---

7) ヴァルガ, 『世界経済年報』, 7쪽.

이렇게 각 나라의 맑스주의 이론은 공황의 도래를 정확하게 예언함으로써, 그 학문적 권위를 더욱더 높였다. 일본에서는 경기 전망에 심각한 불안을 느낀 경영자들까지도 바르가의 『세계경제연보』를 다투어 구입했기 때문에, 책값이 뛰어서 말 그대로 "낙양의 지가(紙價)를 올렸다"[책이 대단히 잘 팔렸다는 의미]는 에피소드가 전해지고 있다.

2. 1929년 공황의 역사적 특징

뉴욕증권거래소의 대폭락을 시작으로 미국 산업 전체가 계속해서 공황에 빠졌다. 다음 해인 1930년에는 서유럽 자본주의 나라들도 공황에 돌입했다. 더욱이 세계농업공황까지 발발했다. 이렇게 선진국도 후진국도 포함한 말 그대로의 세계대공황이 발발했고, 이후 33년에 이르도록 전례 없이 심각하고 장기간의 공황이 되었다.

1825년 영국에서 순환적인 과잉생산공황이 일어난 이후, 자본주의 세계는 평균 약 10년 전후의 주기를 가진 공황의 습격을 받았지만 일찍이 1929년 공황만큼 규모가 크고 격렬한 것은 없었다. 그것은 역사상, "가장 광범위하고, 가장 격심하며, 가장 긴 공황"이었다. 이제 그것의 역사적 특징을 간단하게 살펴보려고 한다.

첫째, 이 공황 시기의 최고점인 1929년에서 최저점인 1932년까지의 4년 동안, 세계자본주의 **공업생산의 하락률**은 미국 46.2%, 독일 40.6%, 영국 23.8%, 프랑스 32.9%, 일본 37.0%에 달했다. 특히 Ⅰ부문(생산수단 생산 부문) 및 내구소비재 부문의 생산 저하가 엄청났는데, 가령 미국의 경우에

---

8) フォスター, 『アメリカ合衆国共産党史』(미국공산당사) 下, 刊行委訳, 大月書店, 1954, 390쪽.

선철 79.4%, 강철 75.8%, 동 77.5%, 기계(판매고) 86.7%, 기관차 94.6%, 차량 97.3%, 자동차 74.4%라는 믿기 힘든 생산 축소가 일어났다.[9]

대공황 이전, 즉 자본주의의 상향적 발전 시기에는 공황으로 생산이 저하해도, 이 공황을 포함한 순환의 바로 전 순환의 최고점보다 아래로 내려가는 일은 거의 없었다. 그러나 1929년 공황에서 이 틀은 간단히 깨졌다. 공황의 최저점에서 공업 생산은 미국에서 1905~1906년, 독일에서 1896년, 영국에서 1897년, 프랑스에서 1911년, 자본주의 세계 전체에서 약 1908~1909년의 수준으로 대폭 후퇴했다.[10]

둘째, 공황의 격심함은 **놀랄 정도로 높은 실업**에서 나타났다. 특히 미국에서 1933년 완전실업자가 약 1,300만 명에 달하고, 그 밖에 수백만 명의 부분실업자가 존재했다. 해고를 모면한 노동자는 임금을 평균 35% 혹은 40% 정도 깎였다.[11] 독일에서는 1932년의 노동조합원 중 완전실업률이 43.8%라는 믿을 수 없는 높은 수치를 나타냈다. 세계 전체의 실업자 총수는 3,500만 명을 넘었다고 추정된다.

이 공황 시기에 사람들이 겪은 고통은 대단했다. 중산계급의 많은 사람들도 은행 도산과 채권 가격의 폭락으로 재산을 잃고 몰락했다. 임대료와 전기세, 가스비를 지불할 수 없어서 아파트에서 쫓겨나 유랑민이 된 사람들이 증가했다. 미국에서는 2만 5,000가구와 20만 명의 청소년이 떼 지어 돌아다니는 '기이한 사회현상'이 일어났다. 그들의 생활은 밤에는 무개화물차와 공원에서 자며, 각지의 무료급식소에서 두 끼만 먹고 또 다른 지

9) ヴァルガ, 『世界経済恐慌史』(세계경제공황사), 1卷, 永住道雄 訳, 慶應書房, 1937(2部, 〈표 41〉~〈표 45〉로부터 발췌).
10) ヴァルガ, 『世界経済恐慌史』, 1卷, 71쪽.
11) フォスター, 『アメリカ政治史概説』下, 626쪽.

역으로 걸어가는 것이었다. 학생의 20.5%가 영양실조에 빠졌고, 지방자치체의 재정파탄으로 공립학교가 폐쇄되어 갈 곳을 잃어버린 학생이 33만 명에 달했으며, 교사에게 계속해서 급료가 지불되지 않아서 미국의 교육 수준은 1900년 수준까지 후퇴했다고 한다.[12]

세번째 특징은 역사상 **가장 격렬한 농업공황**이 전세계적인 규모로 발발하고 이것이 공업공황과 얽혔던 것이다.[13] 제1차 세계대전 동안 세계에서 농작물의 주요 공급자였던 미국·캐나다·오스트레일리아·아르헨티나에서 대대적인 경작 면적 확대가 이루어졌는데, 전쟁이 끝나고 서유럽 나라들의 농업도 또한 생산을 상당히 회복했기 때문에, 1920년대 내내 세계의 농업은 과잉생산의 상태였다. 1929년 공황의 발발로 인해 이 세계적 농업공황은 해결되기 어려운 것으로 확대·발전되었다. 게다가 농민은 공업 경영자와는 달리 과잉생산 상황에도 여전히 토지에 매달리며, 오히려 노동을 강화해 생산을 늘리려고 마음먹는 경향이 있었다. 때문에 농업의 과잉생산은 쉽게 해소되지 않고 지연되어, 1934년 이후 남미·북미의 흉작 시기까지 계속되었다.

1929년 공황 시기에 농산물의 가격은 기록적인 폭락을 경험했다. 밀의 도매가격은 70%나 폭락하고 면화·고무·설탕·커피·양모·소고기 등 중요 농축산물의 가격도 약 50%로 떨어져 버렸다. 그래서 시장으로 내보내도 운송비조차도 보상하지 못하게 된 생산물들이 대량으로 폐기처분되었다. 예를 들어 브라질에서는 1,000만 부대 정도의 커피 원두가 바다로

---

12) シャノン(D.A.Shanon) 編, 『大恐慌: 1929年の記録』(대공황: 1929년의 기록), 玉野井芳郎·淸水知久 訳, 中央公論社, 1963, 105, 111~119, 157, 168쪽.
13) 経済批判会 編訳, 『國際農業恐慌』(국제농업공황), 叢文閣, 1930 참조.

흘려보내지거나, 석탄재 대신에 도로에 뿌려졌다. 미국에서는 막대한 양의 밀이나 면화가 수확되지 못하고 밭에서 썩게 방치되거나 600만 마리의 돼지가 도살되어 미시시피강에 버려졌다. 목양업자는 양을 죽여서 말똥가리가 고기를 쪼아 먹게 내버려 두었다. "그런데도 뉴욕과 시카고 등의 도시에서는 먹다 남은 고기가 없는지 쓰레기통을 뒤지는 사람들이 있는 상황"[14]이었다. 덴마크의 소도 헛되이 도살되고, 런던에서는 오렌지가 바다로 버려지는 등 놀라운 사실이 많이 전해지고 있다.[15]

농축산물의 가격은 크게 폭락했지만, 주로 독점 대기업이 공급하는 공업제품의 가격은 그보다는 덜 떨어졌기 때문에 농민경영을 곤란하게 하는 '협상가격차'는 확대되었다. 미국의 경우 농업생산자의 1인당 수입은 1929년의 223달러에서 33년에는 90달러로, 즉 불과 40%로 떨어져 버렸다(트루먼 대통령의 1948년 의회보고).

네번째, 이 공황은 주요한 자본주의적 공업국가들뿐만 아니라 농업과 광업에 의존하는 식민지·종속국가들도 휩쓸며 말 그대로의 세계대공황, 역사상 **가장 광범위한 공황**으로 발전했다. 세계무역이 1929년 330억 달러에서 1933년 117억 달러로, 대략 3분의 1로 축소되어 버렸다는 놀랄 만한 현상도 거기에 기인하였다.

다섯번째는, **격심한 신용공황과 금본위제의 붕괴**이다.[16] 지금까지의 공황과 비교해 보면, 1929년 공황의 경우에는 신용공황이 늦게 나타났다(서유럽은 1931년, 미국은 1933년). 그러나 이것은 늦어진 대신에 매우 격

---

14) シャノン, 『大恐慌: 1929年の記録』, 63쪽.
15) ヴァルガ, 『世界経済恐慌史』, ⑲, ㉔ 참조.
16) 経済批判会 編訳, 『国際信用恐慌』(국제신용공황) 叢文閣, 1932; 経済批判会 編訳, 『金融市場の世界的動揺』(금융시장의 세계적 동요), 叢文閣, 1933 참조.

심했다. 오스트리아의 크레디트안슈탈트, 독일의 도이치방크, 스웨덴의 크로이젤콘체른과 같은 각국의 중심적 금융기관조차도 도산했다. 또 4년의 공황 기간 동안 미국에서 도산한 은행은 5,761개에 달했고,[17] 공황의 최종국면인 1933년에는 미국 전역의 은행이 모두 일시적으로 문을 닫는 사태가 일어났다.

신용공황은 더 나아가 화폐공황으로 발전했다. 우선 농업공황 및 광업공황의 파멸적 영향으로 남미와 동유럽의 농산물·광산물 수출국은 외환 시세 폭락, 금본위제 폐기, 국가채무 지급정지에 빠졌다. 계속해서 1931년 9월 국제적 화폐금융시장의 중심지인 영국이 무역외수입(대외투자 수익, 해운 수입, 국제상업·금융상의 중개업무 수입)의 격감 및 유럽에서의 은행공황으로 인한 단기자본의 대량 도피 때문에 금본위제로부터 어쩔 수 없이 이탈하였고, 이것을 계기로 다수의 나라가 연이어서 대외채무의 지급정지에 빠졌다. 1933년 3월에는 또 하나의 금융 중심지인 미국이 금본위제를 폐기하고, 1936년 10월에 프랑스가 금본위제를 폐기하면서 마침내 금본위제는 소멸했다.

여섯번째, 위와 같이 공황이 심각하고 폭넓게 전개된 결과, 이 공황은 **전례 없이 긴 기간** 동안 지속되었다. 이전 공황의 지속 기간은 길어도 겨우 1년이나 2년이었다. 그러나 1929년에 시작된 이 공황은 32년에 생산의 최저점을 통과한 후, 33년에도 아직 무역 축소나 신용공황이 새롭게 일어나고 있었으므로, 이 공황은 족히 4년이나 계속된 것이다.

그것뿐만이 아니다. 이전 공황에서는 공황이 끝나면 경기는 정체에

---

17) 勞動調査協会, 『レイバー·ファクト·ブック』(Labor Fact Book), 2巻, 25쪽; フォスター, 『ア メリカ政治史概說』下, 624쪽.

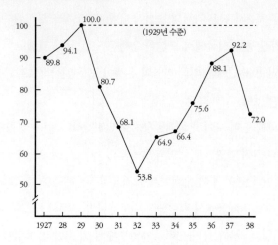

출처: Federal Reseve Bulletin 지수(미국 약 34개 공업 부문 및 공업 생산고의 약 80%를 포함)에 기초해 작성.

서 활황으로 비교적 빠르게 이동하고, 이어서 순환적인 번영 국면이 다시 도래하는 것이 보통이었다. 그러나 1929년 공황은 1933년까지 계속된 후 정체 국면으로 이행했고, 비록 어느 정도의 활황과 경기상승을 보였지만 그것이 아직 번영 국면으로 나아가지 못한 상황에서, 1937년 후반부터 다시 미국을 선두로 영국, 프랑스 등의 나라들이 뒤이어 새로운 공황으로 돌입하는 이례적인 과정을 밟았다. 공업생산지수를 보아도, 예를 들어 미국의 경우 1929년의 92.2%까지 회복한 것에 지나지 않은 1937년의 시점에서 다시 공황에 의한 생산 저하가 일어났다(〈도표 11〉 참조). 프랑스의 경우는 1937년에 29년 수준의 82.8%, 이탈리아도 마찬가지로 99.6%까지 돌아온 시기에 다시 내려가고 있다.[18] 미국에서는 이후에 부문 가중치의 변경으로 지수가 새롭게 수정되어서, 37년의 공업 생산은 근소하게나마 29년 수준을 상회한 것처럼 나타났다. 그러나 어쨌든 생산이 이전 순환의 정점을 아직 넘지 못하든지 혹은 아주 조금밖에 넘지 못했던 시점에서 다시 순환적 공황이 새롭게 일어난 것은 전에 없었던 현상이며, 1930년대가 자본주의에서 얼마나 경제적 곤란으로 가득 찬 시기였는지를 단적으로 말해 주는 사실이다.

3. 공황의 정치적·경제적 결과들

1929~33의 세계대공황은 그후 자본주의 국가들의 정치적·경제적 발전에 심각한 영향을 미쳤다. 이 대공황 및 그에 뒤따른 번영 없는 30년대에 파시즘이 부상하고 제2차 세계대전이 일어나서, 자본주의의 모순이 매우 격화되었던 것이다.[19]

자본주의 비판의 고조

언제 끝날지 모르는 공황의 지속, 만성적인 실업자 대군, 임금삭감, 중산계급의 대규모 몰락, 농민 경영 파탄, 부랑자·영양실조아동의 대량 발생 등의 희망 없는 현실로 인해 대중은 자포자기의 상태에 있었지만, 다른 한편으로 자본주의 체제를 변혁하고 보다 좋은 사회를 세우려고 하는 선진

---

18) 中城龍雄 編訳, 『レーニン主義の諸問題』(레닌주의의 문제들), 眞理社, 1950, 689쪽.
   1929년 공황에 관한 문헌으로는, ガルブレイス(J.K. Galbraith), 『大恐慌』, 小原敬士 訳, 経済往來社, 1958[『대폭락 1929』, 이헌대 옮김, 일리, 2008]; 國際聯盟, 『世界経済不況の過程並びに様相』(세계경제불황의 과정 및 양상), 東京支局 訳, 同友社, 1932; シュムペーター(J. A. Schumpeter), 『景気循環論』(경기순환론), 吉田昇三 監修, 金融経済研究所 訳, 有斐閣, 1958~1964; アーント(H. W. Arndt), 『世界大不況の教訓』(세계대불황의 교훈), 小澤健二 外 訳, 東洋経済新報社, 1978; 玉野井芳郎, 『大恐慌の研究』(대공황 연구), 東京大学出版会, 1964 등을 참조.
19) ヴァルガ, 『大恐慌とその政治的結果』(대공황과 그 정치적 결과), 経済批判会 訳, 叢文閣, 1935 참조.

적이고 혁명적인 인민 조직과 행동이 급속하게 발전했다. 게다가 제국주의 국가보다 공황의 타격을 더 심하게 받은 식민지와 종속국에서는 반제국주의·반식민지 민족해방운동이 격렬하게 불타올랐다.

실제로 생활수단이 부족하여 굶어 죽는 사람들도 있는 때에, 건전한 사고를 가진 사람이라면 대량의 식량 농산물을 불태우거나 폐기시키는 현실에 대해서 부조리하다고 느끼지 않을 수 없다. 찰리 채플린이 명화 「모던타임스」(1936)를 만들어 자본주의 문명의 비판가로 성장했던 것도 이 공황을 몸소 체험했기 때문이라고 한다. 자본주의 체제에는 큰 결함이 있고 이것을 바꿔야 한다는 의식이 급속하게 자라났다.

파시즘의 출현

이런 정세 아래에서 심각한 위기를 느낀 독점자본은 반동적 정치지배를 강화하고 인민의 운동을 전부 뭉개 버리기를 원했다. 이 정치적 반동의 가장 극단적 형태가 파시즘이었다. 파시즘은 대자본가·대지주의 가장 반동적인 집단이 기도한 광기 어린 '금융자본[20]의 노골적인 폭력적 독재'의 정치적 형태이므로, 모든 인민의 민주주의적 자유를 없앤다는 점이 본질이었다.[21]

파시즘은 독일 등 특정 국가들에만 고유한 것이 아니라, 다소간의 차

---

20) [옮긴이] 독점적인 은행자본과 독점적인 산업자본이 융합하여 생겨난 형태를 말한다. 오스트리아 맑스주의자인 루돌프 힐퍼딩(Rudolf Hilferding)이 『금융자본론』(*Das Finanzkapital*, 1910[국역본은 김수행·김진엽 옮김, 비르투출판사, 2011])에서 제시한 개념인데, 경제의 독점화가 진전되어 가면서, 자금의 원천인 은행이 산업보다 우위에 서게 되어, 은행을 중심으로 한 독점적 산업의 결합을 통해 금융자본이란 새로운 형태가 나타난다고 보았다.

21) ディミトロフ(Georgi Dimitrov), 『反ファシズム統一戦線』(반파시즘 통일전선), 坂井信義·村田陽一 訳, 大月書店, 1967 참조.

이가 있지만 국제적으로 독점자본의 일반적 경향이었다. 그럼에도 이 광기 어린 정치체제가 모든 자본주의 국가에서 조직화되지는 않았다.

첫째로 미국과 같은 나라는 아직 프롤레타리아 혁명의 현실적인 위협에 직면하지 않았고, 자신이 세계 재분할 전쟁을 시작할 압박도 느끼지 않았으며, 뉴딜과 같은 개량적 수단으로 경제위기를 타개하는 재정적 여유까지 지니고 있었으므로, 독점자본은 파시즘으로까지 나아갈 필요가 없었다.[22]

둘째로, 프랑스나 어느 시기까지의 스페인에서는 파시즘의 위기가 현실적으로 닥쳐오고 있었다. 그럼에도 공산당과 사회민주주의 정당의 협력을 중심으로 통일전선(인민전선)이 결성되어, 그 통일된 힘으로 파시즘의 등장을 저지하고 인민의 민주주의적 자유를 지키는 데에 성공했다.

이와 달리 정치적·경제적인 위기가 매우 격화된 나라에서는, 게다가 사회민주주의 정당이 공산당과의 통일을 거부하고 있었던 곳에서는 파시즘이 승리를 거뒀다. 독일·이탈리아가 대표적이며, 일본도 절대주의 천황제 그 자체가 반동적 지배를 극단화하면서 파시즘의 역할을 수행했다. 즉 독일에서는 1933년에 히틀러가 이끄는 나치당이 정권을 획득했는데, 곧바로 공산당을 불법화시키고 곧장 광신적인 테러와 침략의 길로 힘차게 나아갔다. 일본도 또한 3·15(1928년), 4·16(1929년) 사건[23]에서 전형적으

---

22) フォスター, 『アメリカ政治史概説』 下, 416쪽.
23) [옮긴이] 2대 공산당 사건. 일본공산당은 1922년 창당 후 불법화되었지만 당시의 불안한 경제·사회 분위기 속에서 세력을 확장하였다. 1928년 보통선거에서 무산정당(전후 일본의 합법적 사회주의 정당을 총칭하는 말)이 8명을 당선시키자, 바로 3월 15일 치안유지법 위반 혐의로 공산당에 대한 일제 검거를 단행하였다. 이후 공산당에 대한 탄압은 계속되었는데 1년 후 1929년 3월 28일에 체포된 당 간부의 소지품에서 당원명부가 발견되었고, 경찰당국은 이를 바탕으로 4월 16일 새벽 700여 명의 당원을 검거했다. 이때 괴멸적 위기를 겪은 공산당은 재건 이후 무장투쟁을 중심으로 한 급진 노선을 걷게 되었다.

로 보이는 공산당 및 진보적 대중단체에 대한 대규모 탄압을 통해서 반동과 침략전쟁의 길로 나아가기 시작했다.

국가독점자본주의의 본격적 단계

4년간에 이르는 대공황과 그것에 뒤이은 장기정체는 자본주의 경제가 예전과 같은 **자기회복능력을 상실했다**는 것을 의미했다. 이제부터 주요 자본주의 국가들에서는 **국가가 경제활동에 대해서 적극적으로 개입**하게 되었다. "자본주의는 이미 동맥경화에 걸려 있으므로 민간기업의 활동에만 맡겨 두어서는 불황으로부터 탈출할 수 없다. 국가가 자본을 투입하여 기업을 구하고, 경제활동을 위해 국가기구를 충분히 활용해야 한다"는 케인스주의가 이전의 자유방임주의를 대신하여 힘을 지니게 되는 역사적 배경은 여기에 있었다. 맑스주의 경제학의 관점에서 보면, **국가독점자본주의가 결정적으로 강화된 시대**였다(근대경제학은 이런 현실을 민간경제 부문과 공공적 부문의 '혼합경제'[24]로서 반영한다).

맑스는 『정치경제학 비판 요강』에서 자본주의적 생산양식의 발전을 세 가지 역사적 단계로 구분하고 다음과 같이 말한다.

① 자본이 약한 한에 있어서 자본 자신은 지나갔거나 자신의 등장과 더불어 몰락하는 생산양식의 지팡이에 아직도 의지한다. ② 자신이 강하다고 느끼자마자 자본은 지팡이를 내던지고 자기 자신의 법칙들에 따라서

---

24) ハンセン(Alvin H. Hansen), 『アメリカの経済』(미국의 경제), 小原敬士·伊東政吉 訳, 東洋経済新報社, 1959; ミュルダール(Gunnar Myrdal), 『福祉国家を越えて』(복지국가를 넘어), 北川一雄 訳, ダイヤモンド社, 1963 등 참조.

운동한다. ③ 스스로를 발전의 제약으로 느끼고 의식하기 시작하자마자 자본은 자본의 지배를 완성시키는 것처럼 보이면서 자유경쟁의 억제에 의해 동시에 자기 해체와 그에 기초한 생산양식의 해체의 예고자들인 형태들로 도피한다.[25]

자본이 이미 국가의 전면적 지지 없이는 성립하지 못한다는 국가독점자본주의적 현실이야말로 정확히 위의 세번째 단계(최종 단계)의 도래를 의미한다.[26] 그리고 이 자본주의적 생산양식의 최종단계로의 돌입을 결정짓는다는 점에서 1929년 대공황의 세계사적 의의가 발견된다.

대공황 이후 본격화된 국가독점자본주의의 특징은 '부르주아 사회의 총체'로서의 국가가 금본위제의 폐기(관리통화제도)라는 조건하에서, 적자공채의 발행이나 불환은행권의 증발(增發) 등의 수단을 병행하여 창출한 거액의 국가기금을 재정이나 금융의 파이프(경로)를 통해서 대기업에

---

25) マルクス, 『経済学批判要綱(草案)』 第4分册, 高木幸二郎 訳, 大月書店, 1961, 601쪽(칼 맑스, 『정치경제학 비판 요강』 (II), 김호균 옮김, 그린비, 2007, 317~318쪽). 번호는 하야시.

26) 말할 것도 없이 국가독점자본주의란 '독점체의 힘과 국가의 힘을 단일한 기구로 결합'한 독점자본주의의 특수한 형태이다. 그것은 이미 독점자본주의의 성립과 동시에 여러 가지 형태로 출현했다. 그럼에도 그것은 아직 독점자본의 이윤 추구를 위한 보조적 수단이어서, 국가독점자본주의가 자본주의적 생산체제의 유지를 위해서 꼭 필요하지는 않았다. 그 이후 1차대전 동안 '전시국가독점자본주의'(レーニン, 『さしせまる破局, それとどうたたかうか』, レーニン全集25巻, 大月書店, 1966, 385쪽[레닌, 『임박한 파국, 그것과 어떻게 대처할 것인가』, 이창휘 옮김, 새길 1990])라는 형태로 국가독점자본주의가 크게 발전했다. 그러나 이것은 전시라는 특수조건에 기초한 것이어서, 전쟁이 끝나자 그 대부분이 해제되었다(예를 들면 노동력이나 원자재를 기업에 할당, 제품가격의 결정, 소비물자의 배급 등에 관한 강력한 국가통제 등). 이와 달리 1929년 세계대공황 이후에는 평화 시기에도 국가독점자본주의가 사회적 재생산의 유지 및 확대에 꼭 필요한 수단으로서 결정적 의의를 가지게 되었다. 국가독점자본주의의 성립 시기에 대해서는 독점 단계와 동시로 보는가, 1917년 러시아혁명 이후로 보는가, 1929년 공황 이후로 보는가에 관한 논쟁이 있다. 나는 국가독점자본주의가 독점자본주의 성립과 함께 나타났고, 1929년 대공황 이후 그 본격적 단계, 즉 국가독점자본주의가 자본주의적 생산양식의 존속에서 결정적 의의를 획득하는 단계에 들어왔다고 생각한다.

공급하고, 대기업에게 할 일(시장)과 이윤을 보장하여 그 축적을 지원한 점이다.

이 본격화된 국가독점자본주의의 가장 노골적인 형태는 **경제 군사화**인데, 군수주문을 내어서 독점자본의 축적을 촉진하는 것이었다. 특히 독일, 이탈리아, 일본 등의 파시즘 국가들은 전쟁 준비(군비 증강)와 관련하여 공황탈출의 수단으로서 일찍부터 이 방법을 사용하였다. 그리고 노동력의 국가적 총괄(독일의 노동봉사단, 일본의 산업보국회 등)에 의해서 매우 높은 착취율이 실현되었다.

1930년대에 대규모로 전개된 국가독점자본주의의 또 한 가지 형태는 1933년 이후 루스벨트 대통령에 의해 수행된 미국의 뉴딜 정책이었다. 뉴딜은 단일한 것이 아니라 시기마다 변화된 몇 개의 경제정책을 포함하지만, 정부가 적극적으로 경제에 개입하여 경기의 인위적 회복을 꾀하려고 한 점에서 공통적이다. 그 대표적인 정책 내용은 거액의 국가 자금 투입(spending policy)으로, 테네시계곡 개발계획(TVA, Tennessee Valley Authority)과 같은 대규모 공공토목사업을 일으키고 실업자를 흡수하여 국내시장을 부흥·확대시키려고 하는 시도였다. 뉴딜은 독점체의 경제적 강화, 독점자본주의의 구제를 목적으로 했지만, 동시에 노동자의 단결권 및 단체교섭권의 보장, 노령연금과 실업보험제도의 도입 등 노동자의 상태 개선을 꾀하려고 한 사회개량적 측면을 갖추고 있었기 때문에 파시즘적 국가독점자본주의와 명백히 구별되어야 한다.

그러나 뉴딜하에서, 1937년이 되어도 아직 흡수되지 못한 770만 명의 방대한 실업예비군이 존재했다. 그리고 계속되는 적자공채의 발행으로 인플레이션에 대한 우려가 높아져서 인플레이션 억제를 위한 재정 및 금융 긴축정책이 취해졌는데, 이를 계기로 1937~38년에 공황이 발발하고 실업자는 다시 1,000만 명을 넘어서, 이 역사적 실험은 성과 없이 끝났다. 미국경제가 활기를 찾고 실업자가 대폭 감소하게 되는 것은 2차대전의 발발과 전시동원에 의해서 비로소 가능하게 되었다.

열강의 블록화와 세계시장 재분할 투쟁의 격화

대공황에 의한 중요한 경제적 변화는 통일적인 자본주의적 세계경제체제에 균열이 생기고 제국주의 열강들의 블록화 경향이 강해진 것이다. 시장 문제가 매우 심각해지는 가운데, 자본주의 국가들은 환율 절하와 덤핑에 의한 강제적인 수출 확대를 꾀하고, 관세장벽을 높여서 외국상품의 공세로부터 자국 시장을 지키려고 애썼다. 이러한 비정상적인 무역전쟁은 상대편으로부터 보복적인 환율절하·관세전쟁을 유발하여, 세계시장 전체를 축소시키는 악순환적인 결과를 낳았다. 그래서 제국주의 열강은 각각이 배타적인 경제적 지배가 가능한 자기만의 세력권을 확보하고 확대하려는 블록 형성의 방향으로 나아갔다. 그러나 블록화하에서는 중요 원료 자원의 보유량이나 판매시장의 크기를 둘러싼 각국 간의 격차가 상대적으로 고정되어, '가진 나라'와 '못 가진 나라'의 불균등한 관계가 명백하게 드러났다.

다른 한편 이 기간에 경제적 실력에서 보면 열강들 사이의 상호 관계가 크게 변했다. 1930년대에 대공황으로부터 탈출하는 과정에서 미국, 프랑스, 영국 등의 경제가 정체 상태에 있었던 반면, 독일과 일본 등은 군수 인플레이션을 지렛대로 급속한 경제 확대를 이룩함에 따라, 두 그룹 사이의 공업생산력의 발전 템포에는 현저한 차이가 생겼다. 경제발전의 불균등성이 매우 격화되었던 것이다.

그래서 불균등하게 급속한 발전을 이룩한 독일·일본의 제국주의는 그 경제적 실력에 어울리는 원료자원·판매시장의 재배분, **세계 재분할**을 요구하고, 무력을 통해 그것을 실현하려고 했다. 바로 이때, 어떤 제국주의 그룹에 의해서도 아직 분할 영유되지 않은 주인 없는 토지 등의 정복이 중요한 전략 목표의 하나가 된 것은 당연하다.

일본은 1931년 중국 동북부(만주)에, 그리고 37년에는 중국 전역에 침공을 개시했고, 이탈리아는 1935년에 에티오피아를 침략했으며, 독일은 38년 오스트리아를 병합하고 체코슬로바키아의 일부를 빼앗았고, 독일·이탈리아 양국은 1936년 스페인 인민전선(Frente Popular) 정부 타도를 위해 스페인을 침략했다. 그리고 이 세 나라는 36년 '방공협정'(Anti-Comintern Pact)이란 이름으로 버젓이 동맹을 맺고 '세계 **신질서**'(세계 재분할)를 요구했는데, 이렇게 제2차 세계대전의 발화점이 현실적으로 형성되었다.

3장

전후 자본주의의 안정적 성장과 그 파탄

1. 1960년대의 세계공황 없는 고성장의 비밀

제2차 세계대전이 끝나고 반세기가 넘는 세월이 흘렀다. 그런데 이 기간 동안 공황 현상에 어떤 이변이 일어났다.

전쟁이 끝난 직후 수년간, 전쟁으로 생산력이 비대해진 미국에서는 1948~49년에 중규모의 공황이 일어났지만, 서유럽과 일본에서는 전쟁의 파멸적인 결과가 계속 나타나, 식량 기근에 물자 부족, 인플레이션, 대량실업, 통화 절하라는 경제적 위기 상태가 계속되었다. 일련의 나라들에서는 인민민주주의 혁명[1]이 일어나고 한국전쟁을 계기로 자본주의 국가들의 생산이 회복하여 전전(戰前) 수준으로 돌아옴에 따라, 분명 격심한 세계공황이 일어날 것이라고 사람들이 예상한 것은 당연했다.

그러나 예상되던 공황 발발은 몇 번이나 불발에 그쳤고, 1957~58년

---

1) [옮긴이] 2차대전 말기에 독일·일본제국주의의 점령하에 있었던 유럽·아시아의 여러 나라에서 실현된 민족해방 및 사회주의 혁명.

에야 드디어 통일적인 세계공황이 찾아왔다. 그러나 이 공황은 그렇게 격렬한 것으로는 발전하지 않았다.[2]

1960년대에 들어가면 사정이 더욱 변칙적인 모습을 나타냈다. 여러 가지 특징을 종합했을 때 세계공황으로 전개될 가능성이 예상되었던 1967년의 미국 공황은 베트남전쟁의 확대, 거대 군사비의 지출에 의해서 중단되었다. 그 결과 60년대 내내, 더 나아가 1974년 오일쇼크불황에 이르기까지, 결국 통일적인 세계시장 공황은 일어나지 않았다.

게다가 이 기간에는 자본주의 경제의 발전 및 성장 템포도 또한 이례적으로 높은 수준을 나타냈다. 특히 자본주의 국가들에서 불균등 발전의 선두를 차지한 일본의 경우, 1955~73년 동안 매년 플러스 성장을 지속하였는데, 이 19년간의 실질 GNP 평균성장률은 9.7%, 반올림하여 약 10%라는 경이적인 고성장을 달성하였다.

자본주의 체제의 옹호자들은 '황금의 60년대'를 노래하고, "자본주의는 이미 만성 불황 체질에서 벗어났다", "그러므로 맑스 공황론은 이미 낡은 것이 되었다", "현대자본주의는 맑스와 레닌의 이론의 사정거리 밖으로 나왔다", "세상은 바로 케인스 이론의 시대이다"라고 하며 독점자본의 이데올로기를 큰소리로 외쳤다.

이 경우에 통일적인 세계공황은 일어나지 않았다고 할 수 있지만, 각 나라마다 단절된 그리고 비동시적인 형태로 공황이 일어나(미국: 1960~61, 67년, 일본: 1962, 65년, 이탈리아와 프랑스: 1964년, 서독: 1967년 등) 각국의 인민들이 재앙에 빠졌던 것을 잊지 말아야 한다. 공황이라고

---

2) 이 공황에 대해서는, 지은이의 「멘델슨의 『제2차 세계전쟁 후의 경제공황과 순환』」, 『世界経済評論』(세계경제평론), 4巻 11号, 1960.11을 참고할 수 있다.

하면 즉각 1929년의 형태를 떠올리고, 그와 같은 통일적인 세계대공황이 일어나지 않았다고 해서 자본주의를 찬미하는 것은 옳지 않다.

그럼에도 1957년부터 74년까지 17년 동안 세계공황이 일어나지 않았다는 사실 그 자체는 자본주의의 오랜 역사에서도 아주 이례적인 것이므로, 그 원인을 과학적으로 규명할 필요가 있다. 이제부터 그 원인으로 생각할 수 있는 것을 차례로 적어보면 다음과 같다.

첫째, 2차대전 이후는 자본주의 역사상 '산업혁명기', '20세기 초반'의 뒤를 잇는 세번째의 급속한 기술혁신 시대였는데, 이때는 석유화학, 일렉트로닉스를 시작으로 일련의 새로운 산업부문이 계속해서 탄생하고 발전했다. 그리고 자본주의의 내부 구조에 일련의 중요한 변화가 생겨서 이것이 기술혁신과 결합되어 투자 활동이나 시장 확대를 촉진했다.

우선 그때까지 세계에서 가장 큰 식민지를 보유하고 그것에 기생하던 영국, 프랑스, 네덜란드 등의 서유럽 국가들이 후퇴하고, 이들을 대신하여 미국의 다국적기업이 자유화의 기치를 내걸고 진출해서, 국제 독점체 간의 경쟁이 격화되었다. 또 일본이나 서독에서는 국내적으로 전후 개혁의 핵심 중 하나였던 재벌해체와 과도경제력 집중배제 조치에 의해 각 산업부문의 내부에서 압도적인 힘을 가지고 있던 초거대 독점체가 분할되어서, 어느 부문에서도 힘이 서로 비슷한 여러 개의 독점체가 병존하며 경쟁하는 체제가 생겨났다. 이러한 국제적·국내적 독점자본주의 체제의 급격한 재편성과 함께 독점 간 경쟁의 격화는 신기술의 적극적 도입 및 설비 갱신과 확장에 강한 자극을 주었다. 이 자극은 또한 전후에 출현한 소련 등과의 대립과 투쟁이라는 측면에서도 강화되었다.

다른 한편, 이처럼 확대된 투자에 의해 증대된 생산물을 흡수해야 하는 **시장**이 또한 급속하게 확대되었다. 그러한 요인으로서 식민지·종속국의 독립 및 개발과 더불어 농약, 비료, 농기구, 수송 수단, 공업플랜트 등 발전도상국용 수출 증대가 있고, 동일한 일이 일본에서는 농지개혁에 의해서 국내에서도 일어났다. 다시금 기술혁신이나 새로운 생활양식과 더불어 신제품 시장이 급격하게 확대되었다.

마지막으로 세계 제일의 고도성장을 달성한 일본의 경우에는 다출산 사회(한 여성의 생애출생아수 4.5명)에서 저출산 사회(2.0명)로의 급격한 전환의 산물, 즉 인구 연령 구조의 극적인 변화 과정의 제1막으로서, **생산 연령인구가 세계 어디에도 비할 수 없이 크게 늘어난 것**의 경제적 영향(노동력 창출, 소득 증대 = 소비시장 확대, 부양 부담 경감)을 덧붙여야 한다.

둘째, 일찍이 2차대전 전야인 1930년대에 자본주의 각국은 환율 절하나 덤핑에 의해서 무리한 수출 확대를 꾀하고, 관세장벽을 높여서 외국 상품의 자국 시장 침입을 저지하려고 했지만, 이런 자국 이익을 우선한 근시안적인 보호주의 정책은 쌍방 보복을 초래하고 마침내 제국주의 열강이 각각 배타적인 세력권으로 분열되는 방향으로 나아가 세계시장 전체를 축소시킨 괴로운 경험을 가지고 있다. 그래서 2차대전 이후 자본주의 각국의 지도부는 이 실패를 교훈 삼아 무역과 외환 자유화, 관세협정, 상품과 자본을 위한 상호 문호개방을 원칙(principle)으로 삼으려고 노력했다. 이것은 분명히 자본주의 시장 확대를 촉진하였다.

게다가 국제개발을 위한 각국 독점은행의 협조융자나 국제수지 위기에 빠진 나라들에 대한 IMF(국제통화기금)나 주요 자본주의로부터의 구제금융 등의 국제적 협력이 실시되어, 경제파탄이 세계로 파급되지 않도록 하는 대책이 적극적으로 강구되었다.

물론 이러한 국제협조·국제협력은 다른 측면에서 각 나라의 강력하고 교묘한 자국 이익 추구와 얽혀 있다는 것을 간과할 수 없다. 그러나 공적인 장에서는 이런 협조와 협력이 원칙으로서 관철되었던 것이다.

셋째, 그러나 지금까지 든 요인들보다 강력한 역할을 했던 것은 국가 독점자본주의적인 성장유지정책이었다고 말할 수 있다. 1960년 초반 저성장에 시달린 미국 독점체의 기대를 업고 등장한 케네디, 뒤이은 존슨 정권은 신경제학파[new economics ; 케인스이론을 토대로 하는 성장주의를 주장한 경제학파]의 케인스주의적 정책을 채용하여 군수 주문의 증대와 투자 감세 등 적자재정, 즉 재정지출(spending)을 통해서 인위적으로 유효수요를 창출함으로써 경제성장을 촉진시켰다. 이렇게 미국 정부는 국내의 거대 기업에게 잉여상품의 판로를 만들어 줌으로써 활황을 지속시키는 데에 성공하였다.

중요한 것은 2차대전 이후에 이러한 국가독점자본주의에 의한 인위적 수요창출 작용이 일국적인 틀을 넘어서 세계적인 규모로 확대된 점이다. IMF체제하에서 세계의 기축통화 지위를 획득한 달러는 마치 세계화폐의 대용물인 것처럼 통용되고 각국은 이 달러 보호에 협력한다는, 소위 국제적인 관리통화제도, 국가독점자본주의의 세계체제가 완성되었다. 이 체제하에서 매년 크게 증발(增發)된 달러가 미국의 다국적기업의 해외투자자금으로서 혹은 미국의 해외군사비와 반공 원조자금으로서 뿌려지고, 또한 대량의 외국 상품 수입대금으로서 지불되었다. 대외적으로 뿌려진 달러의 규모는 미국 측에서 수출한 상품의 수취대금이나 해외투자수익의 대미 송금 등을 넘어섰기 때문에, 이를 정산하면 미국 국제수지는 만성적 적자였고 달러의 유출이 계속되었다. 이러한 형태로 자본주의 세계의 잉여상품에 대해서 큰 시장이 마련되었다. 이것이 세계경기의 확대에 큰 역할을 담당하였다.

예를 들어 일본의 경우 1965년에 본격적인 공황이 발발하기 시작했다. 그러나 이 공황은 당시 정부인 사토 내각이 황급히 생각해 낸 불황 대책이 전면적으로 발동하기 전에 불과 11개월 동안 지속되었고, 그후 57개월에 달하는 장기(long run) 대호황(이자나기경기)으로 이행해 버렸다. 이렇게 공황이 사라진 채 계속된 대호황을 가능하게 했던 가장 강력한 요인은 바로 대미 수출의 비약적 증대였다.

2. 국가독점자본주의적 성장촉진정책의 파탄

앞에서 말한 대로 자본주의 세계의 고성장의 비밀은 간단히 말해 국내적 및 세계적이라는 이중의 의미에서의 국가독점자본주의적 성장정책에 있었다. 그러나 그것은 결코 끝없이 계속될 수는 없었다.

미국 정부는 불환은행권(不換銀行券) 제도하에서 매년 적자재정을 편성하고 막대한 달러를 신규로 발행하여 거대 기업에 마구 퍼주었다. 그럼으로써 잉여상품의 판로를 만들고 투자를 촉진해서 공황의 발현을 억누르고 경제의 활황을 지속시켜 왔다. 당연한 결과로서 유통에 필요한 화폐량 이상으로 통화가 투입되면서 **달러의 인플레적 가치 감소가** 일어났다.

그럼에도 미국은 달러가 금 이상으로 가치가 있다고 방자하게 우쭐대면서 달러의 감가를 승인하지 않고, 자본주의 세계의 중심국이라는 정치적 힘을 배경으로 '금 1온스＝35달러', 거꾸로 말하면 1달러＝금 0.888671그램이라는 1934년 이후의 달러 평가를 세계 각국에 강제했다. 그리고 이 달러의 대외 살포가 달러의 대미 환류액을 넘어선 상태, 즉 미국의 국제수지가 적자인 상황이 계속되었다.

그런데 미국은 달러에 세계화폐로서의 권위를 부여하기 위해서 금 1온스＝35달러의 비율로 달러를 미국이 보유한 금과 교환해 줄 것을 각국 통화당국에 약속했다. 그래서 각국은 보유달러와의 교환을 통해 미국으로부터 계속 금을 인출했다. 미국의 눈치를 보아서 금을 거의 인출하지 않고 달러만을 떠안고 있었던 나라는, 선진국 중에서는 일본 등 매우 적은 나라에 지나지 않았다. 2차대전을 통해서 엄청나게 부유해진 미국은 세계 대부분의 금을 자신의 손에 집중시켜서 1949년의 금 보유고가 246억 달러에 이르렀다. 이 보유고는 잇따른 유출에 의해서 1971년 7월 말에는 불과 102억 달러로 감소해 버렸다. 다른 한편, 1949년에 불과 60억 달러에 지나지 않았던 달러 단기채무(외국이 보유한 달러)는 71년 7월 말에는 450억 달러로 팽창했다.

미국 정부의 강한 요청에도 불구하고 금 유출은 멈추지 않았고, 미국 보유금이 100억 달러대 이하로 떨어질지도 모른다는 두려움으로 견딜 수 없게 된 닉슨 대통령은 1971년 8월에 마침내 '달러 방어'를 위한 비상수단으로서 금·달러 교환 정지를 일방적으로 선언했다. 세계 각국에서 통화투기, 금 가격 급등, 외국환시장의 폐쇄 등의 국제통화위기가 일어났다. 바로 그것은 세계자본주의의 상대적 안정 및 고성장 시대가 끝나고 위기발발의 시대가 시작된 것을 의미했다.[3]

그런데 달러와 금의 교환을 거부한 이상, 달러는 이미 세계화폐의 대용물로서의 자격을 상실했다. 그럼에도 달러를 대신할 만한 것도 또한 존재하지 않았다. 마르크나 스위스 프랑이나 엔은 기축통화가 될 만한 힘이 전혀 없었다. 쇠퇴했다고는 해도 미국 다국적기업의 세계지배를 배후에 둔 달러는 매우 강력하다. 또는 특정국의 통화 이외의 것, 예를 들어 IMF의 SDR(특별인출권) 등을 세계통화로 하려고 해도, 그 전제로서 누적된

---

3) 이상에 대해서는 林直道, 『국제통화위기와 세계공황』을 참조.

과잉 달러의 처리 방법을 둘러싸고 미국과 다른 나라의 이해관계가 결정적으로 충돌하기 때문에 현실적으로 공론(空論)에 지나지 않았다. 이러한 상황하에서 각국은 금의 뒷받침 없는 달러를 기축통화로서 마지못해 인정할 수밖에 없었다. 왜냐하면 만약 기축통화를 설정하지 않은 상태가 계속되면 세계경제는 혼란(카오스) 상태에 빠져서 대공황이 발발하기 때문이다.

이렇게 '달러 본위제'를 세계에 강제한 미국은 "도를 넘지 말라"는 각국의 절실한 요구를 무시하고 여전히 적자재정에 의한 달러의 증발(따라서 달러의 가치는 감소한다)과 그것의 국외로의 방류를 계속했다. 그 결과 불과 1년 남짓한 시점에 다시 국제통화위기의 불길이 솟아오르고(1973년 2월), 지금까지의 고정환율제가 유지될 수 없어서 그때그때의 실정에 대응한 시세에 따른다는 '변동환율제'(float)로 이행했다.

이 시점 이후로 인플레이션의 진행 속도가 빨라졌다. 그것은 우선 미국의 인플레이션이 세계적으로 전파된 것을 의미하고, 둘째로는 미국 외의 나라들도 또한 국가독점자본주의적 성장촉진책을 취할 수밖에 없어서 각국이 자기 부담하는 재정 인플레이션이 진행되었기 때문이다.

이 해에 일시적으로 세계적인 호황이 나타났지만 그것은 물가 상승으로 인한 투기적 이윤 증대에 현혹된 '거품경기'에 지나지 않았다. 인플레이션은 가속적으로 상승하여, 그때까지의 마일드 인플레이션(완만한 인플레이션)은 연 두 자릿수 비율의 갤로핑 인플레이션(galloping inflation ; 악성 인플레이션)으로 전환되었다. 일본에서는 '물가 광란'이 일어났다.

그런데 인플레이션은 현대 독점자본주의에서 빼놓을 수 없는 치부 수단이자, 그 축적양식의 일환이 되었다. 그럼에도 인플레이션이 지나치게 급격해지면, 그것은 독점자본에게도 장애물이 되어 버린다. 첫째, 그것은 자본가치의 순조로운 환류를 방해하여 재생산을 불안정하게 한다. 둘째, 대중들을 격분시켜 체제를 위기에 빠뜨린다. 따라서 자본주의 국가들에서는 머지않아 인플레이션 억제를 위한 재정지출의 감소, 금융긴축 등의 디플레이션 조치가 이루어져야 하는 상황이 생겨났다.

이런 와중에 1973년 말 OPEC은 단번에 원유 가격을 4배나 올려서 충격적인 오일쇼크를 일으켰다. 원유 공급 중단의 우려라는 위기 선전에는 다분히 [오일쇼크에] 편승하여 가격을 올리기 위한 석유 대기업의 책략도 작용했는데, 이런 선전으로 인해 물가 패닉이 발생하였고, 이에 당황한 각국 정부는 강력한 디플레이션 정책(총수요 억제정책)으로 급전환하였다. 이것을 계기로 자본주의 경제는 일거에 과잉생산공황에 빠질 수밖에 없었다. 이렇게 **1974~75년에 전후 최대의 공황**이 본격적으로 일어났다.

일찍이 존슨 대통령은 1968년 말 의회에 제출한 경제보고에서 "우리들은 수세기에 걸쳐서 성장과 진보의 길을 여러 번 방해해 왔던 순환적 경기후퇴와 결별했다. 우리들은 경제생활을 가차 없이 오르내리는 것으로 볼 필요가 없으며, 자동화(automation)나 기술혁신을 노동자로부터 직업을 빼앗는 것으로서 두려워할 필요도 없다"라고 말하며, 소리 높여 자본주의 체제의 승리를 선언했다.

그러나 이제 와서 이 말은 현실에 매몰되어 앞날을 볼 수 없었던 사람의 공허한 말로서 역사에 기록되었을 뿐이다. 1975년, OECD(경제협력개발기구)에 설치된 경제전문가 그룹의 유명한 보고서('The McCracken Report')는 1960년대 및 70년대 초의 장기호황 이후 1974~75년에 "비정상적으로 심각한 불황"이 온 것을 분석하면서, "특히 신기하고 또 설명이 필요한 부분은, **많은 사람들이 경기순환은 시대착오적이라고 주장했던 때에**

이번 불황이 발생했다(……)는 것이다"라고 말했다.[4]

그런데 1974년 공황은 '오일쇼크에 의해서' 일어났다고 전해진다. 확실히 오일쇼크가 계기가 된 것은 사실이지만, 그것이 원인은 아니다. 원인은 그 이전부터 상승하고 있던 인플레이션을 억제하기 위해 디플레이션 정책을 취해야 했던 것에 있고, 바로 이 인플레이션은 달러를 중심으로 한 재정적자(재정지출)에 의해서 자본주의 체제의 내부에서 생겨난 것이었다. 그러므로 이 공황은 전쟁이 끝난 후 한 시기 동안 '세계공황 없는 고성장'이라는 비정상적 현상을 창출한 국가독점자본주의의 성장촉진정책 그 자체가 결국은 파탄 나지 않을 수 없었던 것을 역사적으로 증명하고 있을 뿐이다.

3. 구조적 위기 : 스태그플레이션, 고금리, 발전도상국의 채무 누적

1974~75년 공황에서는 종래의 공황에서 보이지 않던 새로운 특징이 나타났다. 종래의 공황 시기에는 보통 시장가격이 폭락하곤 했지만, 이 시기에는 공황이 한창 진행되고 있을 때에도 물가 상승이 멈추지 않아서, '불황'(stagnation)과 '인플레이션'(inflation)이 뒤엉켜 동시에 진행되는 '스태그플레이션'(stagflation)이 나타났다.

인플레이션의 상승을 억제하기 위한 총수요 억제(디플레이션 조치)를 계기로 공황이 발발하자, 이에 당황한 자본주의 국가들의 정부는 더 이

---

4) OECDマクラッケン・レポート, 『世界インフレと失業の克服』, 小宮隆太郎・赤尾信敏 訳, 日本経済新聞社, 9쪽(Paul Winston McCracken, *Towards Full Employment and Price Stability*, OECD, 1977).

상 공황의 파괴 작용이 파급되는 것을 막기 위해 인플레이션을 보다 철저하게 억제할 수 없었다. 따라서 공황 발생 이후에도 여전히 계속되는 물가 상승을 어떻게 해도 막을 수 없었다.

이후에 자본주의 국가들의 정부는 경기 하강을 막으려고 하면 곧 인플레이션이 재발하기 때문에 더 이상 예전과 같이 대담한 경기자극책을 펴지 못하는 상황에 빠졌다. 예전에 경기유지·확대에 매우 효과적이었던 국가독점자본주의의 재정·금융 장치가, 이미 그 기능이 매우 저하되어 잘 작동하지 않게 되었다.

스태그플레이션은 첫째로 장기에 걸친 재정지출(spending)의 결과로 인한 **국가 채무의 누적**에 기반하고 있다. 이것이 만성적인 인플레이션 체질을 낳았기 때문에, 1979년에 미국의 밀러 재무장관이 솔직하게 말했듯이 "현재의 인플레이션은 과거 15년에 이르는 적자재정과 통화공급 증대에 대한 청구서가 돌아온 것이므로 단기적인 대책은 없다"라는 것이다.

둘째로 스태그플레이션은 **생산과 소비의 모순의 심화**에 기반하고 있다. 이것은 한편으로는 장기의 고성장 이후의 **과잉축적**의 산물로서 일부 첨단산업을 제외한 대부분의 산업에서 고정설비가 과잉에 빠지고, 다른 한편으로는 저성장 시대의 도래를 구실로 실질임금의 절하와 감원 '합리화' 및 재정적자의 여파로서 사회복지예산의 감소 등에 의해서 사회 소비력 기반이 점점 협소해지고 있는 것에 기인했다. 그 결과 정부가 인플레이션 억제책을 강화하면 금세 경기가 내려가고 정체 상태가 지속되는 결과를 낳는 것이 되었다. 이것은 바로 경제의 '구조적 위기'라고 불릴 만한 것일 것이다.

물론 이 구조적 위기는 어느 해에나 불황이 만성화되어 있거나 물가가 상승하고 있거나 하는 것을 의미하지 않는다. **구조적 위기의 토대 위에**

서도 마찬가지로 경기의 순환적 변동은 계속 존재하고 인플레이션의 진행에도 완급의 변화가 생길 수 있다. 그럼에도 구조적 위기하에서는 경기상승의 활력이 약해지고, 정체가 장기화되며, 인플레이션이 쉽게 재발되는 체질로 굳어질 수밖에 없다.

1974~75년 공황이 바닥을 친 후, 70년대 후반에 세계자본주의는 어느 정도의 활황을 맞았다. 그러나 이란혁명에서 시작된 1979년의 제2차 오일쇼크(원유 가격은 2년간 약 2.8배로 등귀했다)를 계기로 자본주의는 다시 긴 공황기에 빠졌다.

이 **1980~82년 공황**은 불황과 인플레이션의 합병증을 보인 점에서 지난번 공황과 똑같은 현대적 특징을 보였던 것만은 아니다. 실업률이 비정상적으로 상승하여 미국과 유럽에서 10%를 넘어서 1929년 공황 이후로 엄청난 실업예비군이 생겨났고, 세계무역이 2년 연속 절대적으로 축소되는(자본주의 세계의 총수출은 명목액으로 1980년의 1조 8,240.9억 달러에서 1982년의 1조 6,501억 달러로 9.5%나 저하) 등, 지난번의 공황을 넘는 규모의 공황이었다.

1983년 4월 이후 드디어 경기가 바닥을 친 느낌이 들자, 경기회복이 파행으로 치달았다. 여기에서 중요한 것은 이번 공황 이후 구조적 위기가 더욱 심화되고, **미국의 고금리**라는 새로운 현상이 더해졌다는 점이다.

스태그플레이션이 자주 일어나는 현상은 지금까지 국가독점자본주의의 지도적 이론이었던 케인스주의에 대한 신뢰감을 떨어뜨렸고, 이를 대신하여 새롭게 통화주의(monetarism)가 정책결정에 대한 영향력을 높였다. 이 이론은 통화공급량(money supply)의 증가율을 '인플레이션 없는 경제성장'에 부합하는 속도로 억제하는 것을 가장 중요한 사항으로 생각하고, 종래와 같은 금리의 조작에는 중요성을 두지 않는다는 특징을 가진다. 1979년 10월 폴 볼커 FRB 의장이 통화주의의 주장을 도입하여 통화공급량을 엄격하게 관리하는 정책을 수행한 후 금리가 상승하기 시작했지만 정부는 조금도 개의치 않고 더욱더 인플레이션 퇴치를 위한 통화공급의 긴축을 유지했다. 그 결과 우대금리(prime rate)가 2할이 넘는 초고금리가 되는 비정상적 상황이 1982년까지 3번이나 일어났다.

3년간의 장기공황에 의해서 인플레이션이 점점 진정되고, 통화공급량의 억제가 얼마간 완화되었다. 그래서 1983년에 미국의 금리는 어느 정도 내려갔는데, 정책금리의 경우 일찍이 14%나 되는 초고금리에서 보통 수준인 9% 정도의 고금리가 되었다.

당시에도 미국에는 고금리를 낳는 구조가 정착되어 있었다. 레이건 정권은 '작은 정부'라는 슬로건하에서 한편에서는 복지관계비를 시작으로 통상예산[경상예산; 경상 세출입을 셈하여 편성한 예산]의 연간 지출을 줄이고, 다른 한편에서는 고소득자에 대한 소득세 감세나 기업에 대한 투자 감세를 시행하여 민간의 활력을 증대시킴으로써 미국경제의 '재생'을 꾀한다고 주장했다. 그러나 경기회복이 예상되었음에도 불구하고, 막대한 군사비(1984년 회계연도 약 2,386억 달러) 덕분에 84년의 재정적자 전망은 1,797억 달러라는 엄청난 액수에 달했다. 이 거대 적자는 결국 정부의 차입금으로 메워야 했다.

그 결과, 만약 경기회복이 순조롭게 진행되어 투자가 활발하게 되더라도 외부 자금에 대한 기업의 의존도가 높아지는 단계에서는 '구축효과'[crowding out; 자본시장에서 정부의 재정적자 보충을 위한 차입금으로 거액의 화폐가 흡수됨으로써, 민간의 자금 차입이 억압되는 것] 현상이 격화되어 다시 고금리가 생겨나게 되었다.

고금리는 여러 가지 통로를 통해서 세계경제에 부정적 영향을 미친다. 첫째, 고금리는 미국 산업의 본격적인 설비투자의 부활을, 즉 미국 국내 경기의 상승을 막는다. 그것은 또한 세계경기의 상승을 곤란하게 한다. 둘째, 고금리는 서유럽이나 일본으로부터의 단기자금 유출, 그것의 미국으로의 유입을 독촉한다. 미국은 산업설비의 진부화가 진행되어 실질적인 국제경쟁력이 저하되어 가지만, 그럼에도 단기 달러가 유입됨으로써 달러가 강력하다는 모순된 현상이 생긴다. 그래서 서유럽 국가들이나 일본은 자국통화의 가치저하를 막기 위해 자국 금리수준의 대폭적 인하를 단행하지 못하기 때문에 경기촉진을 위한 유효한 수단을 얻지 못한다. 셋째, 고금리는 세계의 발전도상국의 원리금 상환 부담을 높여서 그 경제적 곤란을 심화시킨다.

민족해방운동 등을 힘으로 굴복시키려고 하는 미국 제국주의의 무제한적인 군비 증강——그것은 동시에 캘리포니아·앨라배마를 중심으로 한 미국 군수자본에 있어서 최대의 치부 원천이 된다——이 고금리를 필연적으로 만들고 구조적 위기를 격화시키고 있다.

마지막으로 간단히 말해 두자면 1982년 말 6,260억 달러(1977년 말의 2,740억 달러에 비해 5년간 2.3배 증가)에 달하고, 이후에도 더욱 계속해서 증대하고 있는 발전도상국들의 거대한 누적채무[5]가 현대자본주의의 구조적 위기의 한 가지 요인을 이룬다는 것은 당연하다.

---

5) 세계은행의 『세계개발보고』(*World Development Report*) 1999/2000년판에 따르면, 세계의 '중·저소득국'의 대외채무 총액은 1990년의 1조 4,721.81억 달러에서 1997년에는 2조 3,155.67억 달러로 크게 팽창했다. 국가별로 보면 1997년의 경우, 1위 브라질 1,936억 달러, 2위 멕시코 1,496억 달러, 3위 중국 1,466억 달러, 4위 한국 1,433억 달러, 5위 인도네시아 1,361억 달러, 6위 러시아 1,256억 달러, 7위 아르헨티나 1,232억 달러, 8위 인도 944억 달러, 9위 타이 934억 달러, 10위 터키 912억 달러이다. 게다가 이 수치는 단기와 장기채무를 포함한다. 1998년의 동아시아 통화위기로 인해 단기채무가 크게 늘었다.

이렇게 2차대전 후 한 시기 동안 나타났던 자본주의의 세계공황 없는 고도발전의 조건은 붕괴했다. 과학적 사회주의의 공황론이 엄연히 타당하다는 것이 다시 한번 분명해졌다.

4장

동아시아 경제위기와 헤지펀드

1980년대 후반부터 90년대 중엽에 걸쳐서 동아시아 각국은 급격한 경제 발전을 이루어서, '동아시아의 기적'으로서 전세계로부터 경탄과 경외를 받았다.

그러나 97년 7월 타이의 통화 폭락을 계기로 동아시아 다수의 나라들이 경제위기에 휩쓸리고 참담한 상황에 빠졌다. 다행히 1999년에는 위기도 일단 지나가서 아시아 경제가 전반적으로 회복했는데, 특히 한국·싱가포르는 순조로운 발전의 길을 걸었지만 인도네시아·타이·필리핀의 경제는 2000년인 지금도 고난으로 가득 차 있다. 1997~98년의 2년간에 걸친 경제위기는 동아시아의 많은 나라들에게 잊을 수 없고 다시는 되풀이되지 말아야 할 악몽 같은 사건이었음에 틀림없다. 뿐만 아니라 거기에서 소수의 부유한 사람이 부를 축적하기 위해서는 아무 죄도 없는 몇천, 몇억 명의 사람들을 구렁텅이에 빠뜨리는 것도 결코 마다하지 않는 현대자본주의의 가공할 비인간성과 그 치부의 메커니즘이 드러났다는 의미에서 매우 교훈적인 사건이기도 했다.

1. 1997~98년 동아시아 경제위기

전례 없는 경제성장 : 1980년대 후반~90년대 중엽

① '세계 성장의 중심'인 동아시아

1990년대 전반, 동아시아의 국가들은 전례 없는 경제성장을 구가하면서 '세계 성장의 중심지'로서 예찬받았다. 중국, 아시아의 NIES(Newly Industrializing Economies, 신흥공업경제지역), 아세안 국가·지역들은 평균 5~8%라는 경이적인 성장률을 유지했고, 여기에 일본을 더하면 동아시아의 GDP(국내총생산) 총액이 세계 전체에서 차지하는 비중은 1990년 19%에서 1994년 26%로 급격히 늘어났다.

이 고성장이 동아시아 각국의 평화적 공존과 협력, 각국 노동자의 매우 근면한 노동 의욕, 높은 저축률, 교육 수준의 향상 등에 힘입은 것은 물론이지만, 특히 강력한 역할을 발휘한 것으로 외국으로부터의 거액의 화폐 유입을 들지 않을 수 없다.

② 국제자본의 대량 유입에 의한 초(超)호경기와 버블의 발생

아시아에 대한 자금 유입은 80년대에는 공적 자본이 차지하는 비율이 높았지만 90년대에는 민간자금의 비율이 급격히 증대했다. 소위 경제의 '세계화' 물결을 타고 일본이나 구미의 기업이 임금과 비용이 저렴한 아세안 등의 동아시아 각국에 투자를 매우 증가시켰다. 이때 동아시아 각국은 자국 통화를 달러에 연결시키는 고정환율제를 채택하고 있었기 때문에, 엔고·저달러에 연동하여 자국의 통화가치도 떨어졌고, 이것을 무기로 수출을 늘릴 수 있었다. "이것과 더불어 고용 확대와 소득 증대는 소비 붐을 가져왔고, 그것이 또한 해외로부터의 직접투자를 증가시키는 호순환이 일

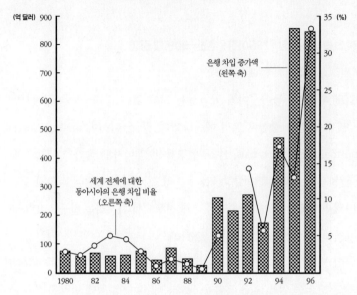

자료: 다이이치간교은행 종합연구소가 국제결제은행 자료 등을 이용하여 작성.『아사히신문』, 1997. 11. 24.

참고: 한국, 중국, 타이완, 인도네시아, 말레이시아, 타이, 필리핀의 합(홍콩, 싱가포르 제외). 1991년은 세계 전체의 은행 차입이 마이너스이기 때문에 비율이 없음. 96년은 전반기 통계를 연율로 환산.

어났다."[1] 세계의 직접투자 수입의 잔고 중에서 동아시아가 차지하는 몫은 1980년 6.3%에서 1995년에는 12.0%로 대략 2배 증가했다.

　은행 차입에 대해서는, 〈도표 12〉에서처럼 세계 전체의 은행 차입에서 동아시아의 몫은(홍콩과 싱가포르를 제외하면), 80년대 후반의 1~4% 수준에서 1996년에는 33%로 급증했다.

　외국자본이 가장 격심하게 유입된 곳은 타이였다. 타이에서는 금리가 12%로 높았던 데 비해 미국의 금리는 5% 전후였기 때문에 미국에서

---

1) 大蔵省, 『通商白書: 平成10年版総論』(통상백서: 헤이세이 10년판 총론), 1998.

자금을 빌려서 타이에 대부하면 금세 7%의 차익을 얻을 수 있었다. 연간 7%라면 10년이면 2배가 되는 셈이다. 더욱이 타이 바트화는 미국 달러와 고정환율로 연결되어 있었기 때문에 매우 안전했다. 그 결과 1,000억 달러에 달하는 국제자본이 홍수처럼 타이에 유입되었다.

외국자본이 타이로 대거 유입된 또 한 가지 이유는 타이에서 금융시장 자유화가 가장 철저하게 시행되었기 때문이다. 타이에서는 1993년 BIBF(Bankok International Banking Facilities)라는 '역외시장'(offshore market ; 국가와 떨어진 시장, 즉 국내의 금융시장과 떨어져서 운영되고, 외국인의 금융거래를 자유화하는 시장)이 개설되었다. 역외시장에서는 국내의 금융거래에 적용되는 예금준비율, 금리, 외환관리 등의 규제가 없을 뿐만 아니라, 수익에 대해 부과하는 통상 30%의 세율을 10%로 하는 세법상의 우대 조치가 제정되었다.

그러나 이와 같은 급격한 외국자본의 유입은 너무나 비정상적인 호경기를 낳아서, 점차 버블이 형성되었다. 타이에서는 10년 전과 비교하면 주식거래는 100배로 증가하고 지가는 30배로 폭등했다. 비정상적인 건설 붐이 일어나서, 80년대에는 정말 조금밖에 없었던 30층 이상의 고층 빌딩이 90년대에는 단숨에 150동으로 껑충 늘어났을 정도였다.

③ 엔고의 종언으로 인한 동아시아 수출경쟁력의 저하

동아시아의 고도성장을 이끌었던 것은 수출의 급성장이었지만, 이 수출의 급성장은 바로 일본의 1985~88년, 1990~94년 동안의 비정상적인 엔고에 의해 유지된 것이었다. 그러나 달러 대비 엔 환율은 1995년 4월 19일 1달러＝79엔 75전을 정점으로, 연평균으로 보아 1995년＝94엔 6전, 1996년＝108엔 78전, 1997년＝120엔 99전으로 점점 상승하여, 엔화의 가치가 하락했다. 이제 조수의 흐름이 변했다. 동아시아 각국의 통화는 달러와 연동되어 있었기 때문에, 엔고가 엔저로 바뀌면서 엔[일본 제품]에 비해 값이 비싸져 수출경쟁력을 잃어버리기 시작했다. 1995년에는 동아시아 대부분의 나라들이 전년 대비 20~30%의 수출증가율을 기록했지만, 1996년에는 전년에 비해 얼마 안 되는 비율로 수출증가율이 급격히 하락했다.[2]

그리고 그 중에서도 다만 한 나라, 타이에서만 수출증가율이 마이너스(-1.3%)로 바뀌었다. 이것은 위에서 말한 엔저·고달러의 영향과 더불어, 타이에서는 버블이 가장 심하고 인건비는 높고 생산성 향상도 비교적 이루어지지 않아서 고비용 상황이 지속되고 있었기 때문이다. 타이는 동아시아에서 취약한 점이 가장 많은 국가였다.

통화위기에서 과잉생산공황으로

① 헤지펀드의 통화투기

이런 정세 변화를 잘 보고 단단히 벼르고 있었던 것이 미국의 투기적 투자 집단인 헤지펀드였다. 조지 소로스(George Soros)가 이끄는 퀀텀펀드(Quantum Fund)를 선두로 미국의 헤지펀드 무리는 동아시아 거품이 곧 꺼질 것이라고 보고, 표적을 타이로 좁혀서 1997년 5월 이후 바트는 매도하고 달러는 매입하는 대규모 투기 행위를 세 번에 걸쳐서 했다.

통화투기의 방법은 이렇다. 가령 1달러＝25바트라는 고정환율을 가진 바트를 2개월 후에 '매도한다'는 선물계약을 맺고(당연히 1달러＝25바트의 비율로), 그후 바트를 [시세를 떨어뜨리기 위해] 시장에 쏟아 낸다. 2개

---

2) 『アジア研トピックレポート』(아시아연구소 토픽레포트), 1997. 4月号.

월 후에 바트가 가령 1달러＝30바트로 가치가 떨어진 시점에서, 가치가 떨어진 바트를 '매입하여' 선물거래를 결제하면 1달러당 5바트의 차익을 얻을 수 있다.

갑작스러운 바트의 대량 매도에 경악한 타이 정부는 이웃 나라들에게 협력을 요청하면서, 바트를 [시세 유지를 위해] 적극적으로 매입하여 필사적으로 방어전에 나섰다. 그 절정이었던 5월 14일에는 하루에 100억 달러라는 전례 없는 액수의 바트 매입으로 전력을 다하여 헤지펀드의 맹공에 저항했다. 그러나 미국 은행의 지원하에 거의 무진장한 자금을 계속 투입하는 헤지펀드에는 끝끝내 이길 수 없어서, 결국 380억 달러였던 외화보유도 바닥으로 떨어지고, 더 이상 어쩔 수 없게 되어 버렸다. 7월 2일 타이 정부는 바트의 달러 연동을 정지시키고, 시장의 운동에 맡기는 변동환율제로의 이행을 승인할 수밖에 없었다. 이리하여 바트는 그후 4개월 동안 40%나 크게 폭락했다.[3] 추정하건대 헤지펀드는 30억 달러의 투기 이득을 감쪽같이 가로챘다.

② 국제화폐의 대량유출에 의한 동아시아 통화위기

통화 폭락은 타이에만 그치지 않았다. 동아시아 각국으로 유입된 국제자본은 바트 폭락을 목격하고 잇따라 달러의 유출을 시작했기 때문이다. 그리고 원래 동아시아로 유입된 국제자본은 단기자본이 많았다. 전체의 약 3분의 2가 발이 가벼운[유동적인] 단기자본이었다고 추정된다.

아세안이나 한국은 상당한 수출의존형 경제로서 고성장을 이루었지

---

3) 타이 정부·중앙은행과 헤지펀드의 처절한 통화전쟁에 대한 자세한 과정은 타이 중앙은행 조사보고서 『누쿤(NUKUN)위원회 보고서』에 정리되어 있다.

〈도표 13〉 아시아I 통화 달러 환율의 감가 비율(1997년 7월을 기준으로 함)

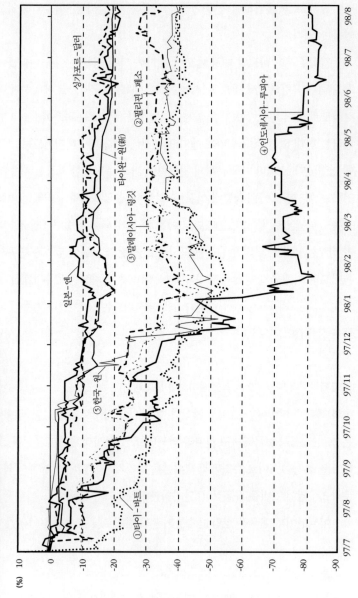

일본 - 엔

싱가포르 - 달러

타이완 - 원(新)

②필리핀 - 페소

③말레이시아 - 링깃

⑤한국 - 원

①타이 - 바트

④인도네시아 - 루피아

출처: 「Asian Wall Street Journal」(미즈노 미치오, 「애니로부터 '샬접경제로 : 초대양 불황에 고심하는 아시아 각국」, 「이코노미스트」일본어판, 1998. 9. 15, 64쪽).

만, 그때 수출품 제조에 필요한 공업 생산설비, 부품, 소재 등의 대부분을 일본 등으로부터의 수입에 의존했기 때문에 경상수지(무역수지에 무역외수지를 더한 것)는 거의 만성적인 적자였다. 경상수지 적자를 자본수지 흑자로 메우는 것이 이 나라들의 구조였다.

그러나 자본 유입도 직접투자와 같이 현지에 직접 투자되는 자본이나 장기은행대부와 같은 안정된 자금보다 1년 미만의 단기자금이나 주식 및 채권에 들어가는 증권투자(포트폴리오)와 같은 투기적 자금이 많았다. 이러한 단기자본, 투기적 자본이 바트의 폭락을 보고, IMF의 추정으로 1,050억 달러(이 중 국외 은행의 자금이 768억 달러, 헤지펀드나 기관투자가 등의 증권투자 자금이 237억 달러), 즉 인도네시아·타이·한국·필리핀·말레이시아 다섯 개 나라 GDP 총액의 약 10%에 달하는 거액의 달러가 갑자기 동아시아로부터 일제히 유출되기 시작했다.

그 결과 통화 폭락이 순식간에 도미노가 쓰러지듯이 연이어 파급되었다(도표 13). 국가별로 보면 인도네시아 루피아의 폭락이 가장 심했고(-85%), 이어서 타이의 바트(-50%), 한국의 원(-50%), 말레이시아의 링깃(-40%), 필리핀의 페소(-40%) 등의 순이다. 싱가포르 달러와 타이완의 원은 감가 비율이 비교적 가벼운 정도였다(-20%).

국제자본이 유출되면 동아시아 각국의 통화가치와 주가도 함께 폭락한다. 그리고 통화가치가 하락한 만큼 자동적으로 대외채무가 늘어나는데, 가령 최악의 상황이었던 인도네시아에서는 위기 이전에 빌렸던 원금에 대해 (자국 통화로 환산해서) 5배나 부담이 증가했다. 이것이 되돌아오면서 경제가 더욱 악화되었다.

통화위기에서 시작된 경제위기는 (뒤에 논의하겠지만) IMF의 긴축정책에 의해 더욱 격화되었다.

③ 버블붕괴, 과잉생산공황 유발

통화위기는 당연히 버블을 붕괴시키고 투기적으로 부풀어 오른 생산과 유통을 단번에 수축시킴으로써 과잉생산공황을 일으켰다. 1990~95년 동안 약 5~8%의 실질 GDP 성장률을 자랑했던 나라들이 1998년에는 한국은 -5.8%, 타이는 -8.5%, 말레이시아는 -4.8%, 인도네시아는 -13.7%라는 놀라운 마이너스 성장에 빠졌다.

타이의 경우, 이 버블붕괴를 극적으로 보여 준 것은 날개 달린 듯 팔렸던 고급 맨션의 판매가 갑자기 멈추어서, 건설이 완료된 신축 맨션이 빈집인 채로 방치된 광경이다. 1999년 6월 27일 NHK방송의 「화폐의 폭풍우가 지나가다」(マネーの嵐が駆け抜け)에서는 파산한 타이의 전 맨션왕 시리왓 씨가 버블붕괴 이후 '길거리의 샌드위치 장사'로 전락한 모습을 방영한 게 인상적이었다.

동아시아 국가들에서는 버블 시기에 '아시아의 성장 신화'를 믿고 유입된 외국자본이나 국내자본에 의해 과대한 설비투자가 강행되었다. 이렇게 과잉생산공황의 불씨가 만들어지고 있었다. 예를 들어 타이의 자동차 공장에서는 1996년에 수요가 약 60만 대였지만, 2000년까지 110만 대 생산을 목표로 급속하게 설비 증강이 이루어졌다. 이러한 과대 투자는 당연히 버블붕괴와 함께 급정지될 수밖에 없었다. 타이에서는 마루베니가 투자한 자동차용 냉연강판의 생산이 1999년에 70만 톤의 출하를 예정하고 있었지만, 강판의 주된 수요자인 자동차 공장의 조업 정지로 수주는 불과 8,000톤(월별 액수)으로 떨어지면서 공황에 빠졌다.

한국에서는 반도체, 메모리 분야에 과대 투자가 나타나서 주가가 폭락했다. 또 자동차도 과잉생산되어, 덤핑 전쟁 속에서 기아자동차가 경영 파탄에 빠졌다. 석유화학에서는 1989년에 일본을 포함하여 아시아 전체에서 1,040만 톤이었던 에틸렌 생산이 2000년에는 2,440만 톤으로 10년 동안 2배 이상의 증산 계획으로 설비투자가 진행되었다. 그렇지만 도저히 시장에서 판로를 찾기가 어려워져서, 현재 많은 나라들이 석유화학의 플랜트 건설 계획을 보류하고 있다.

이처럼 통화위기로 인해 그간 급성장해 왔던 동아시아 발전도상국들은 과거에 경험하지 못한 본격적인 과잉생산공황에 휩쓸렸다(동아시아 공황은 동시에, 거기에 진출한 각국의 다국적기업도 휩쓸어 조업을 정지하거나 퇴출당하게 했다. 이에 대해서는 후술하였다).

④ IMF의 긴축정책에 의한 위기 격화

통화 폭락에 의해서 자동적으로 대외채무가 급증하고 외화보유고가 바닥이 난 나라들, 특히 타이·한국·인도네시아는 IMF에 지원을 요청했다. 지원액은 3개국 합쳐서 363억 달러. 이에 IMF는 지원의 대가로 긴축정책을 취할 것을 조건으로 붙였는데, 그것 자체가 오히려 경제위기를 더욱더 심화시켰다.

IMF가 내건 주요한 지원 조건은 '국제수지의 개선', '긴축재정의 수행', '금융 시스템의 안정'이었다. 그래서 우선 경상수지 적자를 억제하기 위한 수입 감소가 강제되었다. 이 국가들에서는 수출품의 제조를 위해 필요한 자재·생산설비를 자국에서 생산할 수 없어서 그 대부분을 일본 등 선진국으로부터의 수입에 의존하는 구조였다. 따라서 수입에 엄격한 제약을 부가하는 것은 수출품 제조의 확대, 그리고 수출 확대에도 지장을 가져왔다.

다음으로 긴축재정·재정지출 감소를 위해서 GDP 성장률이 억제되었고 또한 다른 한편에서는 증세와 전력·수도 등 공공요금의 상승이 강제

〈표 12〉 주요국의 IMF 출자 비율

(단위 : %)

구분	현행	11차 증자 후
미 국	18.212	17.521
일 본	5.658	6.279
독 일	5.658	6.135
프랑스	5.090	5.065
영 국	5.090	5.065

출처: 'IMF Press Release', No. 99/4, Jan. 22, 1999. (http://www.imf.org/external/np/sec/pr/1999/pr9904.htm)

되었다. 금융 시스템의 안정을 위해서 은행 대출이 제한되어, 대부분의 제조업 기업이 자금 부족으로 괴로워하다 경영 곤란과 마이너스 성장에 빠졌다. 정리해고와 임금인하가 도입되었고, 실업률이 급격히 증대되었다.

이 중 한국에서 IMF는 가차 없는 '정리해고제'를 강요하여, 노동조합의 지지하에 당선된 김대중 대통령을 말할 수 없는 고뇌에 빠뜨렸다. 한국의 실업률은 98년 7월 시점으로 7.6%, 실업자 수는 165만 명에 달했다. 또 싱가포르의 『비즈니스 타임스』(1998.4.28)에 따르면 이 국가들의 노동자 임금은 통화위기 이전에 비해서 약 40% 감소했다고 한다. 그 중에서도 특히 최악의 슬럼프에 빠졌던 것은 인도네시아인데, 1998년의 성장률은 -18.3%, 수출은 -9.4%로 떨어지고 소비자 물가는 61.1%로 상승했다. 이 경제위기로 여러 지역에서 반정부 데모나 폭동이 발발하였다.

이처럼 IMF의 경제관리하에 놓인 동아시아 각국은 혹독하게 허리띠를 졸라매는 생활을 강요받게 되었다. IMF는 국제기관으로서 모든 나라들을 공평하게 대해야 하지만, 실제로는 강대국 미국의 지배에 따라서 움직이고 있다. 즉 다음과 같은 속임수가 있었다(〈표 12〉를 참조). "IMF에서 중요 안건은 총투표수의 85% 이상의 찬성을 필요로 한다. 투표권은 출자

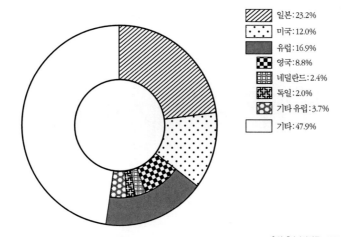

<도표 14> 동남아시아 국가들에 대한 직접투자

일본 : 23.2%
미국 : 12.0%
유럽 : 16.9%
영국 : 8.8%
네덜란드 : 2.4%
독일 : 2.0%
기타 유럽 : 3.7%
기타 : 47.9%

출처: 『아사히신문』, 1998. 4. 29.

참고 : 타이, 인도네시아, 말레이시아, 싱가포르, 필리핀의 합계(1993~96년 누적 합산). 인가 기준.

비율에 근거하고 있는데, 최대 출자자는 미국으로 17.78%를 쥐고 있다. 다른 나라들의 출자액을 모두 합쳐도 82.22%에 그친다. 그러므로 미국이 반대하면 IMF에서는 어떠한 안건도 처리될 수 없다."[4]

일본의 동아시아 시장 재분할

동아시아 경제위기에는 또 하나의 후일담이 있다. 일본 자본은 위기 전까지 압도적인 비중을 차지했던 만큼 손해도 가장 컸는데, 이 기회를 틈타 미국이 동아시아의 기업 매수에 대대적으로 나선 결과, 동아시아에서 일본과 미국의 세력 관계가 역전되지는 않았지만 미국의 비중이 크게 늘어나게 되었다는 것이다.

---

4) 林直道, 『일본경제를 어떻게 볼 것인가』, 199쪽.

<표 13> 아시아 주요 국가·지역에 대한 각국 은행의 융자 및 채권잔고

(단위 : 억 달러)

구분	일본	미국	독일	프랑스	영국	일본의 비중(%)
타 이	377	40	76	51	28	54.4
인도네시아	232	46	56	48	43	39.4
말레이시아	105	24	57	29	20	36.4
필 리 핀	21	28	20	17	11	14.9
싱 가 포 르	650	52	384	154	252	30.8
타 이 완	30	25	30	52	32	12.8
한 국	237	100	108	101	61	22.9
홍 콩	874	88	322	128	301	39.3
중 국	187	29	73	73	69	32.3
9개국·지역 합계	2,714	433	1,125	652	817	34.3

출처: 국제결제은행(Bank for International Settlements), 『국제금융보고』에 의거.

참고: 1997년 6월 말 기준. '일본의 비중'은 BIS보고국 전체에서 일본이 차지하는 융자·채권잔고 비율.

동아시아 국가들·지역으로의 직접투자에서 일본은 427억 달러(1993~96년의 누적 합계), 즉 전체의 약 4분의 1(약 23.2%)을 차지하였는데, 이것은 미국의 약 2배에 달했다(도표 14). 또 융자 및 채권 잔고에서 일본은 2,714억 달러(1997년 6월 말 현재), 즉 전체의 약 3분의 1(34.3%)을 차지하였는데, 이것은 미국의 6.2배에 달했다(표 13).

그런 만큼 동아시아 국가들이 갑자기 격렬한 위기에 휩쓸린 것은 일본 자본에게 '아닌 밤중에 홍두깨'였고, 받은 타격도 한층 더 큰 것이었다. 인도네시아에서 일본의 거대 기업은 '설비증설 동결', '조업 정지', '휴업', '공장 가동 연기'라는 상황에 빠졌다. 타이에서는 2개의 도요타자동차 공장이 조업을 정지했다. 말레이시아에서는 가와사키(川崎)제철의 철강일관[鐵鋼一貫; 선철 제조의 전 과정을 일관하여 작업하는 작업형태] 공장의 건설이 연기되었다.

이것에 비해서 미국의 손해는 일본에 비해 훨씬 적었다. 미국은 동아시아 경제위기로 일본의 지배가 흔들린 기회를 놓치지 않고 주가 폭락으로 헐값이 된 현지 우량기업을 싸게 매수함으로써 글로벌 패권전략을 아시아에서도 전개하려고 했다.[5]

2. 헤지펀드

헤지펀드란 무엇인가

① 소수의 대자산가에 의한 사적 투자조직

그토록 순조롭게 경제가 성장해 가던 동아시아 국가들을 순식간에 나락으로 떨어뜨린 것은 대량으로 유입된 외국자본의 동시 유출에 의한 통화폭락이었지만, 그 방아쇠를 당긴 것은 타이의 바트를 타깃으로 무자비한 통화 투기를 강행한 헤지펀드였다. '세계의 성장 중심'이라고 대대적으로 선전하며 호황에 열광했던 1997년 전반까지의 아시아와 지금 아시아 민중의 참담한 궁핍함을 비교하면, 마치 아프리카의 푸르고 기름진 땅을 덮친 엄청난 메뚜기 떼가 숲과 초원과 밭의 모든 녹음을 먹어 치우고 날아가버린 후의 황량한 민둥산을 연상시킨다. 엄청난 메뚜기 떼, 그것은 헤지펀드를 중심으로 한 국제투기자본이었다.

그러면 헤지펀드란 도대체 무엇인가? 그것은 "신용거래와 역외거래를 적극적으로 이용하여 가능한 한 많은 투기적 이익을 배분하는 것을 목적으로 하는 유한 책임의 투자신탁조합"이다(역외거래란 일정 기간 내에

---

5) 奧村皓一, 「アジア危機に群がる米欧多国籍企業」(아시아 위기에 모여든 미국·유럽 다국적기업), 『世界週報』, 1998.4.21 참조.

정해진 상대에게 정해진 가격으로 강매 또는 매수를 요구할 수 있는 주식이나 외환의 선물거래임).[6]

똑같이 투자신탁이라고 해도 일본의 투자신탁이 1인 1만 엔 단위로 누구라도 자산운용을 위탁할 수 있는 공개모집형 투자기관인 것에 비해서, 헤지펀드는 사모 형식으로 출자자와의 사적 계약에 의한 투자집단 형태를 취하고 있다. 대규모 헤지펀드의 경우 당초의 계약 조건은 "1인 1,000만 달러, 상한 99명, 3년간은 해약 불가능하고 운용 내용은 공개하지 않는다"[7]였다고 한다. 상한이 99명인 것은 100인 이상이 되면 미국의 SEC(증권거래위원회)의 규제를 받기 때문이다. 그러나 1인 1,000만 달러(약 12억 엔)라는 것은 대단한 금액이다. 요컨대 헤지펀드는 매우 소수의 대자산가에 의한 사적 투자조직이다.

헤지펀드의 특징은 바하마(서인도제도에 있는 영국 보호령)나 케이맨(네덜란드령) 등의 소위 조세피난지역(tax haven)에 설립되어 정부의 회계감사도 받지 않고 세금도 내지 않으므로 그림자와 같은 존재라는 점이다. 그러므로 실태를 정확한 숫자로 파악하기가 매우 어려워서, 펀드의 수, 순자산액, 운용자금액 등에 대해서도 조사 기관에 따라서 아주 가지각색이다. 여기에서는 일단 IMF의 공식 발표에 따라서 97년 말에 펀드 수 853개, 순자산 895억 달러라는 숫자를 들어 두자.[8] 미국 증권회사의 추계에 따르면 펀드 전체가 순자산의 8배에 해당하는 약 7,500억 달러의 자산을 운용한다고 한다.

'순자산'이란 출자자가 낸 자금의 합계액이다. 헤지펀드는 이 자금으

---

6) 『ランダムハウス英和大辞典』(랜덤하우스 영일대사전), 小学館.
7) News Week, Oct. 4, 1998.
8) 『니혼게이자이신문』, 1998.10.25.

로 증권을 구입하고 그 증권을 담보로 은행에서 10배, 20배의 자금을 차입하여 운용한다. 그것이 '운용자금'이다. 7,500억 달러의 운용자금은 인도네시아·타이·한국의 GDP 합계액에 상당하고, 또한 G7의 외채준비총액(5,200억 달러)보다도 크다. 헤지펀드는 이 운용자금을 파생금융상품 등을 이용하여 더욱 부풀리고[레버리지 효과 혹은 지렛대 효과; 타인으로부터 빌린 차입금을 지렛대로 삼아 자기자본이익률(당기순이익을 자기자본으로 나눈 비율)을 높이는 것을 말한다], 더욱더 거대한 금액의 투자계약을 마음대로 활용한다. 조사회사인 레이먼드 리서치의 추계에 따르면 그 금액은 4조 달러라고 한다. 이만큼의 화폐를 움직이는 지하제국과 같은 헤지펀드에 대해서 타이가 380억 달러의 외화준비액으로 싸워도 승산이 없었던 것은 당연하다.

② 인정사정없는 금권괴수

문제는 이런 초거대 자본을 조종하는 헤지펀드가 어디에서도 아무 규제도 받지 않고 세계 각지에서 거리낌 없이 투기와 이권 활동을 전개하고 있다는 점이다.

이들의 수법은 세계 각국에 정보망을 치고 어디든지 약한 곳, 깨지기 쉬운 곳은 없는지 눈에 불을 켜고 조사하다가, '여기다 싶은 곳에, 이때다 하는 타이밍에' 홍수처럼 수백억 달러나 하는 자금을 집중시켜 투기를 하고 거대한 이익을 빼앗아 다시 순식간에 사라진다. 바로 오늘날의 '카지노 자본주의'의 전형이다(카지노 자본주의란 수전 스트레인지Susan Strange의 1986년 저서 *Casino Capitalism*의 제목이다). 그 '인정사정없는' 모질고 잔인한 수법으로 인해 '국제도적단'(international brigands), '대머리 독수리'(vulture), '흉폭한 곰, 그리즐리(grisly)', '세기말의 요괴' 등의 별명이 붙여졌다. 그것은 생산·유통 활동에 자금을 융자하여 이익을 얻는 통상의 금융 활동이 아니라 어제는 미국의 채권, 오늘은 일본의 주식, 내일은 아시아의 통화를 표적으로 삼아서 세계를 활보하며 투기 이득을 먹어 치우는 무섭고 기괴한 금권괴수이다. 그리고 동아시아는 이 괴수에게 뜯어 먹힌 희생자였다.[9]

③ 헤지펀드를 규제하라

헤지펀드의 해악을 비난하고 그 규제의 필요를 역설하는 목소리는 전세계에 가득하다. 약간의 사례를 들어 보자.

말레이시아의 마하티르 빈 모하맛 수상은 "시세를 아주 조금 흔드는 것만으로 거액의 돈을 손에 넣어, 장기간에 걸친 발전도상국의 경제 발전 노력을 망치는 것은 범죄행위"[10]라고 비난하였다.

영국의 토니 블레어 수상은 홍콩 방문 시 참석한 비즈니스 회의의 강연에서 "레버리지 효과를 이용하여 비밀리에 전례 없는 규모의 자금을 조작하는 펀드는 각국의 감시제도나 국제기관의 눈에도 보이지 않는다"라고 지적하고 "자본이 신흥시장에 홍수처럼 쏟아져 들어왔다가 갑자기 한꺼번에 유출되는 세계에 대응하는 새로운 규칙이 필요하다"고 말했다.[11]

---

9) 1999년 2월 제네바(스위스)에서 헤지펀드 세계대회가 열려 세계 각국에서 1,000명이 넘는 헤지펀드 대표자들이 모였다. 취재하러 간 일본의 NHK 기자에게 어떤 헤지펀드 대표자는 "전 세계를 살펴보면, 어딘가에 과대평가된 시장이 있다. **그곳이 우리의 노리개가 되는 것이다**"라고 말하며 싱긋 웃는 모습이 화면에 잡혔다(NHK방송, 「화폐의 폭풍우가 지나가다」). 또 미국의 잡지인 『타임』의 1997년 11일 3일자에는 헤지펀드를 "산등성이 위에서 사슴 무리를 내려다보고 있는 늑대"로 비유하면서, 헤지펀드가 타이를 먹잇감으로 만들어 가는 모습, 그 전술을 "상처입은 사냥감"에 덤벼드는 육식동물에 빗대어 묘사한 유진 린든의 흥미로운 기사가 실려 있다(Eugene Linden, "How to Kill a Tiger : Speculators tell the story of their attack against the baht, the opening act of an ongoing drama", *TIME*, Vol. 150, No. 18, Nov. 3. 1997, pp. 8~9).
10) 『니혼게이자이신문』, 1997.9.2.

또한 세계 최대의 도자기·크리스탈 제품 메이커인 웨지우드의 앤서니 오라일리 회장은 『아사히신문』 기자와의 인터뷰에서 신흥시장국의 경제 혼란의 원인 중 하나인 자산운용회사 헤지펀드의 규제를 강하게 호소하며 다음과 같이 말했다.

헤지펀드는 아프리카에서도 대량의 자금을 단기간에 이동시켜서 경제를 혼란에 빠뜨렸다. 이런 부도덕한 행위가 허용되어선 안 된다. 홍콩 당국이 주식을 매입하여 주가 하락을 방지한 것은 칭찬받을 만하다. 자본주의의 원칙을 왜곡한 것이 아니라 '미국식 카우보이 자본주의'에 대항했다고 말할 수 있기 때문이다. 헤지펀드는 대부분 예외 없이 '카우보이'라고 봐도 좋다.[12]

이미 마하티르 수상은 헤지펀드 규제의 구체적 방책으로서 "외화의 국외지출 제한이나 고정환율제의 도입" 등을 적극적으로 주장하고 있다. 또 미국의 폴 크루그먼 교수는 "과세를 통해 단기자금 이동을 억제하는 조치나 조금이라도 위험한 조짐이 보이면 은행에 대해서 외국으로의 자금 이동을 금지하는 조치"[13]를 제안한다.

이처럼 헤지펀드를 규제하라는 목소리가 전세계적으로 높아지고 있음에도 불구하고 미국 정부는 '자본의 세계화', '자유로운 자본 이동', '규제완화'야말로 국제경제의 원리라는 일반론을 구실로 헤지펀드 규제를

---

11) 『니혼게이자이신문』, 1998.10.10.
12) 『아사히신문』, 1998.11.4.
13) *News Week*, Oct.14, 1998, 21쪽.

거부하고 이것을 내버려 두었다.

위와 같이 세계의 무고한 사람들이 비참한 일을 당하지 않고 살도록 하루라도 빨리 헤지펀드를 효과적으로 규제하는 것이 필요하다.[14]

헤지펀드를 왜 내버려 두는가

① '월가–재무성 복합체'[15]

미국 정부가 헤지펀드를 규제하지 않고 내버려 두는 것은 왜일까? 이 문제에 대해서 훌륭하게 설명한 논문이 있다. 컬럼비아대학 교수, 자그디시 바그와티의 「자본의 신화」[16]가 그것이다. 그는 이렇게 말하고 있다.

> 게다가 월가는 워싱턴에 상당한 영향력을 가지고 있다. 이유는 간단한데, C. 라이트 밀즈(C. Wright Mills)가 말한 파워엘리트와 같은 의미에서, 동일한 생각을 가진 명사들의 확고한 네트워크(a definite networking of like-minded luminaries)가 강력한 기관들, 그 가운데에서 가장 눈에 띄는 월가, 재무성, 국무성, IMF, 세계은행 사이에 존재하고 있기 때문이다. 루빈(Robert Rubin) 장관은 월가 출신이고, 알트먼(Roger Altman)은 월가에서 재무성을 거쳐 다시 월가로 돌아갔다. 부시 대통령의 재무장관이었던 니컬러스 브래디(Nicholas Brady)도 똑같이 금융계로 돌아간다. 세

---

14) 高田太久吉, 「ヘッジファンドと現代の金融危機」(헤지펀드와 현대의 금융위기), 『経済』 1999.5, 105쪽 참조.

15) 이 '월가–재무성 복합체'(Wall Street-Treasury complex)라는 말은, 아이젠하워 대통령이 군부와 군수회사의 유착에 의해 미국의 정치가 왜곡된다는 것을 경고했을 때 사용한 '군산복합체'(military-industrial complex)와 나란히 명명된 것이다.

16) Jagdish Bhagwati, "The Capital Myth", *FOREIGN AFFAIRS*, Vol. 77 No. 3, May/Jun. 1985, pp. 7~12.

계은행의 부총재로 활동했던 어니스트 스턴(Ernest Stern)은 현재 J. P. 모건의 임원이다. 투자은행가 제임스 울펀슨(James Wolfensohn)은 현재 세계은행 총재이다. 이밖에도 더 들 수 있다.

이 강력한 네트워크——까놓고 말하면 월가-재무성 복합체라고 부르는 편이 적절할지도 모른다——로부터 월가의 이해관계를 넘어선 것은 보이지 않는다. 그들은 월가의 이익이 세계의 선(good of the world)이라고 생각하기 때문이다.

② 헤지펀드 위기와 미국 정부

헤지펀드는 직접적으로는 미국 대자산가들의 사적인 이윤 증식 기관이지만, 동시에 그것은 바그와티가 말한 '월가-재무성 복합체'에 장악되어 세계지배의 첨병으로서 유용하게 쓰이고 있다. 대규모 헤지펀드와 미국 정재계 중추부의 결합은 루빈 재무장관이 월가의 대금융기관인 골드만삭스의 회장으로서 헤지펀드의 큰손인 LTCM(Long Term Capital Management)의 운영에 관계되어 있다는 점에서도 추측되지만, 1998년 여름에 미국경제를 뒤흔든 '헤지펀드 위기'의 발발로 양자의 결합이 더욱 선명하게 드러났다.

이 몇 년 동안 '시장경제로의 이행'이란 이름 아래서 국유기업의 해체와 주식회사화, 대은행 및 대기업의 민영화 등으로 자본주의가 부활하고 외국자본에 지나치게 의존해 왔던 러시아에서는, 사적 이익의 추구와 투기적 사업이 번창하는 한편, 산업은 쇠퇴하고 재정적자가 누적되었다. 그리하여 1998년 5월 이후, 외국 투자가들이 러시아로부터 자금을 빼내어 가면서 금융 불안이 나타나자, 이후 1998년 8월에는 '루블화 절하', '대외채무의 지불동결'(모라토리엄) 등의 긴급조치를 단행하지 않을 수 없는 상황에 처하게 되었다. 8월 중순에 1달러 = 6.3루블이었던 루블 시세는 9월 8일에는 1달러 = 20.7루블까지 대폭락했다. 러시아에서 경제위기가 시작된 것이다.

러시아에 투자 및 융자했던 일본, 미국, 유럽의 은행·증권회사도 거액의 손실을 입었지만 헤지펀드가 입은 손해도 큰 액수에 달했다. 그들 대부분은 러시아 국채의 연간 이자율 100%라는 믿기 어려운 고금리에 걸려들어, 대량의 자금을 그것의 투기적 구입에 투입했다.

거액의 투기자금을 동원하여 홍수처럼 전세계를 망치고 돌아다니고 거대한 이익을 마구 벌어들이던 헤지펀드마저 결국 투기에 실패했다. 조지 소로스의 퀀텀펀드가 20억 달러 규모의 손실을 내고, 줄리언 로버트슨의 타이거매니지먼트도 6억 달러의 손실을 입었다. 또 리언 쿠퍼맨의 오메가어드바이저도 4.5억 달러의 손실, 애팔루사매니지먼트도 자산의 38%를 잃고, 다나 맥기니스의 맥기니스글로벌펀드는 파산에 이르렀다.[17]

이때 유달리 심각한 손해를 입었던 헤지펀드가 솔로몬브러더스의 전 회장인 존 메리웨더가 창업한 LTCM이었다. LTCM은 1997년에 파생상품 이론의 업적으로 노벨경제학상을 수상한 로버트 머튼, 마이런 숄스 두 명의 경제학자를 경영진으로 맞이하여 독특한 투기방정식으로 급격하게 이윤을 올리며 급성장했지만, 이번 러시아의 루블국채투기에서는 완전히 실패했다. 8월에만 운용 자산의 44%가 날아가서 21억 달러의 큰 손실을 내고 경영파탄·도산의 직전까지 몰리게 되었다.

그러나 이때, 기회를 놓치지 않고 구제에 나선 것이 그린스펀 연방준

---

17) 『니혼게이자이신문』, 1998.9.17.

〈표 14〉 LTCM을 긴급 지원한 은행들(14개 은행에서 36억 달러 제공)

(단위: 100만 달러)

은행명	출자액	은행명	출자액
바클레이스	300	뱅커스트러스트	300
체이스맨하튼	300	크레디트스위스퍼스트보스턴	300
도이치방크	300	■골드만삭스	300
■J.P.모건	300	리먼브러더스	100
■메릴린치	300	■모건스탠리딘워터	300
BNP파리바	100	■솔로몬스미스바니	300
소시에테제네랄	100	■UBS	300

출처: "Bloomberg Financial Services; Long-Term The Torrenzano Group"(『The New York Times』, Sept. 26. 1998).
참고: '■'표시는 LTCM 경영관리에 참여하고 있는 은행이다.

비제도(FRS) 이사회 의장과 뉴욕연방준비은행(FRB) 맥도너 총재였다. 그들은 월가에 있는 14개 은행의 책임자들을 뉴욕연방준비은행에 소집하고, 그들에게 총 36억 달러의 자금을 각출하여 LTCM을 구제하도록 요청했다(구제를 위한 분담금은 〈표14〉를 보시오).

금융기관은 '자기책임'을 져야 하고 경영이 파탄나면 도산해야 하며 정부가 이를 구제하겠다고 나서서는 안 된다는 것이 지금까지의 미국 금융 행정의 원칙이었다. 그러나 이 원칙을 위반한 LTCM의 구제는 미국 의회에서 금융 당국에 대한 격렬한 비판을 불러일으켰다. "어째서 우리들이 억만장자를 위해서 도박 경영을 해온 펀드를 구제할 필요가 있는 것인가?"라는 의원들의 가차 없는 질문에 대해서 금융 당국은 변명하느라 비지땀을 흘렸다고 한다.[18]

---

18) 『아사히신문』, 1998.10.3.

③ 유럽·미국·일본의 대은행과 헤지펀드

'헤지펀드 위기'를 통해서 뜻밖에 폭로된 또 한 가지 중요한 사실은 대은행이 헤지펀드에 거액의 융자를 해주어서 막대한 배당이득을 얻었지만, 1998년 여름에는 헤지펀드의 투기 실패로 대은행도 큰 손해를 입었다는 것이다.

그러나 그후 1998년 9월의 헤지펀드 위기로 다수의 대은행과 헤지펀드의 결합이 점차 세상에 더 많이 드러나기 시작했다. "경영불안설의 확대에 선수를 치기 위해 미국 금융기관은 잇따라 헤지펀드에 대한 융자액을 공표하기 시작했다." 체이스맨해튼이 32억 달러, 뱅커스 트러스트가 8억 7,500만 달러 등이었다.[19] 다시 말해 미국과 유럽의 대은행은 헤지펀드로의 불건전한 거액 출자를 통해서 20~30%나 되는 배당이익을 얻었는데, 그것이 대은행에게 보다 나은 수익을 위한 받침대가 되었다.

그 대신 헤지펀드가 투기 실패로부터 큰 손실을 내어 경영위기에 빠지면 대은행도 또한 큰 손실을 입게 되었다. 1998년 10월에 유럽 최대 은행인 스위스 UBS는 미국 헤지펀드 LTCM에 대한 투자에서 9억 5,000만 스위스 프랑(약 7억 달러)의 손실을 내고, 은행 신뢰성에 손상을 입힌 것에 대해 카비알라베타(Mathis Cabiallavetta) 회장이 책임을 지고 사임했다. 퇴직금은 아예 받지 않았다고 전해진다.[20]

미국·유럽·일본 은행의 투기적 자금 운용의 윤곽, 헤지펀드와의 얽힘, 입은 손실 등의 윤곽이 국제금융정보센터(오바 도모미쓰大場智滿 이사장)의 조사에 의해 밝혀졌다(표 15).

---

19) 『니혼게이자이신문』, 1998.10.7.
20) 『아사히신문』, 1998.10.3.

〈표 15〉 미국·유럽·일본 금융기관의 투기 운용에 의한 거액의 손실

(단위 : 억 달러)

구분	헤지펀드에 대한 융자액	은행 자신의 모방 운용액	헤지펀드에 대한 융자 중 회수불능액	스스로 계산한 손실액	손실 합계
미국계	1,700	2,000	122	144	266
유럽계	1,400	-	101	35~40	약 140
일 본	400	-	29	3	32
합 계	3,500		252	약 186	약 438

자료: 국제금융정보센터의 조사 결과. 『니혼게이자이신문』, 1999.1.7; 『신문 붉은 깃발』, 1999.1.23에 상세한 정보가 게재되어 있다.

그것에 의하면 미국·유럽·일본 대은행은 총 3,500억 달러(미국 은행만 1,700억 달러)나 헤지펀드에 융자하고, 그 융자가 회수불능이 되어 252억 달러(미국 은행만 122억 달러)의 손실을 입었다. 그 밖에 미국 은행은 자신도 헤지펀드를 모방한 운용을 2,000억 달러나 하여, 스스로의 계산에 따르면 144억 달러의 손실을 내었다. 미국·유럽·일본 대은행의 총손실액은 438억 달러에 달했다(그 중 미국 은행은 266억 달러).

또한, 중소기업에 대한 대출을 꺼려서 많은 중소기업을 경영난에 빠지게 했던 일본의 대은행이 헤지펀드에 400억 달러나 되는 융자를 했다는 사실에는 놀랄 수밖에 없다.

5장

미국의 번영과 공황의 장래

1. 역사상 가장 긴 경기확대

미국에서는 1990년 공황이 1991년 3월에 바닥을 친 후, 4월부터 경기회
복이 시작되었다. 이후 매우 장기간의 경기확대가 지속되는데, 1960년대
에 달성된 107개월(1961년 2월~1969년 12월)의 기록을 넘어서, 이 원고를
집필하던 2000년 8월 현재까지 벌써 113개월이 지났다. 이것은 "현행 통
계에서 거슬러 올라갈 수 있는 1854년 이후로 가장 긴" 경기확대이다.[1]

이 경기확대는 도중에 중단된 적이 거의 없고, 그 내용에서 보면 '안
정'된 상태가 계속되며, 게다가 해를 거듭할수록 점점 안정도가 높아진다
는 점이 특징이다. 즉 '실질 GDP 성장률'은 97년 이후 4%대라는 이례적
으로 높은 수준에 도달했다. 게다가 '실업률'은 97년 이후 4%대로 떨어지
고 '소비자물가지수'도 92년 이후 3%~1%대를 실현하고 있다(표 16). 『세
계경제백서』(1998)에 따르면 물가상승률과 실업률을 함께 고려하여 정의

---

1) 『니혼게이자이신문』, 2000. 2. 12.

〈표 16〉 1990년대 미국의 기초 지표들

(단위 : 미 달러)

연도	실질 GDP 전년대비변화율		개인소비지출 전년대비변화율		설비투자 전년대비변화율		실업률 (군인 제외)	소비자물가 지수(총합)
	금액	(%)	금액	(%)	금액	(%)	(%)	(%)
1991	6,676.4	-0.5	4,466.6	-0.2	610.1	-4.9	6.9	4.2
1992	6,880.0	3.0	4,594.5	2.9	630.6	3.4	7.5	3.0
1993	7,062.6	2.7	4,748.9	3.4	683.6	8.4	6.9	3.0
1994	7,347.7	4.0	4,928.1	3.8	744.6	8.9	6.1	2.6
1995	7,543.8	2.7	5,075.6	3.0	817.5	9.8	5.6	2.8
1996	7,813.2	3.6	5,237.5	3.2	899.4	10.0	5.4	3.0
1997	8,144.8	4.2	5,417.3	3.4	995.7	10.7	4.9	2.3
1998	8,495.7	4.3	5,681.8	4.9	1,122.5	12.7	4.5	1.6
1999	8,848.2	4.1	5,983.6	5.3	1,215.8	8.3	4.2	2.2

자료: 동양경제신보사, 『동양경제통계월보』, 1999. 1 : 2000. 7.

되는 '비참지수'가 33년 만에 최저 수준이 되었다고 한다.

도대체 90년대 미국경제의 호황은 어떻게 이룬 것일까. 경기확대 이전의 1980년대에 미국은 극도의 슬럼프에 빠져 괴로워하고 있었다. 그것을 상징하는 것이 '쌍둥이 적자'(재정적자와 무역적자)였다. 이 중 무역적자는 90년대에 와서도 없어지지 않았다. 이것에 비해 극적으로 변화된 것은 재정수지였다. 90년대 호황 기간 중에 재정적자는 축소되기 시작하여, 결국 1998년에는 재정흑자로 전환하고, 이후 흑자 폭이 점점 확대되었다. 1987년 베네치아 정상회담에서 받아들여진 '미국경제가 해결할 가장 큰 문제'는 재정적자를 없애고 재정 재건을 달성하는 것이었다. 미국은 이 곤란을 도대체 어떻게 해결했을까?

1989년 11월, 베를린장벽이 무너지고 이윽고 동독이 붕괴되었다. 1991년에는 소련이 붕괴되었다. 미국에서 2차대전 후 군사적·정치적으로 격렬하게 대립했던 불구대천의 숙적, '사회주의 체제'가 점차 해체되어 자멸해 버렸다. 이에 따라 미국의 연방 재정을 만성적인 적자 상태에 처하게 했던 가장 큰 비용 항목인 '국방비'를 대폭적으로 줄여도 미국 패권은 미동조차 하지 않았다.[2]

군사비의 대폭적인 감소가 1991 회계연도로부터 개시되었다. 1993년에는 '재정균형법'이 제정되었다. 세출 총액 중 국방비의 비중은 80년대 말 27~28%에서 93년에는 20%, 99년에는 16%로까지 하락했다. 물론 감소했다고 하지만, 여전히 미국 국방비는 다른 어떤 나라보다도 매우 크다는 점이 강조되어야 한다(표 17). 그러나 국방비의 감소는 미국의 연방 재정에 중대한 영향을 미쳤다. 지금까지 정부 부문에 묶여 있던 민간자금이 대폭 풀려났다. 그 결과 금리가 상당히 떨어졌다. 정책금리는 7%에서, 6번의 인하로 한때는 3%까지 떨어졌다.

금리의 대폭적 하락은 기업의 활발한 설비투자에 강한 자극을 주었다. 설비투자액은 전년 대비 8%, 9%, 10%, 12%……로 계속 증가하고, 1991년에 6,101억 달러였던 투자액이 1999년에는 1조 2,158억 달러로 배가되었다(표 16).

그때까지 미국 산업은 장기에 걸쳐서 일본과의 경제적 경쟁에 쓴맛

---

2) 그 사이에 1990년 걸프전쟁이 일어났다. 미국은 교섭에 의한 해결 가능성이 열려 있었음에도 불구하고 그것을 일축하고 무리하게 싸움을 시작하여 이라크에 대한 철저한 파괴 작전을 강행했다. 직접적으로는 아랍 석유자원에 대한 지배권을 확립하고, 더 나아가 전세계에 미국의 패권을 강렬하게 새겨 두기 위해서 필요한 전략이었다. 그러나 미국은 이 전쟁의 경제적 지출을 일본 등 '군대를 제공하지 않은' 동맹국에 강요했다. 일본의 부담액은 114억 달러, 독일은 65억 달러, 기타를 포함해서 총 540억 달러였다. 이것에 비해 미국이 사용한 전쟁비용은 미국 의회예산국 라이샤워 국장의 정확한 언급에 의하면 350억 달러 남짓이었다. 다시 말해 미국은 실질적으로 비용 부담도 없었고, 심지어 거스름돈까지 챙겼다. 「地球環境破壊と現代資本主義 : 湾岸戦争のうらがわ」(지구환경파괴와 현대자본주의 : 걸프전쟁의 이면), 『科学と思想』 81号, 1991.7을 참조. 2000년 3월 14일자 석간 신문들에 따르면 잉여금은 미군 복원[復員 ; 전시 소집 해제] 병사의 복리후생비에 충당할 예정이라고 한다.

〈표 17〉 미국 국방비의 저하

(단위 : 10억 달러)

회계연도	세출총액	국방비	세출총액 중 국방비의 비중 (%)
1987	1004.1	282.0	28.1
1988	1064.5	290.4	27.3
1989	1143.7	303.6	26.5
1990	1253.2	299.3	23.9
1991	1324.4	273.3	20.6
1992	1381.7	298.4	21.6
1993	1409.5	291.1	20.7
1994	1461.9	281.6	19.3
1995	1515.8	272.1	18.0
1996	1560.6	265.8	17.0
1997	1601.3	270.5	16.9
1998	1652.6	268.5	16.2
1999	1703.0	274.9	16.1

자료: *Economic Report of the President*, 2000, p. 399. (오른쪽 칸의 '비중'은 지은이 추가)

을 보아 왔다. 일본과 미국의 실력 차이는 설비의 경과연수의 큰 차이에서 나타나고 있었다. 그러나 일본에서는 버블붕괴 이후 설비투자가 정체·감퇴하였는데, 일본개발은행의 조사에 따르면 일본 제조업의 평균 설비연령은 1991년의 9.1년에서 96년 = 10.3년, 97년 = 10.5년으로 노후화가 진행되었다.[3] 바로 이것과 대조적으로 90년대 미국에서는 설비의 갱신(젊어짐)이 상당한 속도로 진행되어 94년에 10.6년, 97년에는 결국 10.2년이 되어 일본을 역전하고 일본보다도 평균 설비연령이 낮아졌다.

　설비투자 중에서도 특히 현저하게 늘어난 것은 IT 관련 정보화 투자

---

3) 林直道, 『일본경제를 어떻게 볼 것인가』, 211~212쪽.

〈표 18〉 미연방 재정수지

(단위 : 10억 달러)

연도	세입	세출	지출
1991	10,550	13,244	-2,694
1992	10,913	13,817	-2,904
1993	11,544	14,095	-2,550
1994	12,586	14,619	-2,031
1995	13,518	15,158	-1,639
1996	14,531	15,606	-1,075
1997	15,793	16,013	-219
1998	17,218	16,526	692
1999	18,275	17,030	1,244

자료: *Economic Report of the President*, 2000, p. 399.

였다. 설비투자액은 90년 1,000억 달러에서 99년에는 약 4,000억 달러로 4배가 늘었다.[4] 현재 미국은 제조업, 상업, 금융 등 하이테크의 첨단을 달리는 IT 관련 기술에서 세계 최선진국으로서 다른 나라들을 압도적으로 따돌리게 되었다.

왕성한 설비투자가 거듭되어서 미국 산업의 생산성이 두드러지게 향상되었고 경쟁력도 매우 강해졌다. 99년을 91년과 비교하면 GDP가 (명목액으로) 54% 증대했는가 하면, 수출액은 (국제수지 기준으로) 그것을 상회하여 65%나 증대했다.

개인소득세나 법인세 등의 세수가 급격하게 늘어나서 연방예산수지는 적자 폭이 점점 축소되고 1998년 이후에는 결국 흑자로 전환되었다. '쌍둥이 적자'의 한쪽이 사라진 것이다(표 18).

---

4) 『니혼게이자이신문』, 2000. 2. 12.

〈도표 15〉 일본과 미국의 주가 변동 비교

출처: 『니혼게이자이신문』(석간), 1998.9.1 등 참조하여 작성.

2. 전례 없는 주가 광란

1990년대 미국 경기확대의 최대의 특징은 전례 없는 속도로 주가 상승이 계속되었던 것이다(도표 15). 다우 30종 공업주 평균 가격은 1991년에서 99년까지, 낮을 때에도 전년 대비 7%대의 상승을 보이거나 거의 30% 가까운 상승이 계속된 때도 있었다(표 19). 1999년 4월에 다우 평균주가는 마침내 1조 달러 대를 돌파하고 그 해 주가는 1991년과 비교하면 무려 3.57배로 팽창했다.

주가 급등의 가장 큰 원동력은 기업 이윤의 큰 증가가 계속된 것이다. 기업 수익은 1998년의 아주 작은 저하를 제외하면 모든 해에 최저 8~9%에서 두 자릿수까지의 큰 증가를 실현했다(표 20).

〈표 19〉 뉴욕다우 공업주 30종의 평균치의 추이

(단위 : 억 달러, %)

연도	다우 30종 공업주 평균	전년 대비 변화율
1991	2,929.33	
1992	3,284.29	
1993	3,522.06	7.7
1994	3,793.77	10.5
1995	4,493.76	11.8
1996	5,742.89	12.8
1997	7,441.32	29.6
1998	8,631.16	16.0
1999	10,465.60	21.3
1999. 1	9,345.86	
2	9,322.94	
3	9,753.63	
4	10,443.50	
5	10,853.87	
6	10,704.02	
7	11,060.79	
8	10,935.48	
9	10,714.03	
10	10,396.88	
11	10,809.80	
12	11,246.36	
2000. 1	11,281.26	
2	10,541.93	
3	10,483.39	
4	10,944.31	

자료: 동양경제신보사, 『동양경제통계월보』, 1999. 1 : 2000. 7.

비정상적인 주가 상승의 연속으로 많은 사람들이 주식을 소유하게 되었다. "1989년에 주식을 보유한 가정은 전체의 30%였지만 최근[2000년]에는 50%를 넘었다."[5] "개인금융자산 잔고 중에서 주식이 차지하는 비율"은 90년의 15.7%에서 98년에는 34.6%로 높아졌다. 이 점은 주가의 대폭락과 그것에 이어 장기간의 주가 침체를 맛보았던 일본에서, 개인금

〈표 20〉 미국의 기업수익

(단위: 10억 달러)

연도	기업수익	전년 대비 변화율(%)
1991	282.6	
1992	308.4	9.13
1993	345.0	11.87
1994	386.7	12.09
1995	457.5	18.31
1996	502.7	9.38
1997	557.6	10.92
1998	541.7	-2.85
1999	589.1	8.75

자료: 동양경제신보사, 『동양경제통계월보』, 1999. 1 ; 2000. 7. (변화율은 지은이 산출, 세후 연율임)

융자산에서 차지하는 주식의 비율이 동일한 시기에 9.0%에서 7.2%로 감소했던 것과 좋은 대조를 이룬다(표 21). 또한 개인금융자산 중에서 주식이 차지하는 비율은 1998년 영국에서 15.6%, 독일에서 8.7%이므로,[6] 미국의 34.6%라는 숫자는 각국과 비교해도 월등하게 높은 것임을 알 수 있다. 그것은 또한 90년대 미국에서 주식 붐의 강세를 보여 주었다.

그런데 주가의 등귀는 높은 가격상승 이익, 즉 '자산효과'(property effect)를 가져온다. 주식 소유자는 보유 주식의 가치 상승으로 예상되는 이익(자본이득capital gain)이라는 소득통계에 포착되지 않는 추가 수입원(주식을 매각하여 비로소 현실의 추가 소득이 된다)을 손에 넣었다.[7] 그 결과 개인소비지출은 가처분소득(소득 총액에서 소득세와 사회보험료를 뺀

---

5) 『니혼게이자이신문』, 2000. 2. 12.

6) 大蔵省, 『재정금융통계월보』 575호.

7) (토지, 주식 등의) 가치 상승으로 예상되는 이익은 창출된 부가가치가 아니기 때문에, 국민소득통계에서 말하는 소득에 포함되지 않는다.

<표 21> 일본과 미국의 개인금융자산의 구성비 비율

(단위 : %)

구분	일본		미국	
	1990	1998	1990	1998
예금/저금	53.9	55.2	24.7	11.1
보 험	21.0	14.0	5.2	2.3
연 금	-	13.8	29.8	29.1
신 탁	7.0	2.8	4.7	4.3
채 권	4.9	1.9	12.9	5.8
투자신탁	4.2	2.0	7.1	10.7
주 식	9.0	7.2	15.7	34.6
기 타	-	3.1	-	2.0

자료: 일본은행, 『경제통계월보』; FRB, *Flow of Funds Accounts of the United States*
출처: 대장성, 『재정금융통계월보』 575호, 2000. 3, 113쪽.

참고: 1. 일본의 개인은 개인기업을 포함하며, 1997년까지는 민간 비영리 단체도 포함하지만, 98년부터
　　　민간 비영리 단체를 포함하지 않는다. 미국의 개인에는 민간 비영리 단체를 포함한다.
　　2. 일본에서 연금은 1997년까지는 보험에 포함되어 있다.
　　3. 주식에 대해서는 1998년부터 출자금을 포함한다.

잔액)의 증가를 넘어서는 추세로 증대하였다(표 22).

　　개인소득이란 사회의 총수요액 중 가장 기초적이고 중요한 요소이
다. 첫째로 그것은 양적으로 보아 국내 총지출 중 가장 큰 부분을 차지한
다. 미국에서는 대략 67% 정도에 달한다. 둘째로 사회에서 서로 관련되는
여러 가지 수요들의 시작점에 위치한다. 생산수단용 생산수단의 판매는
소비재용 생산수단 생산부문의 수요에 의존하고, 소비재용 생산수단의
판매는 소비재 생산부문의 수요에 의존하며, 소비재의 판매는 개인소비
수요에 의존하기 때문이다.[8]

　　1990년대 미국의 경기확대가 그토록 오랫동안 그리고 빠른 템포를
유지하며 계속되었던 기본적 원인은, 사회의 수요 중에서도 가장 기초적

<표 22> 가처분소득과 소비지출의 전년 대비 증가율(1996년 달러에 의한 실질 베이스)

(단위 : %)

구분	1993	1994	1995	1996	1997	1998	1999
가처분소득 전년대비증가율	–	2.6	2.6	2.5	3.3	4.1	4.0
소비지출 전년대비증가율	10.0	3.8	3.1	3.3	3.7	4.9	5.3

자료: 동양경제신보사, 『동양경제통계월보』, 1999. 1 ; 2000. 7.

인 것인 개인소비가 강력한 증대를 계속하여 시장을 밑에서부터 확장시켰다는 데 있다.[9]

3. 버블 단계에 들어간 미국의 경기

과잉소비, 마이너스 저축률

천정부지로 급등하는 주가→그 자산효과로 개인소비 급증→대호황. 이것이 90년대 미국에서 장기적 경기확대의 기본 구도였다. 문제는 이것이 언제까지 계속될 것인가라는 점이다.

---

8) 이 구조에 대해서는 본서 1부 2장, 「왜 공황이 일어나는가?」를 참고하시오

9) 이 절에서 미국 국민의 전반적인 소비수준의 두드러진 상승에 대해서 강조했지만 이것은 미국 노동자 계급 **전체**가 부유해졌다는 것을 의미하지 않는다. 무엇보다도 주식을 보유하지 않는 가정, 즉 주가 상승의 혜택를 받지 못한 가정이 전체의 약 절반을 차지한다. 제임스매디슨 대학의 갤러거 교수에 따르면 실업률이 떨어지고 있다고는 하지만, 고용 노동자 중 저임금의 단기고용자가 급증, 97년에는 전체의 약 30%를 차지하였는데, 그 중 파트타임이 20%, 임시고용자가 10%였다(『니혼게이자이신문』, 1997. 5. 9). 또 대기업의 구조조정에 의한 임금저하, 기술혁신에 기초한 임금격차의 확대 등에 의해서 "소득격차는 확대"되고, 상위 5%의 몫은 크게 상승한 반면에 하위 40%의 몫은 하락하였다(日本開發銀行, 『調査』 221号, 1997. 1). 그리고 "대기업의 최고경영간부의 급료는 1974년에는 표준적인 노동자의 34배였지만 최근[1999년]에는 놀랍게도 200배를 넘는다"(『아사히신문』, 1999. 8. 31)고 한다.

〈표 23〉 미국의 개인저축률

(단위 : %)

구분	1993	1994	1995	1996	1997	1998	1999	1999						2000			
								7	8	9	10	11	12	1	2	3	4
개인저축률	7.1	6.1	5.6	4.8	4.5	3.7	2.4	2.4	2.3	1.6	2.4	2.0	1.1	1.1	0.3	0.4	0.7

자료: 동양경제신보사, 『동양경제통계월보』, 1999.1 ; 2000.7.

그런데 중요한 것은 소비의 급증이 마침내 가처분소득의 증가를 추월하여, 일해서 번 소득 이상으로 소비하는 '과잉소비'의 단계에 들어간 점이다. '개인이 실제로 사용할 수 있는 가처분소득 중 소비하지 않고 저축으로 돌린 비율'을 '개인저축률'이라고 한다. 일본은 개인저축률이 매우 높은(약 13%) 국가이지만 미국은 원래 낮았다. 그러나 90년대 중반까지는 6~7% 선을 유지했던 것이 90년대 후반에는 점점 떨어져서 98년 말에는 결국 마이너스가 되었다. "상무부(Department of Commerce)가 발표한 미국 개인소득·소비통계에 의하면 99년 7월 현재, 98년 12월부터 8개월 연속 마이너스를 기록했다."[10] 상무부는 저축률의 계산 기준을 개인저축률이 마이너스를 면하도록 변경했다. 〈표 23〉은 99년 10월 개정 이후의 개인저축률이다. 그러나 그후에도 조금씩 떨어져서 2000년에는 1% 밑으로 떨어졌는데, 1/4분기 평균 0.6%와 같이 다시 마이너스 저축률이 될까 말까한 점에 이르렀다.

이것은 매우 위험해서 줄타기 곡예나 마찬가지라고 할 수 있다. 주가가 여전히 오르고 있다면 보유 주식의 가치 상승으로 예상되는 이득과 일부 매각 주식의 매각 이익이 들어오기 때문에 가처분소득 이상의 과잉소비를 몇 년간은 계속할 수 있지만, 만약 여기에서 주가가 폭락할 경우 그렇게 하려고 한다면 큰일인 것이다.

첫째로, 노동자나 샐러리맨이 구입한 주식의 대부분은 '401k'[11] ──
이것은 퇴직금이나 기업연금을 미리 받는 것 ──를 통한 것인데, 말하자
면 '자신들의 미래로부터 자금을 빌려서 투자'하는 형태이다. 만약 그것이
폭락한다면 노동자·샐러리맨의 노후 생활은 위기를 맞게 된다.

둘째로, 그들의 주식 구입 자금은 물론 노동으로 번 돈을 모은 것이었
지만, 돈을 빌려서 형성한 것도 적지 않았다. 돈을 빌려서 이자를 지불하
고도 여전히 남는 게 있을 만큼 주가 상승으로 충분히 큰 이익을 거둘 수
있었기 때문이다. 그래서 만약 주가가 폭락한다면 빌린 돈의 이자도 갚지
못하고 결국 주식을 파격적으로 싼 가격에 넘기지 않을 수 없다.

셋째로, 만약 주가가 한껏 올라 있었기 때문에, 소득에 빠듯하게 또는
그것을 넘어서 소비해 버린 사람들은 주가 폭락으로 한번에 소비를 대폭
줄이지 않을 수 없다. 이것은 소비재의 판매 격감, 의도되지 않은 재고의
급증, 더 나아가 소비재 설비투자의 대폭 감소, 생산재의 주문 감소라는
경로로 사회 전체의 상품 판매를 감퇴시키고 과잉생산공황으로 이끈다.

따라서 마치 주가가 언제까지나 계속 상승할 것처럼 믿고, "주식가치
의 상승으로 예상되는 이익이라는 잡히지 않는 너구리['너구리 굴 보고 가
죽값 내어 쓴다'는 일본 속담에서 온 표현. '김칫국부터 마신다'는 의미]에 의
존해서"(다키타 요이치瀧田洋一 씨의 표현), 소득에 버금갈 정도로 혹은 그
것을 넘어서 과잉으로 소비 지출하고, 그것으로 지탱되는 호황이란 정말
로 위태로운 경제의 모습이라고 말할 수 있다.

---

10) 『니혼게이자이신문』, 1999.8.28.
11) [옮긴이] 미국의 퇴직연금을 말하는데, 근로자퇴직소득보장법 '401조 k항'에 규정되어 붙여
    진 이름이다. 이것은 노동자가 월급의 일부를 납부하고 기업도 일부를 지원하여 펀드를 만
    든 뒤 노동자들의 책임하에 자산운용사들이 운용하고 있다.

실제 가격을 넘어서 지나치게 상승한 주가

그런데 실제로 주가가 이미 실제 가격을 훨씬 넘어서 지나치게 오르고 있다는 것이 대다수 경기 관측자들의 일치된 견해이다.

예를 들어 뉴욕증권거래소에 상장된 주식 시가총액을 GDP 액수(명목)와 비교하면 1995년에는 GDP의 0.6배였던 것이 99년에는 놀랍게도 GDP의 1.2배로 늘어났다. 불과 4년 동안에 GDP 대비 주식 시가총액이 2배가 된다는 것은 너무나도 비정상적인 주가 상승이고 주가버블의 단계에 들어간 것이라고 볼 수 있지 않을까.[12]

사실 도이치방크 증권부는 99년 5월, FRB(연방준비제도 이사회)의 내부에서도 사용하고 있는 경제 모델로 주가를 시험적으로 계산하여, "현재 상태는 적정가격보다도 30% 높다'고 분석하였다."[13] 동일한 도이치방크 증권부가 8월에는 "41% 높다"는 계산을 발표했다.[14]

『니혼게이자이신문』의 미타조노 데쓰하루 기자는 미국 주식 시세인 다우 공업주 30종 평균=1만 1,299달러 76센트가 "역대 최고권으로 상승"하여, "고수준의 주가수익률(PER)에 경계심이 높아진다"고 하며 다음과 같이 보도했다.

주가수익률은 기업의 주가가 1주당 이익의 몇 배인지를 보여 주는 지표이다. S&P 500 주가지수에 채용되어 있는 500개 상품의 평균은 1999년 현재의 예상 이익을 기초로 보면 25배가량으로 상승했다. 과거 주가수익

---

12) 『니혼게이자이신문』, 1999.5.4.
13) 같은 기사.
14) 『니혼게이자이신문』, 1999.8.4.

률의 평균치인 14배와 비교하면 매우 높은 수준이다. 특히 하이테크 기업에서 두드러지고, 대표적인 인터넷 상품인 아메리카온라인(AOL)은 100배를 넘어섰다.[15]

또한 그린스펀 연방준비제도 의장은 미국 기업 수익이 실제 이상으로 크게 나타나서 주가가 지나치게 상승하고 있다고 지적했다. "구체적으로는 기업이 임금 대신에 자사 주식을 취득하는 권리를 주는 스톡옵션이 기업의 대차대조표에 정확히 반영되지 않고 있다. 따라서 이것의 활발한 이용이 회계상의 비용으로 계상되지 않기 때문에 실제 이상으로 기업의 경비를 적게 보이게 하는 효과가 있다." 그 결과 기업의 수익이 실제보다 호조를 나타내기 때문에 주가가 지나치게 상승하고 있다는 우려가 있어서, 그린스펀은 "주가 상승에 강한 경종"을 울렸다고 한다.[16]

또한 퍼킨스 형제가 지은 『인터넷 버블』[17]에 의하면, 1999년 6월의 주요 인터넷 주식 집계에서 31.7% 내지 57.6%가 버블이었다고 한다. 이렇듯 인터넷 관련 기업의 주식이 지나치게 올라서 폭락은 피할 수 없다고 한다.[18]

현재 미국의 주가 상승이 이미 버블 단계에 들어가고 있다면, 이 주가 상승을 기점으로 한 비정상적으로 높은 소비수준, 과잉소비, 장기 경기확대도 또한 버블 단계에 들어갔다는 것이 아마 틀림없다.

---

15) 『니혼게이자이신문』, 1999.8.25.
16) 『니혼게이자이신문』, 1999.8.28.
17) Anthony B. Perkins & Michael C. Perkins, *The Internet Bubble*, New York : Harper Collins, 1999.
18) 津田渉, 「ネットバブル:米国景気の転換点か」(넷 버블:미국경기의 전환점인가), 『신문 붉은 깃발(일요판)』, 2000.7.16.

여전히 계속되는 미국 증권시장의 대호황

미국의 주가 상승, 미국의 대호황이 이미 버블 단계에 들어갔다면 버블은
언제, 어떤 조건하에서 '터지는' 것일까?

미국 증권시장이 전성기를 구가하고 있던 1997년 『인터내셔널헤럴
드트리뷴』(International Herald Tribune)은 "거대 증권회사인 골드만삭
스에서는 190명의 파트너 전원에게 400만 달러 이상의 보너스가 지급됐
고, 15만 달러 이상을 받은 사람은 1만 300명"이라고 보도했다.[19]

2000년에 와서도 아직 미국 증권업계의 본거지인 "월가는 전례 없
는 호황에 들끓고 있다"고 한다. 『아사히신문』의 고시나카 히데시 기자는
"대규모 증권회사를 중심으로 과거에 비해 최고의 이익 갱신이 계속되고
종업원 보너스도 자꾸 올라간다"고 하며 다음과 같이 보도하고 있다.

> 월가의 금융기관에 근무하는 은행가의 호주머니는 따끈하다. 작년 말에
> 는 전체에서 전년 대비 30% 증가한 130억 달러의 상여금이 지불되었다.
> 손에 꼽는 고임금으로 알려진 모건스탠리딘위터의 인기 애널리스트인
> 메리 미커(Mary Meeker)의 작년 급여는 추정하건대 1,500만 달러였다.[20]

도대체 무엇이 이렇게까지 끈질기게 미국의 버블호황을 떠받치고 있
는 것일까? 그 가장 큰 힘은 **일본을 비롯한 외국자본의 노도와 같은 대미 유**
입이다.

---

19) 福島淸彦, 『暴走する市場原理主義』(폭주하는 시장원리주의), ダイヤモンド社, 27쪽.
20) 『아사히신문』, 2000.5.15.

〈표 24〉 미국의 무역수지(국제수지 기준)

연도	수출 (10억 달러)	전기대비 증가율(%)	수입 (10억 달러)	전기대비 증가율(%)	무역수지 (10억 달러)	경상수지 (10억 달러)
1991	580.7		610.6		-29.9	4.3
1992	617.7		655.9		-38.8	-50.6
1993	641.8	3.9	711.7	8.5	-72.0	-85.3
1994	702.1	9.4	800.5	12.5	-104.4	-121.7
1995	793.5	13.0	891.0	11.3	-101.9	-113.6
1996	849.8	7.1	954.1	7.1	-108.6	-129.3
1997	938.5	10.4	1,043.3	9.3	-104.7	-143.5
1998	933.9	-0.5	1,098.2	5.3	-164.3	-220.6
1999	960.3	2.8	1,227.9	11.8	-267.6	-338.9

자료: 동양경제신보사, 『동양경제통계월보』, 1999. 1 ; 2000. 7.

4. 미국의 '과잉소비'를 떠받치는 해외자본

경상수지의 대량 적자를 보충하는 해외자본의 유입

'쌍둥이 적자'가 미국경제의 '아킬레스건'으로서 강조된 1980년대보다 훨씬 전부터 미국의 경상수지는 계속 적자였다. 경상수지는 무역수지를 기본으로 하고, 여기에 무역외수지(해외보험료, 해외여행, 해외투자수익, 해상운임 등의 수지)를 더한 것이다.

경상수지 적자는 한 나라의 중대한 경제위기를 유발하므로 오래 유지될 수 없다. 그러나 미국은 자국의 통화인 달러가 세계의 결제통화, 준비통화로서 통용되는 '기축통화국'으로서의 특권에 안주하여, 국제수지의 균형을 지키라는 각국의 비통한 목소리를 무시하고 이른바 '달러의 방류'를 계속했다. 당연히 그 대가로서 달러 가치가 저하될 수밖에 없었다.[21]

90년대 미국은 일해서 번 소득보다 많은 생활물자를 소비하는 '과잉

---

21) 林直道, 『국제통화위기와 세계공황』참조.

(단위: 10억 달러)

구분	1995년	1996년	1997년	1998년	합계
경상수지	-115.21	-135.44	-155.38	-233.76	-639.79
자본수지	137.97	195.08	255.09	237.48	825.62

(자본수지 내역)

구분	1995년	1996년	1997년	1998년	합계
투자수지	137.87	194.56	254.93	237.16	824.52
대외직접투자	96.65	81.07	121.84	131.93	431.49
대내직접투자	57.65	77.62	93.45	196.23	424.95
증권투자(자산)	100.07	115.80	87.98	89.35	393.20
주식	50.42	60.02	41.26	75.94	227.64
증권투자(부채)	237.47	367.63	383.51	268.13	1256.74
주식	16.56	11.04	64.19	42.54	134.33
기타 자본수지	0.10	0.52	0.16	0.32	1.10

자료: 일본은행, 『일본경제를 중심으로 하는 국제비교통계』, 1999, 146쪽.

소비'의 결과, 수입이 수출을 넘어서 급속하게 증대했다. 따라서 무역수지 적자는 1991년의 299억 달러에서 99년에는 2,676억 달러로 약 9배가 되었다(표 24). 경상수지 적자는 1999년 3,389억 달러라는 거액에 달하고, 1992년의 적자와 비교하여 6.7배, 1995년의 적자와 비교하여 3배나 크게 증가했다(표 25). 이것은 당연히 달러의 폭락, 주식 패닉, 버블붕괴를 불러와도 이상하지 않은 상황이었다. 그런데 그럼에도 불구하고 현실은 거꾸로 '호황에 들끓는 월가'의 모습이었다. 왜 그렇게 되었을까?

그 비밀은 일본을 비롯한 세계의 자본이 대거 미국으로 유입되었던 것에 있다. 그 유입액은 1995~98년의 4년 동안 총 1조 6,817억 달러. 미국 자본수지(자본 유입과 유출의 차액)는 8,256억 달러라는 거대한 흑자를 기록하였고, 이로써 경상수지의 대규모 적자 6,398억 달러를 간단히 벌충할 뿐더러, 미국을 위한 큰 잉여자금도 남길 수 있었다.

80년대의 미국은 경상수지 적자를 없애기 위해서 '값싼 달러' 정책을 추진했다(1985년의 플라자합의[22]). 그러나 90년대의 미국은 기초 체력이 강해졌다. 경상수지의 적자 따위를 무서워할 필요가 없어진 것이다. 적자를 삼켜도 남는 것이 생길 만큼 전세계의 화폐를 미국에 가둬 두면 된다. 이것이 루빈 재무장관의 '값비싼 달러'(역플라자) 정책의 목표였다.

90년대에는 미국의 IT를 중심으로 한 제조업의 융성과 주식시장의 성황을 보고, 해외자본의 미국에 대한 민간 직접투자·증권투자가 급증했다. 특히 미국 증권시장은 해외자본에게 아주 매력적이다. "미국에는 세계에서 가장 개방적이고 규제 없는 거대한 자본시장이 있기 때문이다……. 90일짜리 단기채권에서 30년짜리 초장기채권까지 다양하고 성숙한 채권시장이 있는 것은 세계 어느 시장에서도 볼 수 없는 미국만의 강점이다."[23]

미국은 이러한 대량의 해외자본을 도입하여 나라 전체의 과잉소비인 경상수지 적자를 메우고, 그래도 아직 남아 있는 대규모 잉여 달러를 해외투자에 돌리며, '자본 자유화', 세계화(globalization)의 기치하에 세계 각국에 자본을 진출시켜 더욱더 거대한 부를 자신의 손에 집중시키고 있다.

루빈 재무장관이 일본에 초저금리를 강요한 이유

미국에 의한 해외자본의 도입에서 특별히 큰 비중을 차지한 나라는 일본이다. 일본은 1993년에 정책금리를 1.75%로 인하했지만 93년에 버블붕

---

22) [옮긴이] 당시 미국은 쌍둥이 적자(무역수지 적자와 재정적자)에 시달리고 있었는데, 이것을 해소하기 위하여 1985년 9월 22일 미국 뉴욕의 플라자호텔에서 달러화 가치를 내리고 엔화 가치를 올리는 환율 조정을 합의하였다. 이 합의로 인해 일본에서는 급속한 엔고로 인한 불황을 우려한 저금리 정책이 계속 시행되었다. 그래서 부동산 및 주식에 대한 투기가 열기를 더하여 거품경제를 초래하였는데, 자세한 내용은 이 책의 2부를 보기 바란다.
23) 福島清彦, 『暴走する市場原理主義』, 84쪽.

괴불황이 일단 바닥을 치고, '완만한 경기회복'이란 이름의 정체 국면에 들어간 후에도 다시 금리를 인하하여 94년 4월에는 1%로, 같은 해 9월에는 0.5%라는 최저 이자율로까지 인하하여 지금에 이르고 있다. 그리고 99년 2월부터는 결국 '제로금리'가 되었다.

이와 같은 극단적인 초저금리 정책의 대의명분은 경기 부양, 특히 불량 채권의 압박으로 괴로워하는 은행의 지불 이자 부담을 경감하여, 그 회복을 지원하는 것이었다. 실제로 이 조치에 의해서 이자·배당 등 재산소득, 즉 수취액에서 지불액을 차감한 '순수취재산소득'은 1996년도의 사례에서 가계 부문은 15조 6,000억 엔으로 93년도 대비 6조 4,000억 엔이 줄었다. 금융기관의 순수취재산소득은 24조 3,000억 엔으로, 93년도에 비해서 7조 9,000억 엔이나 크게 증가했다.[24]

그러나 이 초저금리 정책은 위와 같은 순 국내적 의의 외에도 대미 협력의 차원에서 중요했다. 저금리·제로금리 정책에 대해 미국 재무장관 루빈이 큰 역할을 했다는 것은 널리 알려져 있다. 공황도 바닥을 치고, 경기 회복까지는 아니지만 그런 기미가 보였기 때문에 극단적인 초저금리를 약간 인상하려고 했던 일본 당국에 대해서 루빈 장관은 "아직 경기회복도 충분히 이루어지지 않은 현 시점에 금리 인상을 운운하는 것은 말도 안 된다"라고 꾸짖으면서, 초저금리의 지속, 더 나아가 제로금리로의 돌입에 지도적 역할을 했다고 한다. 원래 월가의 대금융기관인 골드만삭스의 회장이었고 미 금융 과두제의 유능한 리더였던 루빈은 일본에 초저금리를 강요함으로써, 개인금융자산이 1,200조 엔(1999년=1368.25조 엔)이라고도 하는 거대한 자금 탱크인 일본의 자본이 초저금리를 피해 상대적으로 고

---

24) 林直道, 『일본경제를 어떻게 볼 것인가』, 102~103쪽.

<도표 16> 일본과 미국의 정책금리 변화

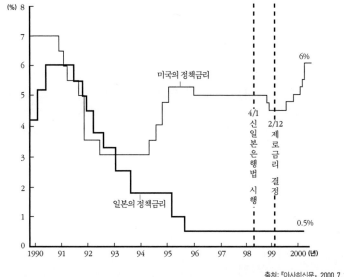

출처: 『아사히신문』, 2000. 7. 18.

금리인 미국으로 흐르도록 유도하는 것에 감쪽같이 성공했다(도표 16).

또 헤지펀드를 비롯하여 미국 자본은 공짜나 다름없는 초저금리 자금을 일본에서 차입하여, 이것을 미국 국내 및 동아시아를 비롯한 세계 각지에서 금융투기에 활용하고 막대한 이득을 거뒀다.

똑같은 드라마가 지금 2000년 여름에도 일어나고 있다. 하야미 마사루(早水優) 일본은행 총재가 이제 슬슬 제로금리를 폐지해야 한다고 여러 번 주장해 왔음에도 불구하고(또 미야자와 기이치宮澤喜一 대장성 장관이 당장 공공사업을 더 이상 확대할 필요가 없다고 주장했음에도 불구하고), 오키나와 정상회담에서 미국은 다른 나라들에 손을 써서, "일본은 적극적인 경제정책과 제로금리를 유지해야 한다"라는 선언을 내게 했는데, 이것도 일본의 자본을 계속 미국의 지배하에 두기 위해서였다.

⟨표 26⟩ 일본의 대외자산과 부채 잔고

(단위 : 10억 엔)

구분	1995년	1996년	1997년	1998년
대외자산총액	270,738	307,703	355,731	345,132
직 접 투 자		29,999	35,334	31,216
증 권 투 자		108,711	117,821	122,719
주 식		17,968	20,632	24,205
채 권		90,743	97,188	98,515
대 부		101,989	125,892	122,464
대외부채총액	186,666	204,344	231,145	211,859
직 접 투 자		3,473	3,519	3,013
증 권 투 자		68,840	76,226	73,673
주 식		36,615	36,326	35,181
채 권		28,226	39,901	38,492
대 부		103,351	117,352	105,493
대외순자산	84,072	103,359	124,586	133,273

출처: 대장성, 『재정금융통계월보』 575호.

빚지는 것이 점점 체질화되어 가는 미국

그러면 미국의 자산·부채를 보자. 1999년 말 현재 미국이 해외에 보유한 유가증권·부동산 등의 '대외자산'은 7조 1,733억 달러, 외국 정부와 투자가가 미국 국내에 지닌 자산, 즉 미국의 '대외채무'는 8조 6,470억 달러, 그 중 외국 정부·투자가에 의한 미국 주식의 보유 잔고는 1조 4,455억 달러, 미국으로의 직접투자 잔고는 2조 8,007억 달러, 대외자산에서 대외부채를 차감한 '대외순채무'는 1조 4,736억 달러이다.[25] 이것은 미국이 안고 있는 빚을 의미한다. 1996년의 '대외순채무'는 743.7억 달러였기 때문에 미

---

25) 『니혼게이자이신문』, 2000.6.30.

<표 27> 미·일 대외순자산의 비교

연도	미국 순채무 (10억 달러)	일본 순자산		
		달러 기준 (10억 달러)	엔 기준 (조 엔)	대(對) 달러 비율 (엔)
1996	743.7	891.0	103.3	115.94
1997	1,322.5	958.7	124.5	129.86
1998	1,407.6	1,152.9	133.2	115.53
1999	1,473.6			

출처: 일본은행, 『일본경제를 중심으로 하는 국제비교통계』, 1999; 대장성, 『재정금융통계월보』 575호; 『닛케이신문』, 2000. 6. 30.

국의 빚이 3년 동안 두 배로 늘어났다는 것을 알 수 있다.

이어서 〈표 26〉은 일본의 자산·부채를 총괄한 것이다. 1998년 일본의 '대외자산'은 345.1조 엔, '대외채무'는 211.9조 엔이다. 미국과 완전히 거꾸로, 일본에서는 '대외자산' 쪽이 '대외채무'보다도 압도적으로 많다. 양자의 차액인 '대외순자산'은 133.2조 엔이다.

1998년에 대해서 보면, 일본의 순자산 133.2조 엔은 엔 시세로[달러 기준으로] 환산하면 약 1조 1,529억 달러이다. 이것은 미국의 순채무 1조 4,076억 달러의 81.9%에 상당한다. 세계 전체로 보면 미국의 빚(저축 부족)의 약 80%를 일본이 메우고 있는 셈이다(표 27).

도쿄 미쓰비시은행 고문인 마노 데루히코 씨는 1997년 시점의 일본 대외자산·채무를 비교·검토하였는데, 일본이 장기간 슬럼프에 빠져 있기 때문에 "일본 무시(Japan passing)라든가 일본 무용(Japan nothing)"이라는 논의가 들리지만 실제로는 "일본이 세계적으로 매우 큰 공헌을 하고 있다"고 강조하며, "일본무용론 따위는 완전히 틀렸다. 채권국인 일본 국채의 가치가 떨어지면 채무국의 국채 가치는 보다 크게 떨어질 것이 자명하지 않은가"[26]라고 말했다. 전적으로 맞는 주장이라 하지 않을 수 없다.

　　미국의 진례 없는 대번영이 단순히 미국 자신의 힘에 의한 것이 아니라 일본을 비롯한 세계 각국으로부터 자금을 긁어 모아서 세계에서 가장 큰 채무국이 된 덕분이라면, 만약 세계 자본이 미국으로 집중적으로 흘러 들어 가지 않고 미국으로부터 빠져나가는 사태가 일어날 경우 큰일이 날 것이다.

5. 공황 발발은 피할 수 없다

미국은 기록적 호황의 절정을 누리고 있지만, 또한 어디에서 불을 뿜어도 이상하지 않을 만큼 고열의 마그마가 지표에 접근하여 분출구를 찾고, 이쪽저쪽의 터진 곳에서 증기가 올라오고 있는 상황이다.

　　첫째, 과열된 주식에 대한 투기 매입의 반작용으로서 주가 폭락이 작동하고 있다. 하이테크 주식이 많이 있는 나스닥에서는 1999년에 연간 상승률이 88%에 달했는데, 이것은 주요 주가지표로서는 역사상 가장 높은 상승률이었다. '인터넷 버블'(internet bubble)의 최전선이다. 그러나 2000년 4월 14일 아침에 발표된 3월 미국 소비자 물가지수의 상승률이 시장 예상을 넘어서서, 인플레이션 우려가 높아지고 금융주와 하이테크 주식에 매물이 잇따르자, 나스닥 종합지수는 3,321.29달러로 폭락했다. 사상 최고를 기록했던 3월 10일의 지수 5,048.62달러에 비해서, 실로 34.2%나 크게 떨어졌다. 다우 공업 주식 30종의 평균은 그 절반 이하인 12% 하

---

26) 真野輝彦, 「米純債務膨張に警戒を」(미국 순채무 팽창에 경계를), 『니혼게이자이신문』, 1998.
　　8.28.

락에 그쳤기 때문에 큰 패닉을 일으키지 않았지만, 관계자들은 간담이 서늘해졌다고 한다.[27]

둘째, 미국의 대규모 소매업은 99년에 연간 매상 확대율이 11%에 달하는 높은 신장세를 구가해 왔지만, 인플레이션 예방을 위한 잇따른 금리 상승의 영향과 더불어 [시장 상황의] 기상 악화 때문에 '성장 한계의 징조'가 확실히 나타났다고 한다.

셋째, 여전히 개인소비가 가계저축률이 저하할 만큼의 '과잉소비'를 보이고 있지만, 대규모 소매업계에서 상위 기업은 "미국 소비에 감소 조짐은 없고 고성장이 계속된다"라며 호기 있는 자세를 흩뜨리지 않고 있다. 그러나 업계 전체에서는 "개인소비는 더 이상 늘어날 수 없다는 견해가 확산되고 있다"고 한다.[28]

넷째, 사회 전체의 과잉소비인 무역수지·경상수지 적자가 확대되고 있다. 그것 자체는 값싼 달러를 초래하는 요인이다.

다섯째, 공황을 일으키는 유력한 후보의 하나로서 세계적으로 대규모 투기를 펼치고 있는 미국 금융자본의 파탄을 들 수 있다. 일찍이 1998년에 거액의 자금을 동원하여 아시아, 아프리카, 라틴아메리카 등에서 통화투기를 하고 무자비하게 투기 이득을 거두었던 금권괴수 미국 헤지펀드가 러시아나 중남미 등 신흥시장에서 투기에 실패하고 막대한 손실을 내자, 헤지펀드에 자금을 제공한 몇몇 대은행이 경영파탄에 빠졌던 유명한 '헤지펀드 위기'는 아직 기억에 생생할 것이다(이 책의 3부 4장). 이때 뉴욕증권거래소에서는 주가가 19.3%나 폭락했다. 주식시장에서는 '최고

---

27) 『아사히신문』, 2000.5.29.
28) 같은 기사.

치에서 20% 이상의 하락'이 약세시장(bear market)으로 들어가는 신호가 되는데, 이때에는 그 아슬아슬한 지점까지 폭락했다. 결국 버블이 터져서 미국발 세계공황이 일어날 것이라고 예상했던 사람도 적지 않았을 것이다. 대은행인 J. P. 모건조차도 "미국의 실질 성장은 내년[1999년] 중반에 −2%로 전환되어 경기후퇴에 들어간다"는 예측을 결론으로 낼 정도였다.[29] 다행히 이때는 공황에 이르지 않고, 주식도 회복하여 다시 약간 상승했다. 그러나 이런 종류의 패닉이 한층 더 높은 단계에서 발생했다면 정말로 어떻게 되었을까?

여섯째, 아마 공황 발발의 가장 결정적인 계기는 현재 '세계 자본이 미국으로만 집중되는' 흐름이 변화되어, 미국의 거대한 경상수지 적자를 세계 자본의 도입으로 메울 수 없을 때일 것이다. 이미 미국의 대외순채무는 1조 4,076억 달러에 달한다. 앞의 인용에서 등장한 도쿄 미쓰비시은행 고문 마노 데루히코 씨는 "일본은 구조개혁이나 고령화에 의해서 결국 달러 자산을 인출하게 될 것이지만 미국에 그에 대한 준비금이 있을지 의문이다"라고 말한다. 그렇다면 (당시의) 하시모토 류타로(橋本龍太郎) 수상이 컬럼비아대학 강의에서 무심코 일본이 보유하고 있는 막대한 미국 국채의 매각 운운했을 때, 잠시 찬물을 뿌린 듯 회장이 조용해져서 그 이상한 반응에 놀랐었다고 하는데, 이는 정말 당연한 일이다. 세계에서 자본을 거두어들여, 이 '전례 없는 부채의 토대 위에서 광란의 버블'을 일으키고 있는 미국에서, 외국이 보유한 달러 자산을 철수시키는 것은 결정적인 파멸을 가져온다.

그래서 주목해야 할 것은 유럽연합(EU)의 향후 동향이다. 세계경제

---

29) 상세는 林直道, 『일본경제를 어떻게 볼 것인가』, 199~205쪽 참조.

에 대한 미국의 단독 지배에 반대하는 EU가 지금과 같이 제멋대로 화폐를 끌어들이는 달러를 용인하지 않고, 가령 금리 인상 등을 단행한다면, 자금이 미국에만 집중되는 흐름에 변화가 일어날 수밖에 없을 것이다.

마지막으로 일곱째, 2000년 여름 들어 미국의 개인소비가 늘지 않고 대신 새로운 설비투자의 증가가 나타나고 있다는 보도가 있다. 이것은 결국 소비수준을 넘는 대규모 과잉생산을 낳아서, 이 책 1부에서 서술했던 전형적인 공황 그 자체의 기반을 형성하게 되지 않을까?

오해를 피하기 위해 말해 두지만, 나는 결코 미국의 공황을 기다리는 것이 아니다. 공황이 일어나면 첫째로 미국의 노동자가 큰 타격을 받는다. 둘째로 공황이 파급되어 세계 각국의 인민이 피해를 입는다. 특히 미국에 유리하도록 이용되며 착취당하고 있지만, 동시에 미국과 밀접한 관계인 일본은 미국의 공황으로 아마 전세계에서 가장 큰 피해를 입을 것이다.

그러므로 우리는 미국의 공황 발발을 원하지 않는다. 그러나 공황은 자본주의 경제의 내적 필연성으로부터 생기며, 미국에는 그것을 위한 조건들이 상당히 누적되어 버렸다. 그래서 공황 발발은 아마 피하기 어렵겠지만, 아무쪼록 가능한 한 가볍게 끝나기를 바란다.

지금 미국의 전례 없는 장기호황하에서 일본을 비롯한 세계의 사람들은 어처구니없는 딜레마에 처해 있다. 만약 미국에서 공황이 일어나지 않고 이대로 호황이 계속된다면, 미국은 자신들의 노동으로 번 것보다 훨씬 많은 부를 여전히 태평하게 '과잉소비'할 것이다. 그 차액분은 세계의 부가 미국에 무상으로 착취되고 있는 것을 의미한다. 이런 불공평의 지속은 견딜 수 없다. 그렇다고 만약 미국이 공황에 돌입한다면, 미국의 과잉소비는 멈추는 대신에 세계의 무역과 금융은 대혼란에 빠져서, 아마 1929년 공황에 필적할 만큼의 세계대공황이 일어나도 이상하지 않다. 그 가능성은 크다. 그리고 공황으로 세계가 입는 피해는 실로 계산할 수 없다.

세계가 이런 딜레마에 처하게 된 것은 미국이 기축통화국의 특권 위에 안주하여, 나라 전체의 과잉소비인 거대한 경상수지 적자를 언제까지나 유지·확대한다는 썩어 문드러진 비정상적 토대 위에 세계경제가 올라가 있기 때문이다.

현재 세계는 당분간 달러를 기축통화로서 인정하지 않을 수 없다. 달러가 미국의 사적 이익을 위해 운용되고 있다는 점에 현대의 불행과 혼란의 근원이 있다. 달러로 하여금 기축통화의 지위에 어울리는 규칙, 즉 첫째로 무엇보다 미국의 경상수지가 균형을 유지하도록 적자를 금지하며, 둘째로 국제적 투기 수단으로 이용되지 않는, 이러한 최소한의 규칙을 지키도록 하는 의무 부여가 필요하다.

2008년 국제금융위기와 세계공황

한국어판 서문을 대신하여

공황론은 경제학 가운데서도 가장 어려운 분야 중 하나이다. 내가 처음으로 공황론에 관한 논문을 썼던 때는 1950년이었다. 그 이후 십수 년간 공황의 이론과 역사를 나의 전공 주제로 정하여, 『경기순환의 연구』, 『국제통화위기와 세계공황』, 『공황의 기초이론』, 『현대일본경제』 등의 책을 쓰는 등 연구를 몇 번이나 거듭한 끝에 그럭저럭 일정한 결론에 도달하였고,[1] 이것을 개괄적으로 정리한 책이 『공황·불황의 경제학』(恐慌·不況の 経済学)이었다.

이번 책이 한국어로 번역되어 한국의 독자 분들에게 널리 읽히게 된 것은 나에게 무척이나 기쁜 일이다. 다만 이 책은 지금으로부터 11년 전에 쓰여졌기 때문에 당연히 2008년 국제금융위기를 계기로 발발한 현재의 세계공황에 대해서는 다루지 않았다. 그래서 새로 「2008년 국제금융위기와 세계공황」의 장을 써 본문 마지막에 붙이도록 했다.

---

1) 순서대로 『景気循環の研究』, 三一書房, 1959; 『国際通貨危機と世界恐慌』, 大月書店, 1972; 『恐慌の基礎理論』, 大月書店, 1976; 『現代日本経済』, 青木書店, 1999.

현재 여러 가지 형태로 세계경제와 사람들의 생활을 곤란하게 한 세계불황은 2008년 미국 금융버블의 붕괴, 국제금융위기를 계기로 일어났다. 이 금융위기를 이해하기 위해서는 '서브프라임 대출(loan)의 증권화'라는 약간 성가신 기술적 구조에 대한 설명부터 시작해야 한다.

주택 붐(Boom)

사건의 발단은 21세기 들어오면서 미국에서 주택 붐이 일어난 것이었다. 2000년부터 2005년 전반 무렵까지 주택의 시장가격은 약 50% 상승했다. 계약금으로 가격의 10~20%를 지불하고 나머지는 대출받아 주택을 샀다. 적당한 시기에 이 주택을 팔아서 새로운 주택으로 바꿔 사면(환매), 대출 잔금을 상환해도 큰 가격 상승에 따른 차익을 손에 얻는다. 그래서 주택 환매가 격증하고 주택 건설이 계속해서 늘어났다. 이 주택 건설과 가구 등 주택 관련 상품 판매가 호조를 보인 것이 미국 경제성장의 근간이 되었다. 더욱이 환매로 손에 넣은 차익금이 자동차 등 소비물자의 구입에 쓰였는데, 이렇게 소비가 왕성하게 확대됨으로써 호황 국면이 나타났다.

이 주택 붐의 출현을 가능하게 했던 것은 낮은 금리이며, 또한 해외에서 대량의 자금이 유입된 덕분이었다. 미국은 기축통화국이라는 특권에 안주하여 매년 수출을 넘는 막대한 물자를 세계로부터 수입했는데, 이 초과수입으로 발생하는 경상수지 적자에 대해 해외 달러의 유입(자본수지 흑자)으로 재원을 마련함으로써, 실력 이상의 소비를 계속했다.

미국으로 유입되는 해외 달러 중 가장 많은 부분은 일본에서 나왔다. 일본은 미국 국채를 대량으로 구매했다. 또한 미국의 금리가 낮긴 했지만, 일본은 그보다 훨씬 낮아서 실질적으로 제로금리였다. 따라서 미국은 일본에서 엔을 빌려서, 그것을 달러로 바꿔 미국에 갖고 들어갈 뿐인데도 큰 이익(마진)을 얻었다(이것을 엔캐리트레이드yen carry trade라고 한다).

그토록 대단했던 주택 붐도 힘을 점점 다해 갈 즈음에, 계속해서 붐을 지속시키고자 했던 은행은 대출 회수가 안 될 위험이 크기 때문에 대출 대상이 되기 어려운 저소득층에게도 대출을 확대하려고 했다. 그것이 서브프라임 대출이다. 서브프라임 대출은 2001년에는 1,450억 달러였지만, 2005년에는 6,250억 달러로 늘어서 담보대출 전체의 20% 이상을 차지하게 되었다. 주택버블은 더욱 커졌다.

대체로 주택버블도 다른 모든 투기적 버블과 마찬가지로 영원히 계속되는 것은 아니다. 예를 들면 주택 가격이 폭락하거나 금리가 상승하거나 혹은 차용자가 상환 능력을 상실하는 등으로 언젠가 버블은 붕괴할 수밖에 없다. 그러나 주택버블이 몇 제곱 배의 에너지를 지닌 대폭발로 터져버릴 조건이 미국 금융기관에 의해서 만들어졌다. 그 핵심은 '대출의 증권화'였다.

주택대출의 증권화, 부채담보부증권

대형 금융기관의 자회사, 혹은 그 더미[dummy ; 동일 기업이면서도 편의상 다른 명칭으로 해놓은 회사]인 SPV(Special Purpose Vehicle ; 특수목적회사)라는 조직이 소액의 주택대출채권을 열심히 사 모아서 '주택대출담보증권'(MBS, Mortgage-Backed Security)를 발행하고, 대형 금융기관이 이것을 인수하는 형태로 증권화가 추진되었다. 그때 증권화를 위해 주로 서브프라임 대출을 택했는데, 이 대출은 저소득층이 빌리기 쉽도록 최초 2년 동안만 대출이자율을 싸게 했고, 3년째부터는 높아져서 전체를 합계하면 다른 대출보다도 이자율이 높았기 때문이다. 따라서 이것을 증권화한다면 그 증권에 높은 이자를 매길 수 있었고, 증권이 잘 팔릴 수 있었다. 이

들 '부채담보부증권'(CDO, Collateralized Debt Obligation)을 판매하면, 대출의 원금을 회수함과 더불어 증권매매수수료를 얻어서 큰 이익을 거둘 수 있다.

그리고 대형 금융기관은 이들 증권을 '혼합'하여 새로운 증권을 발행하는 '재증권화'를 반복한다. 리스크를 분산하기 위해서라고 하는데, 서브프라임 대출이 여러 농도를 가진 새로운 증권 속에 뒤섞인다. 이때, 신용평가회사가 한 가지 역할을 담당한다. 대형 금융기관의 의뢰를 받아 무디스(Moody's) 등의 대형 신용평가회사는 여러 대출증권들에 등급을 매겨서, 이들 증권에 매우 그럴듯한 화장을 한다. 신용평가회사인 무디스의 수익은 2002년부터 2006년까지 2배로 늘었고, 주가는 3배로 올랐다.

이렇게 AAA등급의 '시니어'(senior; 투자수익률 약 4%), AA~BB등급의 '메자닌'(mezzanine; 투자수익률 약 6%), 등급이 없는 '에퀴티'(equity; 투자수익률 약 20%) 등 여러가지 증권이 만들어졌다. 증권을 만든 미국의 투자은행이나 대은행은 이들 증권을 전세계의 은행, 투자회사, 보험회사, 연기금(pension fund), 헤지펀드 등에 대량으로 처분했다.

이들 증권은 그것의 근거인 대출채권이 효력을 유지하고 주택 구입자가 대출의 원금과 이자를 순조롭게 지불하는 한 그럴듯해 보이는 가치를 가지지만, 원금과 이자 상환이 중지된다면 갑자기 무가치한 것이 된다. 그런 증권을 매매하여 돈벌이를 하는 것은 분명히 투기적 행위의 하나인 '머니게임'이다.

가공의 투기적 신용버블에 의한 거대한 이익

위와 같은 본질은 '주택구입자에게 돈을 빌려 줘서 이자를 받는다'라는 실체 관계를 토대로, 대출채권을 증권화하여 증권매매로 돈벌이를 한다는 것, 즉 **실체 없는 가공의 세계**를 구축하여 이중으로 돈을 벌며('한 마리 소에서 가죽을 두 번 벗긴다'), 더욱이 재증권화하고, 또다시 증권화함으로써 이중·삼중·사중으로 이익 획득을 몇 배나 부풀린다는 점에 있다. 이것을 감시하고 감독하는 것이 아니라, '모두 시장에 맡겨 두면 잘 굴러간다'는 잘못된 이론에 기초하여 내버려 둔 것이 **신자유주의 정책**이었다.

일찍이 미국은 상업은행이 주식투기 분야를 병행하여 영업한 것이 투기를 조장했던 1930년대 대공황의 고통스러운 경험을 반성하여, 상업은행 업무와 투자은행 업무 사이에 선을 긋고 은행의 증권투기를 봉쇄하는 법률인 '글래스-스티걸 법'(Glass-Steagall Act)을 제정했다. 그러나 신자유주의가 대두하면서 금융자유화, 금융 빅뱅의 구호와 함께 글래스-스티걸 법은 철폐되어 버리고 은행이 증권투기를 서슴없이 할 수 있게 되었다. 그것이 현재와 같은 대출의 증권화에 의한 초대형 신용버블을 만들어냈던 것이다.

이러한 카지노 자본주의(세계 최대의 도박장이라는 의미에서 '카지노')적 투기 시스템을 통해 미국 금융자본은 전례 없는 이익을 탐했다. 미국 금융기관 취업자 수는 미국 취업자 전체의 10% 정도이지만, 미국 금융기관의 수익은 미국 경제계의 전체 수익 중 40%를 차지하기에 이르렀다.

자본가 개인을 보아도, 이번 금융위기 발발의 도화선을 댕겼던 미국의 대형 증권회사 리먼브러더스에서 2000년부터 2007년까지 CEO를 역임한 리차드 풀드(Richard Fuld) 씨는 재임 중 보수액이 3억 5천만 달러였고, 마찬가지로 대형 투자은행인 메릴린치의 CEO인 스탠리 오닐(Stanley O'Neil) 씨는 이번 금융위기의 책임을 지고 사임했는데 그 퇴직금이 무려 1억 6천만 달러였던 것처럼, 터무니없는 거액을 챙겼다.

엄청난 파탄

이렇듯 탐욕스럽게 이익을 추구하던 금융투기가 엄청난 파탄에 빠진 것은 자업자득이었다.

첫째, 우선 오랜 기간 계속된 주택 붐에 그늘이 져서, 주택 가격 상승이 멈췄다. 매입가격보다도 높게 주택을 팔아서, 더욱더 비싼 주택으로 바꿔 사는 움직임이 둔해졌다. 게다가 서브프라임 대출은 최초 2년간은 대출 상환 이자가 싸지만, 3년째부터 높아진다. 따라서 서브프라임 대출이 대규모로 이루어진 시기로부터 약 3년이 지나자 서브프라임 대출의 상환이 연체되는 일이 증가하고 회수불능의 경우가 급증했다.

순식간에 '서브프라임 대출담보증권'의 가격이 폭락했다. 서브프라임 대출은 전체의 20% 정도였기 때문에 큰일에 이르지 않을 것이라는 시각도 있었다. 그러나 당연히 등급이 높은 다른 '우량' 증권에도 서브프라임이 '혼합'되어 있었고, 게다가 어느 정도의 비율로 들어 있는지 분명하지 않았기 때문에, 그리고 증권 보유자들은 불안한 심리에 조금이라도 빨리 처분하여 현금으로 바꾸려고 투매했기 때문에, 결국 각종 대출증권 모두가 일제히 대폭락했다.

둘째, 게다가 CDS(신용디폴트스와프)의 청산 요구가 쇄도했지만, CDS의 발행자는 정부규제도 받지 않았기 때문에 청산할 경우 거래 준비금을 적립할 의무도 없었고, 계약도 막연할 뿐이었기 때문에 아무런 버팀목도 되지 못했다. 따라서 이것은 무책임하기 짝이 없는 존재로 더욱더 증권 가격을 폭락시키고 그것을 휴지 조각으로 만드는 데에 일조했다.

셋째, 이렇게 부채담보부증권을 대량으로 매입한 세계 각국의 대형 금융기관은 천문학적인 손해를 입었고, 이 증권을 발행한 미국의 5개 투자은행은 막대한 채무를 등에 지게 된 데다가 막대한 증권 재고마저 지게 되어 파산했다.

2008년 9월 15일 대형 투자은행의 하나인 리먼브러더스 증권이 파산했는데, 이는 역사상 최대 규모의 도산이었다. 미국의 5개 대형 투자은행은 모두 도산하거나 대은행에 흡수합병되어 전부 소멸했다. 대형 보험회사 AIG도 엄청난 채무를 지고 파산했다. 정부가 850억 달러를 융자하고 주식의 50%를 취득하여, 사실상 정부의 관리 아래에 들어갔다. 미국의 거대은행인 시티은행, 뱅크오브아메리카, J.P. 모건도 막대한 손실을 입었다. 또한 거액의 대출증권을 구매했던 영국의 바클레이스, HSBC, 로열뱅크 오브 스코틀랜드, 독일의 도이치방크, 프랑스의 BNP파리바, 소시에테 제네랄, 스위스의 UBS 등 유럽의 유명한 대형 금융기관도 거액의 손실을 입었다.

이번 대규모 금융파탄으로 세계 금융기관이 입은 손실은 어느 정도일까? IMF는 2009년 1월 28일 시점에서 합산하여 2조 2,000억 달러라고 발표했다. 그 중 약 3분의 1을 유럽과 미국의 18개 대형 복합금융기관이 차지하고, 나머지인 약 3분의 2가 그 밖의 세계에 있는 은행, 증권, 손해보험, 생명보험, 연기금, 개인투자가 등의 손해라고 한다. 그 후 손실액은 더욱 증대되었을 것이다.

세계공황을 일으킴

대형 증권회사인 리먼브러더스의 파산, 소위 '리먼쇼크'를 계기로 은행 간 자금시장의 기능이 거의 정지되고, 뉴욕다우 평균주가는 2008년 9월 29일 하루에 777달러라는 사상 최대의 폭락을 기록했다. 조사된 세계 47개국(지역)의 모든 주식이 폭락했다. 독일 67.9%, 중국 57.8%, 러시아 71.3%의 폭락과 마찬가지로, BRICs 국가들[브라질, 러시아, 인도, 중국]의 주가도 금융위기로 큰 손실을 입었던 투자가들의 자금이 일제히 철수함으로써 크게 폭락했다.

미국의 주택착공(housing start) 건수는 12월에 피크 시기의 20%로 크게 줄었다. 경기를 떠받치는 또 한 가지 요인인 자동차 판매는 10월에 전년 동월 대비 34% 감소하여 경영위기에 빠졌다. 빅3[GM, 포드, 크라이슬러]는 정부에 지원을 요청했다. 10~12월에 미국의 경기속보치(전년 동기 대비)는 GDP -3.8%, 민간설비투자 -19.1%, 개인소비지출 -3.5%, 수출 -19.7%, 수입 -15.7% 등이다. 지금까지 비교적 순조로웠던 EU 경제에도 극심한 경기악화가 찾아왔다. 또한 대출담보증권에 친숙하지 않았기 때문에, 이 증권의 폭락으로 인한 손해가 적었던 일본도 대미수출의 급감으로 심각한 공황 상태에 빠졌다. ILO(Intenational Labor Organization; 국제노동기구)의 연차보고에 따르면 전세계 실업자 총수는 2008년 말 사상 최고인 1억 9,020만 명에 달했다고 한다.

격렬한 파국 형태에서 장기간 계속되는 세계불황으로의 이행

이렇게 '백 년에 한 번'이라는 대규모 공황이 시작되어 세계경제를 뒤흔들었다. 그러나 당초에는 4년간이나 지속되었던 1929년 공황과 같은 최악의 격심한 대파탄과 대폭발의 상황으로 들어가는 것이 아닐까 우려되었지만, 다행히 그렇게 되지는 않았다. 그것은 어떤 이유에서였을까?

세계동시불황이 발발하자 세계 주요국의 수뇌들은 한자리에 모여(G20), 진지하게 토의해 각국이 서로 돕기로 약속했는데, 이는 일찍이 1929년 공황 이후 각국이 관세장벽을 높여서 외국 상품의 수입을 억제하고 서로 자신만이 살려고 해서 오히려 세계 시장 전체를 협소하게 만들었던 고통스런 경험을 반성한 덕분이다. 그래서 각 나라가 적극적으로 재정자금을 투입하여 경기부양책을 실시할 것을 결정했다. 특히 미국은 파산한 대은행의 구제, 대기업에 대한 융자, 고용 유지를 위한 정책에 막대한 액수의 재정지출을 시행했다.

이것이 기본적 이유이지만 나는 추가적으로 두 가지 점을 들고 싶다.

한 가지는 1929년 공황은 20년대의 장기번영 기간 중에 미국 산업의 막대한 설비투자가 누적되어 전반적 과잉생산공황의 전제가 완전히 성숙된 뒤에 일어났던 반면, 이번 공황은 주택산업 등 일부를 빼면 전체 산업에서 아직 그런 조건이 성숙되지 않았던 가운데 금융버블의 붕괴에 촉발된 것이기 때문에, 1930년대와 같은 고정자본(설비)과잉이 누적된 정도가 낮았다는 점이다.

게다가 다른 한 가지로 중국, 인도, 브라질, 멕시코 등 엄청난 인구를 가진 신흥 발전도상국의 경제가 비약적으로 성장하여, 세계 각국에게 거대한 시장을 제공하고 있었던 것도 중요했다.

이 요인들로 인해 공황은 가장 격렬한 파국의 형태로부터 장기간 지속되는 불황으로 그 형태를 바꿨던 것이다.

그런데 미국의 GDP(국내총생산)가 2009년 2/4분기에 그 하락을 멈춘 것을 중요하게 본 전미경제연구소(NBER)의 경기순환판단위원회(BCDC)는 이번 경기후퇴는 2009년 6월로 끝났고, 그 이후는 새로운 경기 상승 국면으로 이행하고 있다는 '불황 종결 성명'을 발표했다. 그러나 이런 시각은 미국경제의 현황과 전혀 부합하지 않는다.

첫째, 21세기 미국경제의 호황 및 불황 모두에 큰 영향을 주고 있는 주택 생산·판매 상황을 보면, 신규 주택착공 건수는 거의 증가하지 않고 주택 가격은 떨어지며 중고주택 판매액도 감소하고 있다. 이것과 함께 가구 판매액도 하락하고 있다.

둘째, 고용을 보면 아직도 9%대의 기록적인 고실업률이 계속되고 있다. 완전실업자 수는 2010년 말 1,470만 명으로, 공황이 일어나기 전인 2007년보다 2배로 팽창하였다.

셋째, 금융을 보면 지방은행의 파산이 늘어나고 있다. 그 배경에는 중소기업의 경영위기 확산이 있다는 것이다. 또한 정부 지원에 의해 파산을 면하였던 대형 금융보험 전문회사인 암박(Ambac)은 2010년 말 결국 파산하기에 이르렀다. 은행대출의 지표인 통화공급(money supply) 수치는 둔화된 채로 있는데, 이것은 기업의 투자활동과 가계지출이 활발하지 못함을 반영한다.[2]

이렇게 이번 공황은 단기간에 끝나서 새로운 경기상승 국면으로 이행한 것이 아니라, 장기간의 심각한 불황으로 변형되어 이행한 것이다.

불황을 심화시킨 불씨, 미국의 재정위기

2009년 1월에 정권을 승계한 오바마 대통령은 공황의 전개를 막기 위해 전례 없는 규모의 재정지출을 시행했다. 파산한 대형 금융기관에 대한 구제금융을 비롯하여 경기부양을 위해 부자들에 대한 감세('부시 감세')를 유지하고, 고용촉진을 위한 개인감세 및 인프라 정비사업 등을 포함하여 7,870억 달러라는 사상 최대의 재정지출을 시행했다. 이에 대응하여 FRB(연방준비제도 이사회)도 제로금리정책 및 국채 매입 등 대규모 금융완화책을 폈다. 게다가 미국은 아프가니스탄에 대한 군사개입을 강화하여 군사비를 엄청나게 늘렸다.

그 결과 재정적자는 크게 늘어나 GDP의 10%를 넘었고, 정부가 빌린

---

2) 高田太久吉, 『金融恐慌を読み解く』(금융공황을 독해한다), 新日本出版社, 2009 참조

돈, 즉 국채발행액은 전례 없는 수준이 되었다. 2011년 8월 16일, 가이트너(Timothy Geithner) 재무장관은 국채가 14조 2,940억 달러가 되어 '채무상한법'에 규정된 상한에 도달했기 때문에 상한법 개정, 즉 상한선을 올릴 것을 강력히 요청했다(인상하지 못하면 미국 국채가 디폴트, 즉 채무불이행 상태에 빠진다).

사회보장비의 삭감 등 지출의 축소를 주장하는 공화당과 격하게 대립한 끝에 간신히 상한을 2.1조 달러 인상하기로 타협했지만, 10년 이내에 2.4조 달러의 적자를 줄여야 한다는 의무가 덧붙여졌다.

결국 8월 5일에 대형 신용평가회사인 스탠다드 앤드 푸어(S&P)가 사상 처음으로 미국 국채의 등급을 약간 하락시켰다. 미국 국채는 그 절반이 해외 보유라서, 국채의 등급 하락은 그것을 보유하는 대은행의 자산 악화 및 그것을 담보로 하는 단기금융시장의 유동성 부족을 일으키며, 또한 미국 국채 금리를 상승시켜서 세계 경기에 안 좋은 영향을 줄 뿐만 아니라, 세계적인 주가 하락을 가속화시킨다. 미국 국채의 등급 하락이 발표되자 갑자기 전세계에서 동시에 주가 하락이 확산된 것도 당연했다.

오바마 대통령은 '3년간 4,470억 달러의 고용확대계획'을 발표했다(급여세의 절반인 2,500억 달러를 감세하고, 도로 및 학교 수리에 1,000억 달러 투입). 그리고 10년간 3조 달러의 적자를 감축하는 계획을 제안했다. ①부유층에 대한 부시 전 대통령의 감세를 기한 마감과 함께 폐지하고, ②부유층이나 석유회사 등 특정 기업에 대한 세제 우대를 폐지하고, ③고령자나 저소득층 대상 의료 제도에의 지출을 삭감하는 것 등이 주된 내용이다. 공화당과의 격돌은 필연적일 것이다. 재정위기의 타개는 쉽지 않다.

이렇게 공황의 파국적 진전을 막아 왔던 미국의 재정이 바로 위기에 빠져서 불황을 심각하게 만드는 새로운 불씨가 되고 있는 것이다.

그리스의 재정위기, 유로의 삼중고

세계를 뒤흔든 또 하나의 재정위기가 유럽에서 일어나고 있다. 27개국으로 이루어진 EU는 리먼쇼크 이후 경기침체로 고통을 받고 있었다. 2009년 실업률은 스페인 18.1%, 아일랜드 12%를 비롯해 유럽 전체적으로 9%에 이르렀고, 은행은 회수불능이 두려워 융자를 주저해서 영업활동은 침체되었다.

EU 현재 위기의 진원지가 된 것은 그리스 재정위기이다. 그리스 재정난의 발단은 법인세율이 2000년 40%에서 2010년 24%로 계속해서 크게 떨어진 결과, 법인세수가 크게 줄었던 것이다(OECD 데이터 기준). 그 손실을 메우기 위해 소비세를 올렸지만 그에 대한 민중의 격렬한 저항으로 경제가 혼란해졌고, 여기에 매우 방만한 재정지출이 더해져 재정난에 빠진 상황에서, 2011년 봄에 다시 심각한 재정위기가 일어났다.

유로를 단일 통화로 승인한 '유로권' 17개국은 2011년 7월에 지금까지의 지원에 추가적으로 1,090억 유로를 그리스에 지원하기로 결정했다. 그리스 정부 스스로도 3만 명의 공무원 감축, 연금 감액, 소득세 인상, 의원 보수 삭감 등 추가적인 재정개혁안을 결정했는데도 위기는 심각해질 뿐이었다. 여기에는 헤지펀드 등 국제적 투기자본이 투기적 이익을 노려서 국채를 계속 팔아 치움으로써 가격을 떨어뜨린 것의 영향도 컸다.

게다가 재정위기는 포르투갈, 아일랜드로 이어졌고, 결국에는 이탈리아와 스페인 등의 큰 나라에까지 확산되었다. 그리스는 인구가 EU 전체의 2%밖에 안 되는 작은 나라이다. 그러나 그것의 국채는 프랑스 17%, 독일 10%, 이탈리아 7% 등 모두 다해서 50%가 외국의 보유이다(『닛케이 베리타스』, 2010.5.9). 따라서 만약 그 국채가 디폴트에 빠진다면, 지금까지 그리스를 지원해 왔던 나라는 큰 손해를 입는다. 특히 지원 방침에 따라서 대량의 국채를 구입해 왔던 주요 은행은 거액의 손실을 입게 된다.

위기의 불길을 끄기 위해서는 EU가 7월 하순에 추가 대책으로서 결정한 '유럽재정안정기금'(EFSF; 긴급융자액을 4,400억 유로에서 7,800억 유로로 확대, 공동채권의 발행 등)의 역할 강화의 실현이 강력하게 요구되고 있다. 그러나 EU는 특정한 지도국이 없는 '무극(無極)의 연합'이므로, 각국의 대표자 모두가 합의한다고 해도 다수의 가맹국 각각의 국회에서 승인되지 않으면 실제로는 작동할 수 없기 때문에 현실적으로 긴 시간이 걸린다. 결국 달러 및 엔화 대비 유로 환율은 크게 저하했다.

이렇게 재정불안·경기감퇴·금융손실의 삼중고를 안고서 유로는 갈림길에 서 있는데, 이는 세계불황을 심화시키는 큰 불씨가 되고 있다.

대불황의 조기 수습과 경기회복을 위한 길

3년을 넘는 세계불황의 밑바닥에 있는 것은 노동자의 빈곤 확대와 그 결과인 사회적 소비력의 감퇴이다. 그것이 경기회복의 원동력인 시장 확대를 방해하고 있다.

미국에서는 4인 가족의 연간수입이 2만 2,314달러 이하인 세대를 빈곤층이라고 하는데, 이번 대불황에서 고용축소와 임금하락으로 인해 2010년에는 빈곤인구가 과거 52년 동안 가장 많은 4,618만 명으로 늘었고, 전 인구에서 차지하는 비율은 15.1%로 높아졌다. 인종별로는 흑인의 빈곤율이 27.4%, 히스패닉계가 26.6%, 아시아계 12.1%, 히스패닉을 제외한 백인이 9.9%이다(미국 국세조사국 발표).

다른 한편, 대기업 경영자의 보수는 내려가지 않았다. 전미 대기업 100개 중 4분의 1에 해당하는 25개 사의 경영자들이 연방정부에 대한 법인세 납세액보다도 많은 보수를 받고 있다. 2010년 미국 상위 500개 사의

CEO의 평균 보수는 연간 1,076만 2,304달러이고, 노동자의 평균임금은 3만 3,121달러로, 그 차액은 약 325배로 확대되었다.

이러한 상황 속에서 재정적자 감축 정책으로 부유층에 대한 감세는 유지하고 근로대중과 중산층에 대한 증세 및 사회보장비의 삭감을 강행하는 것은 소비구매력을 점점 저하시켜서 시장 확장을 방해할 것이 분명하다.

자본주의 사회가 지속되는 한 공황과 불황은 없어지지 않는다. 그럼에도 자본주의 체제하에서 부유층에 대한 증세를 시행하고, 대기업의 거대한 내부유보이윤의 일부를 사회로 환원시키며, 근로자와 중산층의 소득을 늘리고, 사회보장비를 삭감하지 않는 것이 격심한 공황과 불황을 완화시키고 경기회복을 촉진하는 데 도움이 될 것이다.

『신문 붉은 깃발 일요판』 2011년 9월 25일호는 미국의 '번영을 함께하는 비즈니스'라는 이름의 사업가 단체, 독일의 '자산과세를 요구하는 자본가들' 50명, 프랑스의 대기업가 16명, 이탈리아의 자동차 회사 페라리의 회장 등이 '우리 부유층에게 과세를'이라고 주장한 것을 보도했다.

유감스럽게도 일본의 자산가에게 이런 움직임은 보이지 않고, 일본 정부의 정책은 거꾸로 가고 있다.

* * *

제2차 세계대전의 말기, 나는 아직 학생이었지만 학우들과 힘을 합쳐 은밀히 많은 사회과학연구회를 조직, 전쟁과 중국침략 반대, 식민지배로부터 조선의 해방과 독립을 위해 미력을 다하려 했던 적이 있다. 이 연구회는 특별고등경찰[2차대전 종전과 함께 폐지된 일본의 비밀경찰]에게 발각되어, 치안유지법 위반으로 나는 45명의 학우들과 함께 체포되어 패전까지 약 2년간 옥살이를 했다(이른바 '오사카상업대학교 사건'). 패전 후 세계 정세는 일변했다. 나 자신도 이미 88세의 고령이 되었지만, 아시아의 평화 및 세계 평화, 인민의 생활 안정과 향상, 그리고 일본과 한국의 우호를 위해 남은 생을 바치기를 소망한다.

2011년 9월 30일
동일본대지진 피해자에 대한 한국 친구들의 따뜻한 지원에 감사하며
오사카시립대학 명예교수 하야시 나오미치

후기

1.

자본주의 경제에는 기묘하고 이해할 수 없는 것이 많이 있지만, 그 중 가장 큰 수수께끼라고 할 수 있는 두 가지 현상이 있다. 그 하나는 모든 사람이 법률상 평등한 권리를 보장받으며 일하고 있음에도 불구하고, 부유한 사람과 그렇지 못한 사람의 경제적 격차가 매우 크다는 것이다. 부와 빈곤의 대립 그 자체는 자본주의보다 훨씬 이전 시기인 고대사회, 중세 봉건사회부터 존재했다. 그러나 고대나 중세에는 인간 집단 또는 계급 간에 경제적 격차가 생겨도, 그것은 이상한 일이 아니었다. 그러나 자본주의는 그렇지 않다. 자본주의에서는 모든 사람들이 법 앞에 평등하다는 것이 정해져 있다. 노동자는 자본가에게 고용되어 일하더라도, 시간 기준으로 노동력을 판매하는 한편 그것에 대해 노동력 가치에 상응하는 임금을 지불받는다는 대등한 교환 관계에서 계약을 맺는다. 그런데 이러한 법적 평등하에서 어이없는 부의 편중, 소득과 자산의 격차가 생기는 것이다. 왜일까? 이것이 자본주의 경제의 첫번째 수수께끼이다.

다른 한 가지 수수께끼는 공황과 불황의 발발이다. 바로 어제까지 그

토록 경기가 좋고, 만사가 순조롭게 돌아가며, 사람들의 소득도 늘어나고 있었는데, 순식간에 경기가 나빠져서 불황이 확산되었다. 많은 노동자와 샐러리맨이 구조조정으로 일자리를 잃는다. 기업가 중에도 도산하여 지금껏 부지런히 쌓아 왔던 것을 무참히 잃어버리는 사람이 생긴다. 이러한 비극이 1825년 영국에서의 공황 이후로 약 10년마다 반복되어 왔다. 2차 대전 후 1960년대 정도까지는 다행히도 매우 큰 규모의 공황이 일어나지 않았기 때문에, 이제 자본주의에서 공황은 필연적인 것이 아니게 되었다는 견해도 한때 유행했다. 그러나 1974년 오일쇼크공황 이후 이러한 극단적인 낙관론은 모습을 감추었다. 특히 오랫동안 고성장을 지속해 왔던 일본은 90년대 버블붕괴불황을 거쳐 장기침체에 빠졌는데, 이는 자본주의에서는 역시 공황을 피할 수 없다는 것을 여실히 보여 주었다.

자본주의에 늘 따라다니는 이 두 가지 큰 수수께끼(grand mistery) 중 첫번째 것, 법 앞에서 평등함에도 어떻게 빈부 격차가 생기는지에 대한 문제는 이미 맑스의 잉여가치 이론에 의해 거의 완벽하게 해명되었다. 2000년 봄, 영국의 국영방송 BBC의 인터넷뉴스 「BBC뉴스온라인」에서 수행한 '1000년 동안 가장 위대한 사상가는 누구인가'라는 앙케이트에서 맑스가 단연 1위로 선정된 것도 납득할 만하다. 이에 비해 두번째 수수께끼인 공황과 불황이 왜 일어나는지에 대한 문제는 확실히 많은 점이 해명되었지만, 여전히 정리가 되지 못했기 때문에 좀더 깊고 정밀하게 분석해야 할 문제점들이 많이 남아 있다고 해도 지나치지 않을 것이다.

2.

내가 경제학 연구에 뜻을 둔 이후 전공으로 결정했던 분야도 공황과 불황 이론이었다. 공황에 관한 첫 논문[1]을 발표한 1950년 10월으로부터 꼭 50

년이 지났다.

그동안 내가 연구한 것은 우선 고정자본투자의 재생산론적 분석을 중심으로 한 경기순환과 공황의 순수 이론적 연구[2]와, 이어서 일본의 고도경제성장, 국제통화위기, 오일쇼크공황, 스태그플레이션, 버블붕괴불황, 90년대 일본의 장기침체, 동아시아 통화위기, 미국의 대호황 등 2차대전 이후의 세계와 일본의 경기순환과 공황에 관한 실증적 연구[3] 등이 중심이었다.

1부 '공황·불황의 이론', 2부 '현대 일본의 경기순환과 공황·불황', 3부 '세계자본주의와 공황'의 세 부로 편성된 이 책은 이론과 함께 현재 일본과 세계의 구체적 문제를 좀더 포함하는 형태인데, 이를 통해 50년간 나의 연구 성과를 어떤 형태로든 집약하려고 하였다.

3.

그러나 특히 이 책에서 흥미롭게 제기하고 싶었던 새로운 논점들이 있다. 첫째, 전후 일본의 경제학계에서 눈부시게 개척되어 발전한 고정자본의 재생산론적 분석이다. 이 분석을 기초로 전반적 과잉생산공황의 기반이 형성되는 것을 설명할 수 있었다. 즉 번영 국면에서 고정자본투자의 대집중과 대팽창(설비투자 붐)이 일시적으로 거대한 초과수요를 낳으면서, 머지않아 거꾸로 공급 과잉으로 뒤바뀌는 구조가 밝혀졌다고 할 수 있을 것이다. 그러나 이 번영 국면의 중심축에 대한 분석과 공황 발발의 분석을

---

1) 「재생산=공황론과 근대경기이론」, 『経済学雑誌』, 23巻 3号, 오사카시립대학.
2) 『경기순환의 연구』, 『공황의 기초 이론』.
3) 『국제통화위기와 세계공황』, 『현대일본경제』, 『일본경제를 어떻게 볼 것인가』.

연결하는 데에는 어떤 또 하나의 고리가 있지 않을까? 오랫동안 모색해 왔던 이 '잃어버린 고리'(missing link)를 이 책에서는 '과도한 긴장과 과도한 투기'에서 찾았다. 그 상세한 내용은 이 책의 1부 2장의 3절 '신용의 역할과 화폐공황'을 읽어 보면 되는데, '과도한 긴장과 과도한 투기'는『자본론』에서 '번영과 그것이 급변하는 경계 국면'으로 규정되며, 보통 '정체, 활황, 번영, 공황'의 네 가지 국면으로 구성되어 있는 경기순환을 종종 '정체, 활황, 번영, 과도한 긴장과 과도한 투기, 공황'이라는 식의 다섯 가지 국면으로 설명할 만큼 중요시되는 것이다. '과도한 긴장과 과도한 투기'를 공황 발발의 기본 규정에 넣음으로써 버블붕괴불황, 오일쇼크불황, 현재 [2000년] 미국의 경기 과열을 비롯한 현대의 주요한 공황들을 해명하는 데 뭔가 득이 되지 않을까 기대해 본다.

4.

둘째, 흥미롭게 제시하고 싶은 또 한 가지 논점은 자본주의의 민주적 개혁과 공황 이론의 관계이다. 이 책에서는 공황을 일으키는 구체적 원인으로서 다음과 같은 것을 들었다. ①번영 국면에서 각 부분, 각 기업이 앞다투어 설비확장 경쟁을 벌이기 때문에 발생하는, 사회적 생산의 균형(balance)을 무시한 설비투자의 비정상적 집중·팽창, ②마찬가지로 번영 국면에서 은행의 탐욕스러운 융자 확대와 투기업자들에 대한 자금 공급, ③과잉 생산이 시작될 때 대중의 구매력의 유지·증대를 통해 과잉분을 흡수하지 않고, 해고나 임금 인하로 구매력을 줄임으로써 공황을 현실화시키고 그것을 사회의 모든 부문으로 파급시키는 것 등이다.

이것들은 어느 것도 자본주의적 생산양식의 기본 모순(사회적 생산과 자본주의적인 사적 소유의 모순)의 표현이고 전개 형태에 다름 아니다. 그러나 공황의 원인은 기본 모순에 있을 뿐이라고 말한다면, 공황을 없애는 방법은 생산수단의 소유 형태, 생산물의 소유 형태를 사회적 생산에 어울리는 형태로 변혁하는 것, 즉 자본주의 경제 제도의 폐기와 사회주의로의 이행에 있을 뿐이다. 그것은 먼 미래의 과제이다. 그러나 공황의 원인을 앞에서 본 세 가지 구체적 형태로 파악한다면, ⓐ과도한 설비투자의 비정상적 집중을 내버려 두지 않고 정부를 통해 이것을 감시하며 투자 확대의 규모와 범주에 대해 일정한 규제를 가하고, ⓑ투기를 부채질하고 버블을 낳는 과대 투자와 국민들의 땀의 결정체인 은행예금에 대한 자의적 운용을 방치하지 말고 진실로 국민경제와 국민생활 향상에 도움이 되는 쪽으로 융자하도록 은행을 규제하며, ⓒ공황을 사회적으로 파급시키고 불황을 장기간 지속시키는 해고나 임금인하를 내버려 두지 말고 사회의 소비력을 유지·상승시킴으로써 시장의 회복, 경기의 자율회복을 유도하는 것 등 국민운동의 구체적인 목표가 분명하게 되지 않을까?

이러한 운동은 자본주의 그 자체를 폐기하는 것은 아니다. 그것은 자본주의 틀 안에서의 민주주의적 개혁의 일부분이다. 그러나 우리들은 공황을 완전히 막을 수 없다고 해도, 이러한 운동이 성과를 내는 정도에 따라 공황의 발발을 늦추고, 공황의 격심함을 완화하고, 공황으로부터 빨리 탈출할 수 있을 것이다.

5.

이 책의 내용 일부분은 아래와 같이 이미 발표된 논문을 기초로 한다.

1부 보론2, 「현대 공황 분석의 관점」: 『게이자이』(經濟), 1999년 2월호, 「현대 공황 분석을 위하여」.

2부 보론, 「일본경제는 신자유주의로 부활하는가」: 『게이자이』, 1999년 6월호, 「경제전략회의 보고서 비판」.

3부 2장, 「1929년 세계대공황」: 『게이자이』, 1979년 10월호, 「세계대공황의 역사적 의의」.

3부 3장, 「전후 자본주의의 안정적 성장과 그 파탄」: 『게이자이』, 1983년 11월호, 「맑스공황론의 현대적 의의」.

3부 4장, 「동아시아 경제위기와 헤지펀드」: 오사카경제법과대학, 『경제연구연보』(経済研究年報), 1999, 같은 제목.

이미 발표된 이 논문들도 이 책에 수록하면서 당연히 자료를 새로운 것으로 바꾸고, 논의를 추가하였다. 이것 이외의 장과 절은 모두 이번에 새로 쓴 것이다. 이 책이 서술한 내용에 대한 의문이나 비판은 크건 작건 상관없이 들려 주셨으면 한다.

6.

이 책의 집필 과정에서 자료 수집, 의문점에 대한 토론 등 많은 선배·동료들로부터 도움을 받았으며, 이에 감사의 말을 전하고 싶다. 또한 이 책의 집필을 권유해 준 『게이자이』 편집장 도모요세 히데타카(友寄英隆) 씨, 더불어 원고 정리 및 교정 등 여러 가지에 걸쳐 친절한 도움을 준 신일본출판사 편집부의 다도코로 미노루(田所稔) 씨에게 진심으로 감사를 드린다.

2000년 8월 21일

하야시 나오미치

옮긴이 후기

이 책은 일본의 맑스 경제학 연구자인 하야시 나오미치(林直道) 교수의
『공황·불황의 경제학』의 번역서이다. 하야시 나오미치 교수의 글은 이미
국내에 소개된 적이 있는데, 맑스주의의 관점에서 소유의 개념을 연구한
『사적 유물론과 소유 이론』(아침출판사, 1987)이라는 저서가 있고, 20세기
초반 일본의 저명한 맑스주의자였던 가와카미 하지메(河上肇)가 쓴 『빈곤
론』(송태욱 옮김, 꾸리에출판사, 2009)의 해설 부분도 하야시 교수의 글이
다. 일본의 맑스주의에 관심 있는 독자 분들의 일독을 권한다.

　　그리고 이 책은 세미나 네트워크 새움의 세번째 책이다. 바로 전에 나
온 책이 국가독점자본주의론의 입장에서 현대자본주의의 성장과 위기를
어떻게 봐야 할지를 분석한 『현대자본주의와 장기불황』(김성구 편역, 그
린비, 2011)이었다. 그것의 후속으로 나온 이 책은 현대자본주의의 위기를
이해하기 위한 맑스주의 공황 이론의 기본적인 내용과 전후 자본주의의
성장과 파탄의 역사를 알기 쉽게 소개하고 있다. 오늘날 한 치 앞을 알 수
없는 위기의 상황에서 이 책이 독자 분들에게 오늘날의 문제를 바라볼 수
있는 힘을 조금이나마 줄 수 있기를 바란다. 앞으로 나올 새움총서도 오늘

날의 사람들이 궁금해하지만 어려워하는 문제들(특히 경제 문제들)을 조금 더 비판적인 관점에서 바라볼 수 있도록 도움이 되고자 한다. 그리고 새움은 새움총서와 함께 여러 교육 활동을 통해 이런 지식들을 대중들과 함께 공유할 수 있는 장이 되도록 최선을 다할 것이다.

더불어 이 책은 세미나 네트워크 새움의 회원들이 함께한 산물이다. 기본적인 번역은 옮긴이들이 책임졌지만, 다른 회원들의 도움이 없었다면 책으로 선보이기에는 매우 부족했을 것이다. 이 책을 위해 옮긴이들이 초역을 끝낸 후, 2010년 여름과 겨울에 두 번의 세미나를 통해 책의 내용에 관해 토의하면서, 오역의 교정 및 윤문 작업을 병행하였다. 특히 이 과정에서 큰 도움을 주신 이현숙 선배님과 옮긴이들의 부족한 일본어 실력을 보충해 준 고노 노부카즈 씨에게 감사를 드린다. 그리고 한 번은 세미나에서 다른 한 번은 편집자로서 원고를 꼼꼼하게 검토하여 옮긴이들의 빈 구석을 채워 준 김효진 씨, 출판 과정의 여러 번거로운 일들을 처리해 준 김재훈 씨에게도 고마움을 전하고 싶다. 마지막으로 새움총서 두번째 책의 편저자이신 김성구 선생님께서는 이 책을 새움총서의 한 권으로 추천해 주시고, 몸소 책을 이해하는 데 도움이 되는 보충설명 작업도 해 주셨다. 지금도 새움에서 공황 이론 세미나를 진행해 주고 계신데, 다시 한 번 선생님께 감사를 드리고 싶다. 물론 번역에 대한 최종적인 책임은 옮긴이들의 몫이다.

2011년 11월 1일

옮긴이 일동

찾아보기